【壹嘉個人史】

滹沱河

温雅娟

壹嘉出版　1 Plus Books

滹沱河 /Hutuo River
Copyright© 2022 by 温雅娟 /Wen Yajuan
壹嘉个人史系列/ 1 Plus Personal Histories Series
温雅娟授权壹嘉出版®/1 Plus Books® 在美国出版
所有权利保留/ All Rights Reserved
ISBN: 978-1-949736-50-2
Printed in the United States of America

出版人：刘雁
特约编辑：冯雅静
装帧设计：高岚
定价：US$ 22.99
出版：壹嘉出版
网址：http://www.1plusbooks.com
电邮: 1plus@1plusbooks.com
美国·旧金山·2022

作者像

作者简介

温雅娟，动荡的文革年代出生于草原钢城包头，在黄沙漫漫的边塞小城度过物质极度匮乏的童年和少年，精神却一如草原骏马自由奔放，无拘无束。18岁时，怀揣当年烈士祖父未竟之学业梦想，以极优异的高考成绩放弃北大而进入北师大，上告慰先祖在天之灵，下传承其自由不屈之精神，拳拳之心，天地可鉴。

职业生涯是大学会计教师若干年，外企财务总监若干年；移民加拿大之后，专业税务师若干年。育有两名学业出色的子女，父慈子孝，家庭美满。

本书是作者首次开启的文学探索，也是作者与上个世纪的历史展开的无数次对话。疫情肆虐期间，作者闭门造车，笔耕不辍；情感起伏，不能自已；思如泉涌，滔滔不绝。历时三年，搁笔之时仍意犹未尽。"文章本天成，妙手偶得之"，叩谢上苍的眷顾和美意，终尝父亲毕生之所愿。

唯愿此独立之思考和不屈之精神代代相传，生生不息！愿我们的民族不再经历这样的磨难！

简明提要

这是一部自传体纪实小说，是一部关于二十世纪中叶一位普通中国人的血泪沧桑历史，记录了他所经历的日本侵略、国共内战、建立新中国、建国之初，以及后来一系列政治斗争，反右、大跃进、文革，直至中国跌落至濒临崩溃的黑暗深渊。

普通平凡的人有资格述说历史吗？在主宰历史方向的重要大人物挥斥方遒之间，在帝王将相步步惊心的政治斗争背后，是多少普通人不明就里的追随和奉献？又是多少平凡生命横遭践踏和碾压？君不见"卖炭翁，伐薪烧炭南山中，满面尘灰烟火色，两鬓苍苍十指黑"？唯其如此，历史才显现出其丰满和生动的魅力，令人难以忘怀。

在这本书里，你会看到一个从小失去父亲庇佑的孤儿是怎样跌跌撞撞地成长，感受他在成长中所遭遇的无尽的贫穷、苦难和辛酸。他把对父亲朦胧的爱转移到对父亲的政党和他所从事的事业中，却在年仅17岁时，因为说了一句真话而被党抛弃、除名；在随后的反右斗争中，他又被打成右派，成为阶级敌人，在24岁的青春年华，在政治上被处以死刑……你将看到一个普通人在历史大潮之中，如何翻滚挣扎，如何摔得头破血流，又如何小心翼翼地生存下去。你也将看到一个普通知识分子心存的正义力量，看到他"长太息以掩涕，哀民生之多艰"的思索。

历史是一个任人打扮的小姑娘吗？走过八十多年的风风雨雨，他把自己活成了一棵树，一棵在沙漠中傲然屹立的胡杨树，生而不死，死而不倒，倒而不朽。他真实坦荡地讲出了他所经历的历史事件、人生冷暖和世态炎凉，他的故事会让你唏嘘不已。

父女情缘——本书主人公和作者,摄于1987年

目 录

序　1

第一章　滹沱河的故事　5

第二章　国破家亡　14

第三章　小学时光　26

第四章　缺失的爱　48

第五章　迎接新中国　65

第六章　青春万岁　81

第七章　死谏　102

第八章　中苏蜜月期的学业　120

第九章　年轻的右派（之一）　140

第十章　年轻的右派（之二）　158

第十一章　共产主义　180

第十二章　执子之手　207

第十三章　砸烂旧世界　229

第十四章　建设新世界　250

第十五章　走向何方　279

尾声　304

跋　306

附录

爱妻仙逝三周年祭文　308

不怕杀头，慷慨就义　312

读后感（之一）　318

读后感（之二）　321

序

历史是现在和过去之间永无止境的对话。

酝酿为父亲写回忆录已经很久了。因为身居异国他乡，返乡探亲的时间非常有限，陪伴父亲的时间更是少得可怜。每每承欢膝下之时，脑海中总是萦绕着这样的念头：怎样把这如流水东去的时光留住？

父亲有着超凡的记忆力，经他口述的故事栩栩如生，时间、地点、人物、场景、心理活动、事态点评无一或缺，令人惊叹。父亲是一部书，他的故事首先是好听。每则故事告一段落后，诙谐的细节令人掩卷微笑，遥远的家事令人遐想连翩，跌宕的人生起伏令人感慨万端。父亲这部书，从小处说是他的个人经历，从大处说就是一部活生生的历史。谁说历史就是大江大海泥沙裹挟的洪涛巨浪？每一个风平浪静处，每一朵拍案的浪花，每一滴反射着太阳光芒的水珠才是真实的、生动的历史。聆听这样的故事，你会慢慢体验人生的精彩和丰富，笑看命运的捉弄和无常，直到发现，我们曾经以为的故事，原来就是历史。父亲的经历，以及无数个父亲的经历，汇聚成一部栩栩如生的历史教科书，让听故事的我们上了一堂历史大课。

父亲是我一生中无处不在的指路灯塔。如今我已过知天命之年，拥有幸福美满的家庭，夫妻和睦，子女学业优秀，其乐融融。每每回味家庭经营之道，首先想到的便是宽宏大度，更体悟到这是流淌在血液中的来自父亲的真传。在我的词典里，查不到"挑剔"和"责难"这两个词，父亲的宽宏大度引导我不断地向内寻找自己的问题和症结，不断改善和提升自己，进而收益非凡。父亲的品格是我深深敬仰的，是我终其一生要不断学习和修炼的。

父亲今年85岁，依然精神矍铄、思维敏捷、谈笑风生。他曾多次提及"民主"这个话题，笑谈他的人生目标是拿到一张选票，作为中华人民共和国的公民投票选举国家元首。这个目标一日不能达成，他就一日不能安息瞑目。在父亲的血液里，既有祖父抛头颅洒热血、民主救亡的基因，又有自己追求一生、践行一世的知识分子的社会良知，所谓"士不可以不弘毅，任重而道远。仁以为己任，不亦重乎？死而后已，不亦远乎？"八十高龄仍胸怀天下，远离囿于一地鸡毛的苟且人生，实在令人感动。我为有这样的父亲而骄傲。

我自18岁赴京求学，与父母朝夕相伴的日子越来越少，与父母的距离也越来越远。当我端坐于太平洋西岸的书桌前写下这篇开场白时，父亲与我远隔重洋，尚在深夜的熟睡中。这样一位可亲可敬的老人，给了我生命，给了我生活的智慧，也给了我远行的力量。当他决心将自己的一生述诸笔端时，我顿生出发自心底的敬佩。唯有心胸坦荡、直面人生的人，才有剖析自己的勇气，试问，天下有几人能够做到？体恤父亲年事已高力不从心，我义不容辞地揽此大任，以帮助他了却平生夙愿。在父亲零星散乱的笔记素材之上，在我们无数次面对面交谈及跨洋电话录音的基础上，我开始了这项孤独而艰巨的工作。挖掘历史宝藏和真相，整理加工，对故事进行文学构架和创作。为了使故事更具真实的带入感，我采用了第一人称的叙述方式，让阅读体验的过程变成聆听父亲波澜不惊的讲述。

感谢父亲给了我这样一个机会，可以如此深入地了解他，从而了解我们自己；可以藉着追忆的脉络体验家和国，进而感知历史和未来。这本书是凝聚着我和父亲两代人精神高度契合并传承的呕心沥血之作，更是父亲献给这个繁华世界的精神礼物，它的珍贵您会真实地触摸到。我只希望当您手捧它阅读时，当您合上书本闭目遐想时，父亲这个普通平凡人物不平凡的人生，将会让您听到轻柔的波涛声，看到波涛溅起的浪花，因为这是一条汇入历史的大江大海的清澈溪流。在历史大潮的翻滚中一个又一个扣人心弦的曲折故事，将会带给您许许多多的人生启迪，并将滋润您心中的干涸。

作　者

2018/9/11写于温哥华

2021/10/26再稿于温哥华

2022/1/1三稿于温哥华

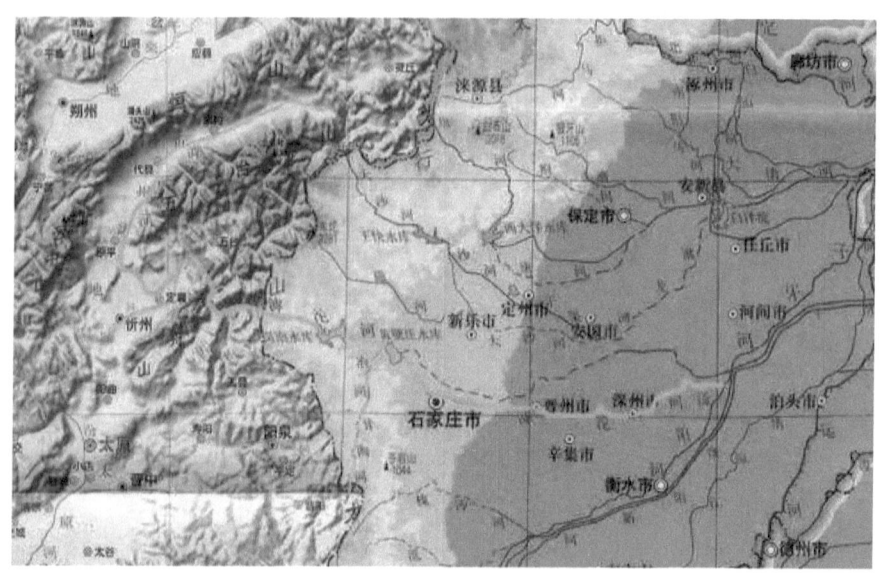

滹沱河流域

第一章 滹沱河的故事

（一）

在广袤的中国大地上，在数不清的山川河流中，滹沱河并不引人注目。它的涓涓清流发端于山西境内五台山最东北端，在绵延的五台山脉和恒山山脉的峡谷中自东北向西南方向欢快地奔流数百里，一路上跌跌撞撞接纳了清水河、阳武河、云中河、牧马河、同河等等形似羽毛、轻如沟渠、季节性断流的小河流；在流经忻州金山后，滹沱河急转弯向东奔去，在我的家乡忻定盆地变成一条宽阔平坦的大河，河水里裹挟着黄土高原越来越多的泥沙，流得缓慢而沉重。在故乡的大地上，它流成一个大大的"V"字，从北流向南，又从南流向北，用缓慢和凝重书写着对这片黄土地的眷恋和不舍，然后头也不回地向东奔去，再次激荡起永不停歇的激情，跨越太行山脉的崇山峻岭，奔向华北大平原，汇入子牙河，流进海河，最终流向大海。

滹沱河是一条古河，《山海经》、《汉志》、《水经注》上均有记载，其水性湍悍，土疏善崩，壅决无常，迁徙靡定；穿行山谷，囿于地形，还规矩，一到平原则屡屡改道。夏日洪水滔滔，春秋水寒刺骨。

我的故事发生在滹沱河边，上至金山滹沱河急转弯向东处，下至济胜桥滹沱河流出忻定盆地，在这一片貌似平坦的黄土地上，既承接了来自上游的清澈和奔涌的力量，又汇聚了中游无尽的凝重、艰辛和执着，然后义无反顾地奔向下游，翻山越岭，一往无前。

在我八十多年漫长的人生中，滹沱河的故事，上可追溯至辛亥革命及北洋期间，历经半个世纪。滹沱河流经的家乡忻定盆地，历来为兵家必争之地，古诗云："万千桑田总战场，百二河山尽赤土"。在乱世中涌现出的风云人物，著名如续西峰、续范亭、徐永昌、阎锡山、赵戴文、徐向前、薄一波，他们都是我的同乡，都是滹沱河的儿子，都在用生命书写着滹沱河的历史。我和我的家族，也在演绎着动乱年代的沧桑和抗争，一如它千百年来流经的岁月。

滹沱河用它沉重的臂膀托起我的故事，和着它蓬勃倔强的脉动，带着我自由的心，永不停歇地奔向远方……

（二）

民国廿二年癸酉年农历九月三十，即1933年11月17日，我出生在山西省崞县宏道镇。我的家是一个富裕的耕读世家，祖父是一家之主，开设了一间名为"一人堂"的诊所行医问药，是一个人人尊敬的乡绅。

在那个深秋的寒夜里，我大声啼哭着降生在滹沱河边这个安静的四合院。在东耳房烧得暖暖的土炕上，接生婆一边麻利地给我剪断脐带，一边邀赏似地大声吆喝，向在院子里踱步守候的祖父报告："珮先生，您有孙子了！"裹着黑色大棉袍的祖父停下脚步，仰望星空，深深吸了一口凛冽的空气，鼻子一酸，眼角滚下一颗大大的泪珠。长子长孙的降临，让祖父激动得彻夜未眠。

天亮了，这是一个晴空万里的艳阳天。按照习俗，我的胎衣被放在一个小瓦缸里，埋在东耳房的地下。疲惫的母亲沉沉睡去，住在正房的祖母踮着一双小脚走进走出，利落地操持着一家人的生活。七岁的姑姑先池，乳名小娜，睁着一双好奇的眼睛围着我不停地打量，伸出一只指头轻轻碰碰我的脸；十二岁的三叔先觉，早早起床，放飞了他那满满一笼鸽子。鸽子们呱呱叫着在我家院子上空盘旋，飞进了深秋的湛蓝中；十九岁的二叔先知，哼着小调儿跑去大场里的蜂房，收集了满满一大罐新鲜蜂蜜放进母亲的东耳房，让母亲补充营养。我的降生给一家人带来了无比的骄傲和喜悦，因为温家有下一代了。

母亲尚不足20岁，她软弱无力地抱起我的小小蜡烛包，眼泪一滴一滴掉落下来。她是因自己奶水不足而愧疚，还是在思念因求学而缺席的父亲？望着贪婪吸吮的我，她一筹莫展。母亲就是这样生性脆弱，遇到困难就不知所措，离开了父亲更是没了主心骨，只会不停地哭泣。

整整一个冬天，祖母抱着裹在小被包里的我，迈着细碎的小脚步，踏着冻得硬邦邦的土街里巷，挨家挨户寻找奶水充足的产妇，贴补我那无底洞一般的小嘴。终于熬到了来年开春，田里结出第一批小小嫩嫩的顶着黄花儿的西葫芦。小嫩西葫芦煮在小米粥里，软软烂烂如融化了一般，让米汁的清汤寡水有了些略略的浓稠，喂进我那嗷嗷待哺的小嘴巴里。尽管我的小嘴巴受尽了委屈，我还是长成了一个健康快乐的小孩。

我幼年的最初记忆是剃头。剃头本是一件普通平常事，而且小孩子们千篇一律，都剃个秃子，也简单方便。但那个时候没有洗发水之类的清洁用品，头发稍微长一点，肮脏的头发就会纠缠板结在一起。剃头前，父母一般先用热水给孩子草草洗一下头发，然后就用剃刀来刮。剃刀并不锋利，而且也不安全，头发纠结着难以下刀，每刮一下都会引起十分的疼痛，稍有不慎还会割伤头皮，弄得头破血流。小孩子又痛又怕，被父母强行摁着，想动不敢动，想逃不能逃，加之父母的打骂恐吓，那个场景就像杀猪一样惨烈，鬼哭狼嚎的，是每一个孩子的恶梦。

我和一般的孩子是不同的。祖父把宏道十字街剃头铺的剃头师傅"老二"请到家里专门为我操刀。他个子不高，嗓子有点儿沙哑，总是一副笑眯眯的样子。他的剃头铺有一副对联儿我一直记得："进来长头学士，出去白面书生"，可见其技艺之高超精妙。

祖父为了哄我剃头费尽了心机。他专门买了我最爱吃的猪耳朵，切成细丝放在小木碟里，由我二叔端着。我满世界地逃跑，他们满世界地追，追上后哄着我站定了吃几口猪耳朵，"老二"赶紧趁机剃几刀。他技术好，刀也锋利，想必我的疼痛和煎熬要比其他孩子少很多。后来随着年龄渐长，家道日渐衰落，每次剃头都是母亲亲自操刀。那种揪心的疼痛，不咬紧牙关是扛不下来的。

祖父还不到五十岁。一个人住在小南房里。冬天他穿一件黑色的大棉袍，头戴毡帽，说话抑扬顿挫，在我眼里分明就是一个长者。跟在祖父后面去街上逛逛是我儿时非常风光的事情。我们刚走到巷子口，就听到有人喊"珮先生来了"，人群就朝着祖父和我聚拢过来。在返回家乡行医之前，祖父曾任定襄县治下的区长，管辖八十多个自然村落，见多识广。他结交的朋友大都是宏道有名望有学问的人，如南门外的赵太平、东街的董全贵等。人们非常喜欢听他讲担任区长时的轶闻，听他讲经说法，增长见识。如果谁家遇到难处，祖父的意见经常让人茅塞顿开，问题也迎刃而解。人群散去后我们走回家，我会主动让祖父牵着我的手，一路上问东问西，有说有笑，无比开心和骄傲。

我家的生计是靠土地来维持的，自己家人从来不用亲自耕种，120亩土地常年悉数包给一个姓张的伙计家，我也因此成为他口中的"少东家"。我们两家关系极好，从来没发生过任何争执。每年粮食收获的时候，我家男女老少都要去大场里帮助伙计家打场，忙不过来的时候还得雇佣多名长工、短工，热闹喜庆和兴盛的场景经常会在我的脑海里浮现。

我家大场里足足有三亩地大，二叔在那里养了二十多箱蜜蜂。他高小毕业以后没有再升学，而是专程去太原清源学习养蜂技术。他虽不爱学习，但聪明、心灵手巧、头脑灵活、人又长得帅，深得祖父喜爱。因为父亲常年不在家，二叔经常代行父亲的职责教训我。我除了怕他，心里还是挺感谢他的，因为蜜蜂酿下的蜜有几大缸存放在家里，让一家人想怎么吃就怎么吃。夏天暑热时喝蜂蜜水，蒸玉米面窝头时掺进去，甜甜的味道让粗粮顿时变得受人喜爱。

三叔是一个十几岁的少年，正在上川路高小。他的爱好是养鸽子，经常把一笼鸽子带到十多里外的村子去放飞。有一次，他壮着胆子把鸽子带到二十多公里以外的五台县东冶镇，那是一次冒险的游戏，更是一场挑战。在一般情况下，三叔到家之前他的鸽子就已全部飞回来了。但是那一次，五六天以后，最后一只紫红色羽毛的鸽子才风尘仆仆地飞回来，没有人知道它经历了多少挫折和险阻。三叔把它捧在手掌中，爱怜地抚摸着它的羽毛，不住地夸耀它聪明勇敢。

冬天的时候，我家正房高高的屋檐上落满乌鸦和野鸽子，他们像精灵一样聪明，专挑屋檐高的富户乞食。大雪过后很难觅到食物，它们聚集在屋檐上等候，不肯离开。在凛冽的寒风中，我们叔侄俩兴高采烈地忙碌起来，用嘴呵着热气，握着冰冷咯手的大扫帚扫出一块儿空地，在空地上撒上粮食。之后，拿一根短短的高粱杆支撑，把柳条编的大筛子倒扣在粮食上面。高粱杆的一头用长长的麻绳拴着，我和三叔躲在屋里，手里握着麻绳的另外一头。鸟儿们傻傻地钻到筛子下面觅食，吃得正美，三叔一声令下，我倏地拽一下绳子，只见它们来不及逃窜，慌恐中挣扎着就被扣在筛子下。拉绳的时机非常关键，要充分观察鸟儿的头尾朝向和吃食的专注程度，准确把握最佳时机。三叔是个身手不凡的人，反应敏捷，我们最多时能扣住三只，好不惬意。

童年总是这样充满奇趣，小动物们欢蹦乱跳地伴随着我一天天长大。跟我最亲近的是祖母和姑姑养的一只黄毛哈巴狗，我走到哪儿它就跟到哪儿，非常粘人，也很讨人喜欢；更有意思的是她们养的一只小鸟，叫红山雀，鸟笼子挂在院子廊前。它嘴巴灵巧，会学人说话。每当祖母叫我姑姑的名字"小娜"时，它便跟着学，"小娜"，"小娜"，十分逗趣。

小娜姑姑只长我七岁，生得美丽纤细。我记事的时候她是个十来岁的孩子。二弟出生时我刚满三岁，从此我便离开母亲的东耳房，搬到大正房和祖母、姑姑同住。姑姑梳一条长长的辫子，娴静地坐在小炕桌旁聚精会神地读书。父亲留在家里的书有四五箱之多，姑姑会手捧她喜欢的书，一动不动读一下午。晚饭后天色暗了下来，我围着她闹，要她陪我玩，给我讲故事。我们的游戏非常简单有趣，每人手里攥几颗豆子猜数，我猜对了，她就给我讲故事，输了她就刮我的鼻子，揪我的耳朵。她往往先讲《聊斋》，讲到妖狐鬼怪时，我吓得直往祖母怀里钻，她赶紧安慰我说，"不讲了不讲了，给你念书听吧"。伴着油灯微微跳跃的火苗，她开始给我读冰心的《寄小读者》。那些清新灵动的文字，带着思乡的惆怅，随着姑姑好听的声音流进我幼年的耳膜和心田。天渐渐大黑了，我还闹着不肯睡，肚子里叽里咕噜饿得乱叫，祖母便捅开炕上的小泥炉，在小铁锅里炒豆子给我们吃。直到我上小学，我的启蒙教育都是来自姑姑。她没有受过新式学堂教育，但她美丽娴淑，温文尔雅，满腹才华，深得我和全家人喜爱。

可能是因为经常跟着姑姑读书的缘故吧，我小时候一点儿也不淘气，十分循规蹈距，几乎从来没有做过任何出格的事。我平时只跟一些老实孩子在一起，比如张还阳、温仁瑞、王尚林、温铁毛，我们玩的游戏也多是没有任何危险的，如"抛钱"、"打坨"，也玩泥塑。泥塑其实很简单，把胶泥和好，用砖瓦的猫头做模具，就可以打出简单粗糙的造型。其他孩子们玩打打杀杀的游戏时，我只是跟着跑、跟着喊；他们按西街、南街、东街、北街等不同的地域玩儿起打仗时，我从来都不敢冲锋在前，更谈不上命中什么目标，所以我从来不被孩子头清宁哥器重。但好处也显而易见，我很安全，从来没有受过伤。

有一次，在孩子们的起哄鼓动下，我壮着胆子跟他们跑到西门外钟楼旁边的臭圪洞游泳。刚刚脱光了衣服，正在忐忑不安地准备下水之际，被路过的二叔看见。他厉声叫住我的名字"桓小子"，二话不说拿起我的衣服就走。我只好赤条条地跟在他后面回家，一路担惊受怕、羞愧难当，从此以后我再也不敢去游泳了。二叔代行父亲之责管教我，是相当之严厉。

家乡和童年印象最深的，是宏道镇最繁华的十字街上坐南向北的老爷庙，这是我常与小伙伴儿们玩耍的地方。庙前有两座大石狮，造型精致，栩栩如生。我们在石狮子上爬上爬下，把狮子磨得光溜溜的。庙前有一根很高的木头旗杆，不记得有什么旗在上面飘扬过，但它总是让我想起《西游记》中的故事：二郎神追赶孙悟空时，孙悟空变身成一座庙，但他不知如何处置自己的尾巴，情急之下将尾巴变成旗杆插在庙的后面。这个联想有些牵强，但我总是止不住要这样想。

家乡的老爷庙虽然不是很大，但在孩童的眼里却非常雄伟。关老爷端坐正中，红红的脸膛，披着大黄袍；东西两厢是周仓和关平，他们手持大刀，各骑红、白马站立两旁，威武神勇。庙内雕梁画柱，色彩明艳，是一个香火旺盛的庙堂。乡亲们来这里求子、求雨、求财、求平安，关老爷总是有求必应，十分灵验。不光是乡里乡亲，就连宏道的驻军也常来祭拜、挂牌匾。每逢挂匾时，庙里军人跪倒一大片，庙外八音会的吹打响彻十字街。人群把老爷庙围得水泄不通，我们小孩儿更是跑前跑后，兴奋无比。唢呐高亢激昂的声音、悠扬婉转的独特旋律在我心中扎下了根，成为我一生的挚爱。

在十字街，与老爷庙相对的是坐北向南的大戏台。每年五月十三，是关老爷磨刀会，也是民间最盛大的庙会。关公名羽，字云长，"羽"是"雨"的谐音，"云"是"雨"的前兆。在百姓心目中，关公不仅忠义神武、护国佑民、功德昭彰，而且他还为龙王转世，掌管着天下的风调雨顺。五月十三这一天，即便是艳阳高照，也总会在某个时段降下淅淅沥沥的小雨，十分灵验。故此，各乡村有庙像处，"莫不演戏礼敬焉"。

1937年的五月十三庙会，堪称宏道镇历史上最宏大、最辉煌的盛会，也是1937年七七事变、日本人入侵山西之前，阎锡山治下的家乡歌舞升平、经济繁荣的最后绝唱。

早在庙会之前，村长郭子和就与十二红的戏班签订了协议，雇请他的戏班在大戏台连唱三天。十二红是晋剧名角，因十二岁登台演出走红而得名。与他齐名的是另外一个名角，叫十六红，顾名思义，十六岁走红。同行相轻，十二红轻蔑地评价十六红是"叫驴红"，虽嗓音高亢却并无高超的技艺。此话传入十六红耳中，令他十分气愤，当即撕毁本来与五台县签定的演出合同，非要来宏道与十二红唱对台戏，一争高下，分文不取也在所不惜。

宏道镇有六个戏台，但是没有哪家敢承揽这样的大事。对台戏唱起来将是怎样一副难以控制的局面？如果十二红败下阵来，村长郭子和的颜面何处安置？十六红四处碰壁之后，慕名找到祖父、人称"珮先生"的乡绅。祖父听罢当即拍板："没问题，你来我温家的戏台唱戏，我做主"。

温家戏台位于西门外，为温氏宗祠所拥有。祖父虽不是温氏宗祠的掌门人，但凭他曾任区长的经历，凭他高明的医术，更凭他在家族的威望和影响力，他成为说一不二的人物。他拍板让十六红来唱戏，成为他人生中最精彩的一笔，使宏道在历史的长河中以最华丽的姿态精彩亮相、名噪四方，祖父也因此后世流芳，为人津津乐道。

五月十三庙会，接连三天，宏道镇成为周边二州五县的焦点。人们喜气洋洋地奔走相告，数不清的人流被吸引到上演对台戏的小镇，把平日安静有序的小镇挤得水泄不通。两个戏班都是一日演两场，中午和晚上一轮接着一轮掀起欢乐的高潮，锣鼓喧天，热闹非凡。两家真的是杠上了：你演《单刀赴会》，我也演；你演《水淹七军》，我马上跟进。拼的是人流，叫好声此起彼伏。十六红果然如十二红所言，嗓音极大，据说在夜深人静的乡下，八里之外的嘴子上（村名），都能听得到他的声音。

无论是十二红还是十六红，谁都不必斤斤计较输赢，两人都同时名声大噪；而真正的赢家是宏道镇。这三天，人潮涌动，车水马龙，商贩云集，交易兴盛，开创了宏道历史上从未有过的一派盛世太平繁荣景象。

仅仅在一个月以后，日本军队发动了七七事变；又过了几个月，山西就沦陷了。日军的铁蹄践踏了我的家乡宏道镇。此后八年，直至抗战胜利，我们再也没有听到过唱戏。几乎所有的戏班都罢演，拒绝了日本人的邀请，卸妆回家。行头没有了，道具没有了，那些给我们带来过无限欢乐的角儿们，十六红、十二红、十三旦、五月仙、九岁红、狮子黑、小电灯、水上漂，都一一回家种地。

我欢乐的幼年，幸福的往事，就在这里戛然而止，画上了句号。

第二章 国破家亡

没有国,哪有家?
——题记

(一)

1937年秋天,天气格外寒冷。

听北路做生意的同乡回来说,中秋节这一天,在北边的雁门关、宁武关和平型关已经大雪纷飞了。百姓都传言,三关戴孝是不祥之兆。

我家的院子里,一夜之间突然驻扎了几十个大兵。那几天,白天晚上都能听到西北方向传来隆隆的枪炮声。日本人的军队长驱直入,遭遇了国民革命军的顽强抵抗,战火已经烧到了距宏道西北方向六十公里的原平镇和八十公里的崞县县城。大兵们带来的气氛实在是太紧张了,他们睡觉几乎都是全副武装,后院儿小场里拴着的战马不时地发出嘶鸣。没过几天,兵马都离开了,更加猛烈的战火和枪炮声从西南方向传来。他们去参加了著名的忻口会战,战场距宏道镇只有三十公里。

寒冬来临之际,在北同蒲线宁武火车站工作的父亲突然回到家乡,带来了全线战败的消息。兵败如山倒,溃败的国民军沿同蒲线向南大撤退。运送物资,运送伤病员,铁路运输的混乱更加剧了兵荒马乱。父亲说,日本人马上就要来了,我们成了亡国奴。

战乱破坏了所有的正常秩序。宏道的学校都关门停办了,孩子

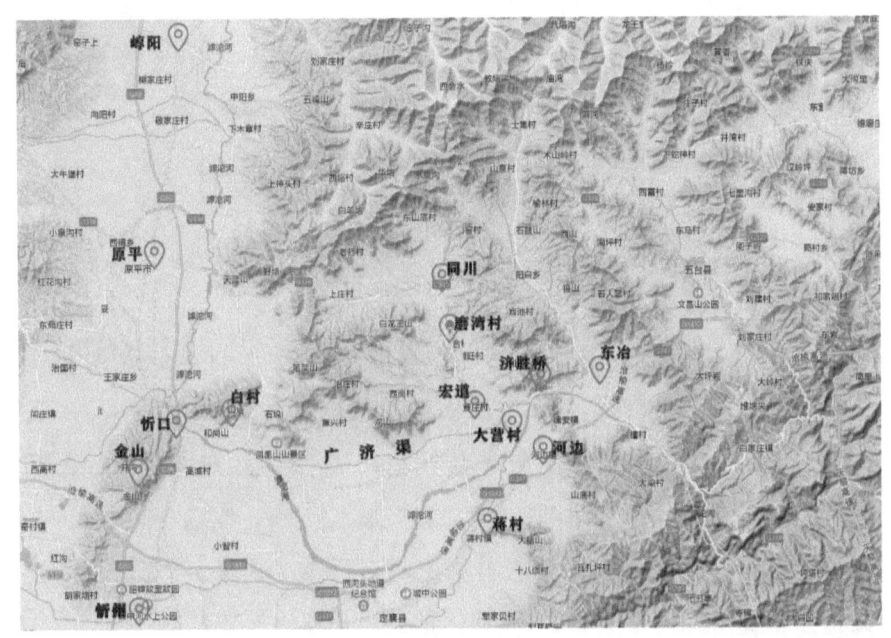

地名串起的故事

们每天在外面疯玩儿。父亲聚集起了西街的温家子弟，办起了免费私塾，义务教导这些失学的孩子们。在大兵们住过的东厢房，每日都传出父亲的教导声和孩子们的读书声，声声入耳。

雪花飘飞的冬季，屋檐上再也没有了鸽子的喧闹。我突然意识到，已经好几天没有见到三叔了。他带着他的鸽子一起神秘地退出了所有人的视线。我出神地望着正房高高的屋檐，那里空荡荡的，没有人喂养，连野鸽子都不再光顾了。父亲好不容易回来了，三叔却离开了。我好想念他！他们在忙些什么，我真的不懂。

我悄悄地走过正在上课的东厢房，去小南房看望祖父。他近来似乎变得越来越沉默寡言了。

我推开他的门，见他正拿着毛笔在一个摊开的本子上划着什么。看到我进来，他笑了笑，放下毛笔和本子，顺手把我抱起来放在他的腿上。我想念三叔，忍不住问他："爷爷，你知道我三叔去哪儿了吗？"他的眼神顿时有些失落，眼皮耷拉下来，叹口气说："我也不清楚去了哪儿，他来信说跟着共产党打日本人去了。"紧接着，他又勉强冲我挤了一个笑脸，"嘿嘿，该去，是不是？"

我环顾祖父的小南房，这里既是他的居室，又是他的别号"一人堂"的诊所。墙上正中央，挂着他任定襄二区区长时的照片。祖父穿礼服戴礼帽，神情严肃端坐当中，区助理员和区警站立在身后两旁，好不威风。那时的祖父比现在年轻帅气多了。透过那扇小门，我看到里间满满一墙小格子柜，祖父就是在那里给病人抓药。里间的地上放着几口大缸，存放着蜂蜜、中秋节的月饼和其他好吃的东西。祖父是一家之主，从我记事起就知道，他吃的东西和大家不完全一样，饭桌上总有一两小碟，比如炖肉或者是莜面，归他一人独自享用。喝稀饭时，大家都是就咸菜，只有他就着牛肉丝。我也偶尔可以，但其他人就不行了。

我还在祖父腿上坐着东张西望,他突然问我:"桓小子,你想不想乱画?"还没等我问清楚,他就把毛笔蘸满了墨汁递给我,指着一行字说:"这样,涂了它。"我更加糊涂了,那不是祖父诊病的记录吗,好好的涂了干什么?祖父好似讲给我听,又好似自言自语:"年关快到了,还没有来付钱的人家,肯定是没给人家治好病。要是病治好了,人家就是卖房卖地也不能欠着药钱。一笔勾销了吧。"我于是按照祖父指的地方胡乱画了一气。

祖父说他累了,要吸会儿大烟休息一下,让我退了出来。屋里传出了他剧烈的咳嗽声和喘息声。我始终不明白,祖父为什么被大烟熏成那样还要吸,还说是休息。祖母每次肚子疼的时候,祖父也会漫不经心地给出他的建议:"不用吃药,吸点大烟就好了。"祖母吸了果然奏效。大烟真的是包治百病的灵丹妙药?我不得其解。

祖父是医生,他一直笃信大烟具有提振精神、镇痛的医疗效果。虽然有点瘾,但是瘾不大,可以控制,所以经济条件好的人都可以适当享用。吸食大烟虽然并没有影响到祖父的威望和个人形象,但是他可能从来都没有意识到,自己身体的贫弱、未老先衰和精神萎靡,都是大烟长期毒害的结果。

(二)

经过一个冬天,老爷庙前的石狮子蒙上了厚厚的灰尘。1938年的春天来了,大石头摸着不再那么冰冷,小伙伴儿们又可以在那里爬上爬下尽情地玩儿了。我长高了很多,与入冬前相比,可以更加灵活地、毫不费力地爬上去摸到狮子的头顶。

当我抱着石狮子粗大的脖子和鬃毛到处观望时,发现今天看到的景象好像和往日不同。十字街前的警备队所在,以前都是穿黄绿色军服的晋绥军进进出出,他们都佩戴没有军衔的领章和部队番号的胸章；而眼前这些军人，他们的军装是灰色的，既没有领章，也没有胸章，只是每个人右手臂上围着一个白色的布条当作臂章，用红色草草地写着"八路"两字，看起来又简陋又土气。原来他们就是传说中专门打日本人的八路军啊。

忻口会战失利以后，国民党和阎锡山的部队随政府全线撤离了。由中国工农红军改编的国民革命军第八路军，总司令部在战后撤离了五台山地区。115师副师长兼政委聂荣臻奉命留下来建立根据地，成立了晋察冀军区，开展抗日游击战。宏道镇一度成为八路军115师控制的区域。然而在距宏道仅二里的西社和十里的季庄就驻扎着日军，他们会出其不意外出扫荡，抓捕抗日人士，抢粮、抢猪、抢羊、抓姑娘，无所不为。我的家乡宏道不幸沦为各路军事力量拉锯战的灾区。

后来我们果然频繁地遭到了日本鬼子的骚扰和扫荡。他们两三人一组，端着刺刀，嘴里喊着八嘎押路（无可救药的下贱的大笨蛋之意），一脚就踹开了我家街门。他们把屋里院里翻得鸡飞狗跳，还从后院的小场里牵走我当成宠物豢养的两只羊，它们有着雪白卷曲的毛发，大大的尾巴卷成漂亮的毛球，是我最心爱的玩伴。望着那一院子的凌乱，我们全家呆呆地立在院子中间，没有一个人开口说话。我看到了祖父眼里的哀伤、祖母眼里的忧虑和姑姑眼里的恐惧，也看到了父亲眼中喷出的怒火和紧紧攥着的拳头。我在想那两只被牵走的绵羊，它们无辜和无助的眼神，跟我一定是类似的吧。

还是祖母最先回过神来。她拉起母亲，扭身跑进了正房。不一会儿，她俩抬出一口盛满水的大木盆放在院子中间，又跑回各自的房间，把早已埋在地下大缸里的书翻出来，一摞一摞毫不吝惜地扔进了水盆。我都看呆了，不明白她们为什么要这样。可怜的姑姑默默地流着眼泪，望着心爱的书被浸湿、被毁掉。父亲颓然地坐到台阶上，低下了头，不再看。

长大以后的我常常回想起当日毁书的一幕，每次都伴有揪心的疼痛。父亲的阅读习惯很特别，他常常一边读，一边在书的字里行间做批注，写心得，所以每一本书里都有他的思想脉络。祖母和母亲毁的书，基本上都写满了两个字：抗日。要是被日本人掘地三尺搜去，这是要掉脑袋的大罪。可惜那些闪耀着理性光辉的哲学书籍，那整整一套充满左翼作家进步思想的《现代文库丛书》，一摞一摞被泡成纸浆，以极低的价格卖给了废品回收的商贩，以此消灾免祸。

日本侵略者制造的白色恐怖，他们对中国人民的奴役和欺凌，对中华民族的杀戮和摧残真是罄竹难书。

（三）

1939年，父亲被晋察冀边区任命为崞县二区联合校长，并兼任宏道小学校长。

晋察冀边区政府是在晋察冀军区的基础上成立的。边区是国共合作期间国民政府允许建立的，是国民政府序列的特别行政区。由于抗日游击战的展开，边区政权和军事力量的巩固，日本人的扫荡不那么频繁了。

父亲的任命，基本上是对他的身份秘而不宣的认证。虽然他的共产党员身份一直没有被公开，但几乎每个人都知道，父亲就是藏身在百姓中间的抗日中坚力量。原来大家听不明白的那些话，他多年来令人不解的神秘行踪，一下子昭然若揭，令所有的人恍然大悟。

祖父更加沉默了。大烟摧残着他的身体，令他消瘦、萎靡、衰老；父亲勇于抛头颅洒热血，以天下为先的抗日救亡理念、以及危险重重的抗日救亡活动，无不令他忧心忡忡。祖父不是一个没有抱负的人。他早年在北洋政府时期考取功名，成为定襄县衙辖下的区长，常年带着一名区助理员和区警奔波在他治下的八十多个自然村落，以精简高效的政府管理，为一方百姓谋求安居乐业之福祉，不正是他的追求目标吗？但他无论如何不能理解，打日本为什么要扯上"封建主义"和"官僚资本主义"，为什么要鼓动好逸恶劳之徒掀起更多的社会动荡。

不幸的事情终于发生了。1940年，在和抗日游击队的拉锯战中，日军驻扎在季庄的小分队俘虏了父亲，并将他关押在季庄的日军营盘内。所幸这次父亲并非在执行任务时被俘，也未暴露共产党员身份。身体虚弱不堪的祖父怀着无奈的心情，最后一次尽了为人父的职责，变卖了广济渠边上好的水浇地十亩，换取了一千块现大洋（约折合现价人民币100万元）用于营救。父亲获救出狱了，等候他的不是可以跟他再起争论的祖父，而是一个病入膏肓的垂垂老者。变卖祖产的巨大心理压力成为压垮他的最后一根稻草。

山西省主席阎锡山曾在祖父任职区长时这样的评价他："你是一匹骏马，但是不打不跑"。祖父带着他一生的荣光和骄傲，也带着他难以言说的屈辱和忧虑撒手西去，终年50虚岁。从此，我们这个家不可抑制地滑入了衰落破败的深渊。

（四）

祖父去世后没过多久，1941年，日本人攻占了宏道。鬼子们抢占了宏道后街富豪续汉的院子作为兵营。兵营位于宏道东北方向，有一个分队、约十三四个日军及大量伪军在此驻扎。他们扶植了一整套伪政权，包括警备队、区公所、新民会和警察所。毋庸置疑，任职的多数都是汉奸。

"新民会"是伪政府的一个所谓思想团体，其主要任务是防共反共、收买汉奸、搜集情报，宣扬"中日亲善"、"大东亚共存共荣"等奴化思想，推行日本的治安强化运动，镇压人民反抗；同时，它控制着各机关和社会团体，举办各种训练班、讲演会等，推行奴化教育和欺骗宣传，直接为侵略政策服务，是一个不折不扣的汉奸组织。宏道的新民会会长叫温伯强，是城头村人。极为讽刺的是，我的小学老师杨树帜也为新民会工作，他是打入敌人内部的地下党员。他和他的弟弟杨树华以这个特殊身份掩护了他们的抗日活动，给敌人造成了巨大的损失和打击。

正如祖父所忧虑的，在这个风雨飘摇的年代，我们的家也随着外面的世界一起，发生着翻天覆地的变化。父亲抱着誓死不当亡国奴的气概，毅然离开了宏道镇，从公开转入地下，继续从事危险丛生的秘密抗日活动。后来我们得知，他的藏身之处在宏道东南五公里之外的大营村，恰巧是我的外祖母的村子，我才能经常和母亲去看望他。

我家的四合院一天到晚冷冷清清。三叔再也没有寄来家信报平安，我都快要渐渐淡忘他了；二叔成天游手好闲，从不着家；父亲离开了，母亲带着二弟暂住在外祖母家生育三弟。家里只剩下祖母和姑姑带着我，妇孺孤寡，十分凄凉。

祖母再也不会像从前那样开心爽朗地笑了，她好像无时无刻不竖起耳朵保持着警觉。天色才微微发暗，祖母就要带着我和姑姑去温红爷爷家过夜，有时候也去温岭源家。我十分不情愿，一路走一路问："娘娘，咱们为什么不住在自己家呢？为什么要去一个新去处？"祖母一手紧紧抓着姑姑，一手摸摸我的头，简单地回答："你不懂，怕日本人来呢。"走在旁边的姑姑更让我看不懂，原本清秀的脸上竟抹满了锅底黑。我不敢再问什么，因为我看到她那黑乎乎的脸上，分明有两道长长的泪痕。

难道是……抓姑娘？隔壁温香元家16岁的二姑娘曾经被抓走

过，回来后哭着闹着要寻死跳井……我打了个冷颤，不敢再想下去。

天煞日本鬼子，每天晚上都要让汉奸送女人进营盘供他们享乐。起初，被送进去的女人是我们宏道镇四个风尘女子，他们的名字像顺口溜一样，我可以倒背如流："红鞋、一摄鬼、娥娥、阎粉梅"。虽说是风尘女子，她们都是穷苦人家的孩子出身，也颇具侠骨柔肠，在此危难时刻义不容辞地担当起大任，保护了普通人家好端端的女孩子免遭厄运。伪村长每次给她们补贴一两块大洋，不致于让她们白白辛苦一场。

但是天长日久，每天翻来覆去就是这四个人，鬼子不干了，说这四个女人玩儿腻了，要换大姑娘。猪狗不如的汉奸为了讨好主子，给这些狼心狗肺的日本鬼子列了一个清单，谁家有十五、六岁未嫁的女孩子，都在清单之列。清单里面的女孩子，每晚都有可能被抓姑娘的鬼子带走，成为刺刀下被猎奇的、任人宰割的羔羊。

我可怜的姑姑，在鲜花盛开的年纪，遭遇到了这样的不幸和奇耻大辱，让我们每个人的心都为她滴血。苍天有眼，我庆幸祖父没有活到这一天目睹这一切。

而那只会叫"小娜"名字的红山雀，在一天早上我们归来时，在我们愕然的注视下，呜咽着声断气绝。

（五）

1942年8月，父亲奉命去同川督学，与他同去的是崞县教育科长温治和（曙光）。此人是我的族兄，是1937年12月同我三叔先觉一起参加革命工作的。同川在宏道的北部，父亲抵达后，又奉命折向了西北方向的中原岗。父亲在临行前曾卜过一卦，卦里显示西北方向不利，没曾想他们后来的目的地偏偏临时折向了西北方向。在途中他们不幸遭遇了日寇，父亲躲进高粱地里藏身，被鬼子的地毯式搜捕抓获。他随身携带的一些党内文件没有来得及销毁，因而暴露了党员身份，被当做重犯关押在原平镇板村的日军营盘内。

消息传来，祖母即刻再次如法炮制，咬着牙变卖了祖产十亩水田，换得一千块现大洋，派二叔前去打点贿赂，希望能再次救回父亲。同去的还有同族亲戚续雨旺和郭官联。但是没过多久，他们花光了一千块大洋无功而返。二叔欺骗祖母和母亲，说父亲被日本人押至东北开矿，生死未卜。

自此以后，本来就游手好闲的二叔染上毒瘾，没有人知道他是因为愧疚还是因为苦闷所致。毒瘾一发不可收拾，并伴随着更加可怕的赌瘾，把我们家拖入更为深不见底的泥潭。家里值钱一点儿的东西都被他偷走或者抢去变卖了。原本生性刚强的祖母，先是泪水涟涟地乞求，后来见到他就吓得发抖。他逼着祖母把存放口粮的南房钥匙给他，祖母不从，他就瞪着血红的眼珠威胁说："你要是不给，我就拿刀子剮了你。"说罢抢起斧头砸了门锁，扛起粮食拿去卖钱换毒品，俨然已成为丧尽天良的禽兽。

我们家养的大肥猪被他卖了。卖了不到几天，肥猪就下了九只小崽，我们得知后心疼得难以言表；我养了一只白白的羊，尾巴大大的像个毛球，是我最心爱的宠物，也被二叔赶走卖了；承载着我家兴盛和丰收欢乐的大场里也被他贱卖了；就连我家建的公用厕所都没有逃过他的魔掌。他欠下了无数赌债，最后不得已变卖了耕地的骡马和车去还。终于有一天，当我们的口粮都难以为继时，才赫然发现，我家祖产的良田，已经被他偷卖得只剩下十六亩。

夜里仍然时不时传来枪声，我们都渐渐习以为常了。日本人驻扎在宏道，八路军的游击队经常来偷袭，烧门、放火、抓汉奸，有时自然免不了枪战。每当枪声响起我们被惊醒后，立刻从炕上跳下，蹲到炕沿边以免被流弹击中。祖母思儿心切，一边两手同时摁着我和姑姑的头更低一点，一边反而抬起头来，对着窗外小声念叨："是不是立小子和三小子打回来了？"她是多么盼望八路军早日打跑日本鬼子、一家人早日团圆啊。祖母的话也勾起了我的无限辛酸，我真想大声喊："爹，三叔，你们怎么还不回来？"

（六）

1943年春天发生了一桩灵异事件，让我一生困惑不得其解。

住在西耳房的二婶刚刚生下小妹妹象英不久。这一天，二婶和小妹妹突然双双口吐白沫不省人事。二叔请来了医生，医生束手无策；又请了神婆，神婆说大概是撞上鬼了。他们试探着把小妹妹抱到祖母的正房，小妹妹即刻恢复了正常，弯弯的眼睛笑嘻嘻地看着我们，咿咿呀呀地舞动着小手和小脚丫，可是一把她抱回西耳房，她又开始抽搐、吐白沫。看热闹的人围了一院子，说三道四。

这个时候母亲从外祖母家回来了，她挤过围观的人群走进西耳房。一看见母亲，二婶突然变得神智清醒了，她和颜悦色地拉起母亲的手，笑眯眯地问："你回来了？让我看看你。"母亲一下子愣住了。二婶看她的眼神，拉着她的手的亲密态度，特别是说话的腔调，竟与父亲一模一样。母亲几乎吓呆了，在慌乱中随便应付了一下，赶紧从西耳房退了出来。

这番短促的交谈后，二婶和小妹妹双双迅速恢复了正常，而母亲心里却疑虑重重。难道是父亲魂魄附在了二婶身上？那么就是说，父亲已经死了！这个疑虑瞬间打垮了母亲，她瘫坐在炕上嚎啕大哭。

事已至此，二叔先知只好默认了真相：父亲早在半年前已惨遭日本人杀害。至于那一千块大洋，也基本上变成大烟飘散在空中了。

这个家已经倾家荡产彻底败落了。为了不让二叔卖光所有的土地，祖母主持分了家。仅剩的十六亩土地，母亲带着我们兄弟三人，仅仅分得了六亩薄田；祖母和姑姑没有任何生活来源，他们靠仅有的一点积蓄买了两架纺车，一老一小在家里纺纱，在咯吱咯吱的转轮中苦苦地捱着；二婶带着年幼的妹妹回娘家了，留下二叔破落得像个乞丐，过着今朝有酒今朝醉的烟鬼赌徒的日子，人性丧失殆尽。

父亲撇下我们去世时，我九岁，二弟六岁，三弟一岁。我们的母亲，以二十九岁的年纪，拖着三个稚嫩的孩子，开始了悲苦的寡妇生涯。母亲说，我们兄弟三人就像一根苦藤上结出的三颗苦瓜。父亲早逝，家道中落，命中注定了我们的人生将残缺不全。

第三章 小学时光

梦里依稀慈母泪

城头变幻大王旗

——题记

（一）边区小学（1940.3～1941.10）

1940年春季，我上小学了。宏道当时是晋察冀边区二分区的地界，父亲是边区政府任命的宏道小学校长。

我的小书包里放着我上学用的唯一一套文具——一块儿镶着木框的青石板和一只石笔，以及用家里的羊毛毡扎成的板擦，我课间踢的鸡毛毽子也随身携带着。一般我都会早早从家里出来，路过十字街关帝庙前，先到石狮子上爬着玩儿一会儿，等小同学来了再一起进校上学。过了老爷庙的东墙，马路对面就是我们的宏道小学。学校大门朝西，位于十字街南街，正对着老爷庙东墙。

学校是阎锡山推广义务教育时由旧的文昌寺改建而成的。校门像一个牌楼，进门时正对着一个大戏台的背面，从戏台背面的南北两边都可以绕到戏台正面，我们称之为戏台大院。大院青砖漫地，显得十分干净整洁。正对戏台的院墙边有一排平房，原来用于摆放寺庙的各种泥塑，现在改造成了教师办公室和校长室；戏台院的南边，跨过一个通道是一处院落，类似的院落有三个，过一个门就跨进另一个院落，院落四周的房子是大大小小的教室，在这些教室里面安放了一千多张书桌，容纳了宏道及周边村庄一千多个小学生就读。

学校还有一个大大的院落，位于校园的最东端，是我们的运动场。运动场面积很大，有篮球场、网球场和足球场，我们集会或是上体育课时，一般从跨院进入；校外的人如果进来玩球，可以从位于堡子巷的学校东门直接进去。运动场最南端还有洗澡堂，这在当时的乡村算是绝无仅有的。

我们边区小学奉行的是新式教育，学生是老师们挨家挨户动员来上学的，虽然学杂费全免，却很少有女孩子来上学。老师们除了过去旧式学堂的老先生外，很多人是边区抗日积极分子中略有文化的人，高小毕业，边学边教。父亲是唯一一个受过高等教育的新式知识分子，身为校长的他必须先教会老师，老师再去教学生。从上学第一天起，我就接受抗日爱国教育，从来没有读过《四书》《五经》，没有接受过中华传统文化教育，甚至从来没有读过古文，完全不同于长我七岁读旧式学堂的姑姑。

学校的老师共有不到二十人。每次回想到他们，我都会联想到之前或之后的千丝万缕，虽然感觉有些时空交错，但每个人都让我记忆深刻，如数家珍：赵澍田老先生在清朝中过秀才，文化功底深厚，但他与时俱进，不守旧；他的长子赵伍元也是学校老师，而次子赵开元则与我是同窗；郭玉珮是父亲的好朋友，也特别喜欢我，他的父亲郭其昌是我后来忻县中学的几何老师，他的弟弟是我的同学，而他自己在解放后被定为历史反革命分子被判刑；郭官联在父亲被捕时，曾陪二叔一起去原平营救，同二叔一起染上了毒瘾；跟我家打官司并结有私仇的村长郭子和的儿子郭官时，想必他在父亲手下工作时，并没有被父亲公报私仇穿过小鞋；张春凤是高小毕业的女教师，文化不高不敢给学生上课。父亲总是先教会她，她再去教学生。后来父亲去世后，她常来看望母亲；赵登洲先生是后来日伪和晋绥军时期的校长，他学识渊博，治学严谨，他的名字还被编进学校元宵节灯谜之中，谜面是"过河湿不了鞋"，谜底为"登舟"；当然，我印象最深的是我的老师董正亭，他的父亲是我祖父的朋友董全贵。

若说新式小学与旧学堂有什么相同之处，那么可能唯一的地方就是师道尊严，而且老师可以打学生。这是旧学堂沿袭千年的传统，天经地义。董正亭老师打起人来毫不吝惜，他打的是"过梁板"，即手持板子在头顶绕一圈，然后重重落下。可怜那些伸着手等着挨板子的小同学，随着老师手起板落，疼得哇哇乱叫，如果躲了没让老师打中，那么惩罚就会加倍。写错字要打，算错题要打，纪律不好要打，课间跟同学吵架了也要打。有两个同学分别叫李三友和李贵和，一天到晚挨打，实在无奈，只好另辟蹊径，一边心不在焉地死记硬背，一边在砖石上磨手掌，那个情形让人既心疼又忍俊不禁。

我那时候学习好，经常当老师的小助手。每次全班默写的青石板收上来以后，老师让我来判，对的给"√"，错的给"×"；二年级以后我们开始"写仿"，即在麻纸上拓着字帖写毛笔字，颜体和柳体都拓过。写得好的字会得到一个红圈，再好就有两个红圈。有一天，正当我们一边念着"一去二三里，烟村四五家，亭台六七座，八九十枝花"，一边写仿时，有个同学报告老师，说他的墨子丢了。墨子即墨锭，加清水可研成墨汁。没有人承认谁拿了，老师环顾一下教室，很自信地说："我来破这个案。"

我们全班五十多个同学被迫放下手中的毛笔，列队站到下午明晃晃的太阳下。天气很热，我们顶着毒辣辣的日头站着，晒着。老师一句话也不说，在我们跟前来回不停地踱步，眼睛机警地慢慢扫过每个人。无辜如我，也被他盯得跟做了坏事儿一样，脸红心跳。那个偷拿了别人墨子的同学，叫岳正荣，被老师盯得目光躲闪，满脸通红，呼吸急促，大汗淋漓。老师大概心中有数，开始慢条斯理地说话了："都说是做贼心虚，见不得阳光。太阳一照，贼就现形了。"说着他走到岳正荣跟前停了下来。可怜的岳正荣，还没等老师说出下文就不打自招,这个案子就算成功告破了。年幼弱小的我们,从来没有敢于质疑过老师的权威。

当然,学校里最有权威的人还是父亲。他一惯以严厉著称,同学们偷偷给他起了个外号叫"温板头",口口相传"温板头"非常厉害,见到他都尽量绕着躲开。在我的印象里,父亲总是穿一件浅色的长袍,脚下是家制千层底黑布鞋,腋下夹着几本线装书。早上他神情严肃地站在校门口迎接每一个来上学的孩子,孩子们经过他时都会行鞠躬礼,然后一溜烟地跑开;放学时,他也是一副冷峻的面孔站在校门口,若有所思地看着孩子们散去。父亲的脸型偏长,头发经常剃得很短,神情中透着严肃和倔强,是一个不苟言笑不容易接近的人。

在那短暂的一年多时间里,父亲曾被日军抓捕,祖父变卖祖产用于营救;之后不久,祖父去世。我只是懵懵懂懂地经历着,年少不识愁滋味。那段时光在我的人生中,父亲在我的生命里,正如我当时痴迷的踢毽子游戏,隽永、悠长、难忘:

> 童年
> 是欢叫着
> 把毽子踢上
> 天
> 直到今天
> 毽子
> 仍在空中
> 没掉下来

（二）日伪学校（1941.10～1945.8）

"吾皇盛世兮千秋万代，砂砾成岩兮遍生青苔"，伴随着挽歌旋律一样的日本国歌声响起，大日本帝国的膏药旗高高飘扬在老爷庙门前的旗杆上。新上任的新民会会长温伯强在升旗仪式上高声训话："太阳旗自公元八世纪就开始为天皇使用，日本是天照大神创造的，天皇是天照大神的子孙。在这面旗上，白色象征着神圣、和平、纯洁和正义，红色象征着真挚、热忱、活力和博爱。中日是黄族一家，共存共荣；中日同文同种，我们要中日携手，共谋东亚繁荣。"

我稀里糊涂地听着，心里却很不愿意接受。日本人来了以后，每个家庭都陷入了战乱和动荡。虽然父亲离开了宏道和我们，但他所说的"誓死不当亡国奴"却掷地有声，时时回响在耳边。我们痛恨日本人，而新民会倡导的中日亲善，实在是南辕北辙，水火不相容。

每天早上到校后，在国文课上课前，同学们要集体朗诵《太阳歌》："天亮了，弟弟妹妹快起来。哥哥说，太阳升起来了，姐姐说，快去看太阳。太阳红，太阳亮，太阳出来明光光。"背诵这首歌颂日本天皇的儿歌，是我们每日必行的礼仪。

日语成为我们的必修科目。教室里张贴着五十一个片假名图表，我们每天都要背诵"アイウエオ"，每个人都能以极流利的语速背出来，正着倒着一样娴熟。老师教我们务必要学会一句话。"哇达西哇新民校纳告衰到待时"，意思是"我是新民学校的学生"。老师说在外面碰到日本人时，这么说会保平安无事。

我们都知道，语言是一个民族赖以生存和发展的最重要的基础，它是民族文化的载体，承载着民族的思维认知模式、审美情趣和文化精神。从小学日语会让儿童在思想上逐步对日本产生一种朦胧的文化认同感，这是让中国孩子学习日语的最终目的。

我们的课程中特别加了一科，叫"修身"，以前在抗日学校从来没有读过的老祖宗的东西，被日本人翻了出来，《三字经》、《孝经》、《论语》、《孟子》成了修身课的必读书目。曾在清朝中过秀才的赵澍田老先生教我们背诵"君则敬，臣则忠"，"自修齐，至平治"。他曾是我父亲的老师，文化功底深厚。后来我长大以后才慢慢品出其中的奥秘。这样做，并非善意挖掘弘扬中华传统文化，而是通过讲授圣经贤传，以儒家经义为依托，"涵养国民德性，修炼国民精神"，灌输愚忠思想，培养忠民顺民，是一种奴化教育。

但是另一方面也不得不承认，日伪时期对于基础教育的课程设置还是相当完整的，有很多值得学习借鉴之处。学校还特别重视强身健体的体育项目。学校运动场里每天都有生龙活虎的运动，这是以前从来没有过的。新民会会长温伯强的儿子从太原回来，穿一身轻便的运动衣在足球场踢球，一副见过大世面的样子，让人印象十分深刻。我们还史无前例地去日寇驻地营盘参加运动会，在那个我以前从来没有走进过的富豪续汉的大院，在日军、伪军的喝彩中奔跑、跳跃。这是他们精心营造的中日亲善的欢乐气氛，我得到的奖品是一支铅笔。

1945年8月15日，日本天皇宣布无条件投降。这一天中午，午休后我正要去上学，刚刚走到巷口，看到大队日军和伪军从西门外一直连到西街，正在往十字街方向行进。他们是从季庄撤退，与宏道的日军伪军会合后一起向东赶往河边火车站。天气很热，街上拥挤着装满物资的汽车和马车，汽车隆隆驶过，马蹄嘚嘚敲击着地面，车马卷起阵阵尘土，一股股强烈的躁动不安随着尘土在空中翻卷。

到了学校后，我才发现学校似乎比外面还要乱。课都不上了，老师学生乱做一团。有的老师慌了阵脚，执意要跟着日本人一起撤退。他们已经摸清了日军的撤退线路，先到河边火车站，然后乘火车去忻县或是太原。他们要走的原因很简单，担心自己被当成汉奸遭到清算。

当天下午，日军一撤离，共产党的干部就进驻宏道接管了政权。我和同学们好奇地在各条街上游荡，见证着历史扭转的这一天。在北街上我赫然见到了杨树帜。他曾在新民会任职，是共产党地下党员，是插入日伪的尖刀。他和同在日伪任职的弟弟杨树华一起，因劫持一车日军军用物资前往同川根据地而暴露了身份，以后便消失在公众的视野。现在日本投降，他们光明正大地回来了。杨树帜在给人们宣讲形势，告诉人们正在发生着什么。人群兴奋地一阵一阵欢呼，每个人脸上都洋溢着久违的笑容。

杨树帜就是边区政府接管宏道的干部，并很快被任命为宏道村长，后转任小学校长，成为我的老师。

（三）晋绥军时期（1945.9～1946.7）

仅仅过了一个月，当我们还在期盼三叔随着八路军凯旋回家的好消息时，却意外地看到了晋绥军的大规模进驻。

这个时期，共产党和国民党之间，已经从共同抗日的合作关系，演变成抢夺日军占领地盘的政见、利益不同的敌我关系。在艰难的抗战岁月里，阎锡山曾率领山西的流亡政府偏居黄河壶口瀑布东岸的吉县克难坡，励精图治。日本投降以后，他回到了阔别八年的省城太原。他是自辛亥革命以来的山西王，即便是破碎的山河，他也绝不容他人染指半分。

晋绥军在宏道先驻了一个营，后来编制增为一个团，是43军暂编39师师长刘鹏翔的部下。一千多人的驻军让我们感受到隐隐的不安。日军已经投降了，但是战争的气氛反而日益浓烈起来。

晋绥军驻扎的营盘还是从前日军和伪军一度驻扎了四年之久的

富豪续汉的大院。从他们入住后就开始大兴土木，修筑炮楼，还在十字街老爷庙前修筑地堡，一副安营扎寨备战备荒的气势。村里每家每户的青壮劳力都被派工。我二叔也被派，他懒得去出苦力，让我去顶替他。不得已，我第二次走进了续汉的大院，作为十二、三岁的童工，搬了一天砖，收工后得到了二叔带我去吃一碗大片汤的奖励。

不仅如此，修筑碉堡是需要砖的。他们根本没有那么多砖，就蛮横地强拆坟地的碑楼。我家西门外南塝坟地的两个碑楼就是被晋绥军强拆的。老百姓痛恨这些大兵，敢怒不敢言，暗地里称团长杜有堂为"黑肚蝎子"。

在学校里，我们每天都例行早会。大操场里搭了一个台子，叫烘炉台，我们摒弃了歌颂日本帝国的《太阳歌》，改为歌唱阎锡山的《烘炉歌》。"高山大歌，化日熏风。俯仰天地，何始何终。谋国不豫，人物皆空。克难熔炉，人才是宗。万能干部，陶冶其中。人格气节，革命先锋。精神整体，合作分工。组织领导，决议是从。自动彻底，职务维忠。抗战胜利，复兴成功。"

"烘炉"一词出自阎锡山的"烘炉训练"，烘炉系指大的炼铁炉，烘炉训练就是要人们像矿石投入烘炉那样，经过一番脱胎换骨的冶炼，成为"万能干部"。阎锡山在吉县克难坡避难时，曾先后组织两万多名干部，在名为"烘炉台"的集训场所参加干部轮训。

阎锡山是我们的同乡，说着跟我们一模一样的五台话，他的家乡河边村仅距宏道五公里远，位于宏道下游的滹沱河南岸。他早年加入同盟会，进入日本陆军士官学校留学，学成后回到山西。辛亥革命在山西就像一场宫廷政变，他幸运地成为山西都督，进而成为山西最高行政长官，时年不到30岁。后来他逐渐变成山西的土皇帝，牢牢掌握着山西的军政大权。

我们不仅要唱烘炉歌，还要站在烘炉台前背诵他的各种训词，比如让人反省的"你是不是一个死了心的人……"，再比如"自处要常常站在原谅人的地位，不可求人原谅。求人原谅是低人一头，能原谅人是高人一头。"还有一个也很有意思："自己占便宜是使人吃亏，使人吃亏以自处说是不智，以人处说是不仁，不智不仁其结果是必吃大亏，当戒之。"我们被要求同时佩戴两枚胸章，一枚是蒋介石，一枚是阎锡山。在背诵完自省警句之后还要呼喊："蒋委员长万岁"、"阎司令长官万岁"。

我已经是一个十二三岁的大孩子了，每天背诵着阎的道德警句，走在街上满眼都是张贴的道德标语，耳朵里却经常传来人们对阎的"兵农合一"、"主张公道"的辛辣讽刺，总觉得是哪里不对劲。我们每天出操时都要背诵阎的金句"兵农合一是人类幸福的聚宝盆"。有个同学叫李计元，个子最高，排队时走在最前面，当我们背诵到"聚宝盆"时，他不无幽默地张开两臂围成一个大大的圆，调侃地说"这么大"，等我们再次背诵到"聚宝盆"时，他一边把手臂越围越小，一边夸张地说，"这么大"、"这么大"，逗得我们哈哈大笑。

类似宏道这样被国民党和共产党之间力量拉锯的市镇，在晋北有几十个。国共双方寸土必争，政治理念大相径庭，利益冲突不断升级演化，成为你死我活的敌对矛盾，战争如箭在弦。

1946年6月下旬，晋北战役打响。在这片热土上，在崞县、原平和忻口，在无数国民革命军将士曾在抗日战争中誓死保卫的家园，在他们舍身成仁的战场上，如今时隔不到九年，同胞骨肉在此兵戎相见，实在令人唏嘘。

随着7月11日崞县失守，阎锡山意识到他的兵力部署的缺陷，于是变"分兵把守支点"为"集中固守要点"，急令原平、忻口、五台、定襄、河边等处守军不战而退，向忻县收缩。宏道守军"黑肚蝎子"团就这样悄无声息地离开了我的家乡宏道镇。

我一直悄悄关注着43军暂编39师的去向和命运。他们当中有一个年轻的连长，骑着大洋马，头戴大盖帽，英气逼人。他喜欢我姑姑，被祖母阻拦，求而不得。在后来的战场上，他们多次与八路军（后更名为中国人民解放军）交战，在1946年8月的晋北战役忻县战斗中，被歼一个团；在1948年6月的晋中战役中，不幸被全歼。那个骑着马在我家附近徘徊的年轻英俊的连长，最后的命运竟是这般，令人痛惜。

（四）解放了（1946.7～1947春）

随着晋绥军不战而退，宏道终于回到了晋察冀边区，回到了共产党的怀抱。前来接管的八路军军纪严明，秋毫无犯，与晋绥军形成了强烈的对比和反差。所有的仓库、店铺、学校、寺庙、公共机关和民房都受到了良好的保护。老百姓涌上街头欢庆解放，一派喜气洋洋。

杨树帜又一次回来做了我们的校长。照理说，我马上十三岁，早就应该小学毕业升入高小了，但由于我们身处战乱年代，在你来我往的拉锯战中，除了小学，我们根本无学可上，无处容身。这些年我们只能留在小学，上一些特别为我们这个年龄的孩子开设的高级班，或曰补习班，由水平较高的老师教一些高小内容的课程。

我学习好，性格开朗，能歌善舞，再加上我根红苗正的出身，父亲是革命烈士，三叔是八路军，我成了小学里最活跃的"红二代"和最令人瞩目的明星。

十字街大戏台又一次成为宏道的焦点。这一次，台上演的不再是抗战前传统的古装大戏，演员也不再是那些曾经耳熟能详的角儿们。我们宏道小学第一次光荣地登上大戏台，代表解放区进步青少年驻守革命阵地，宣传革命思想。我们演的是新秧歌《兄妹开荒》，我演男主角开荒种地，肩扛镢子并在台上高高抡起，女生中最漂亮的杨银娥饰演妹妹，给开荒的哥哥送饭。我们又说又唱，载歌载舞。我撩开嗓子高声唱道：

> 雄鸡雄鸡，高呀么高声叫，
> 叫得太阳红又红，
> 身强力壮的小伙子，
> 怎么能躺在热炕上作呀懒虫？
> 扛起锄头上呀么上山岗，
> 站在高岗上，好呀么好风光，
> 站得高来望得远那么咦呀嗨，
> 咱们的边区，到如今成了一个好呀地方，哪哈咦呀嘿嘿

高亢激昂的歌声伴着明朗乐观的时代气息，不仅深深触动并教育了作为演员的我，而且以喜闻乐见的方式向广大群众宣讲党的政策，鼓励加紧大生产，声援解放战争。

后来我们又排演了另外一出大戏，歌剧《王贵与李香香》。这是由震动了文坛的长篇叙事诗改编成的歌剧，讲述了一对穷苦的青年人相爱、结婚、闹革命、斗地主的故事，塑造了敢于反抗、争取自由幸福的青年形象，并且告诉人们，劳动人民个人的命运与无产阶级的革命事业是血肉相连的。

歌剧演出那一天，碰巧我母亲从大营村外祖母家回宏道，她被人山人海的观众裹挟着挤到台前，出神地看了半天，不解地问旁边的人："这是谁家的闺女？长得真好看。"旁边的人哄地大笑起来，回她道："先立哥家的，你没有看出来？这台上的女孩子，是你儿子象桓演的。""啊？哈哈哈，是这样啊。"母亲也忍不住笑了。

十三四岁的我眉清目秀，歌声清脆，饰演美丽如"山丹丹花开红

姣姣，一双大眼水汪汪"的李香香，具有人人称颂的扮相；饰演王贵的是身材壮硕的赵贵虎，他"身高五尺浑身都是劲，庄稼地里顶两人"。李香香是一个爱憎分明的女孩子，对心仪的王贵哥"烟锅锅点灯半炕炕明，酒盅盅量米不嫌哥哥穷"；对地主崔二爷"自幼就把有钱人恨透了，地主豪绅个个凶"，"崔二爷是个大坏蛋，庄户人个个想吃他的肉"。演出获得了极大成功，台下叫好声一浪高过一浪，我心里高兴极了。

我们不光在宏道演，还坐着马车去过兰芳镇，去过平原东社、定襄南玉村、中小霍村、柏塔寺（尚义村）等等。我们去慰问打了胜仗的部队，去宣传土改，去庆祝"四·四儿童节"。在小学最后一年多的时间里，我几乎不记得上过什么课，每天像个小职业革命家一样，豪情万丈倾情投入到波澜壮阔的革命洪流中，歌咏比赛、队列比赛、开会、演出、宣传、站岗、放哨、查路条，忙得不亦乐乎。

我们的老师都换成了清一色的共产党干部，带着我们去完成一个又一个党交给的任务。我们都无比真诚地相信，在这场革命洪流中，我们儿童团是有光荣的革命使命的。我们虽然在解放区翻了身，当家做了主人，但是全中国还没有彻底解放，蒋介石阎锡山等敌人还在做垂死的挣扎，还在不断骚扰侵犯解放区。我们都做好了为革命抛头颅，洒热血的准备，要与敌人斗争到底，直到全国解放。

（五）儿童团长

儿童团是党在青少年中领导的先锋组织，是党的左膀右臂。学校成立儿童团时，我被毫无悬念地任命为儿童团长。身为儿童团长的我，要常常带领小伙伴们去完成一些党交给的特殊任务。每当这个时候，兴奋和骄傲都会洋溢在我们年少稚嫩的脸上。我背的小书包是姑姑按照最时髦的八路军干部的斜挎包式样仿制的，白色帆布，书包盖上绣着一颗红星。我们还模仿八路军打绑腿，用家里自产的粗布裁成宽条拼接起来。姑姑巧手用槐角熬煮给布条上色，黄黄的颜色足以以假乱真。当我背着小挎包打着绑腿骄傲地跨出家门的时候，祖母和母亲的担忧和叮咛如耳旁风，早已不在话下。

迈出街门的那一刻，我特意回头再张望几眼。两扇大门黑漆已然剥落，显得年久失修，有些残败。我的目光瞬间就被两个红色条幅所俘获，那是两个一模一样的条幅，写着一模一样的四个大字：无尚光荣，一个是为我的烈士父亲，一个是为我的八路军三叔，这是父亲和三叔用生命和鲜血换来的荣誉。在失联多年以后，三叔终于又有信件寄回家里。烽火连三月，家书抵万金，我们得知他还活着，在晋察冀边区河北省定兴县工作，喜悦的眼泪不停地流下。这两个条幅是我们儿童团前几天亲手粘贴上去的，烈属和抗属之家都如我家一样沐浴在荣耀的红色光环之中。

今天我的手里握着一个不同的名单，名单里依次排列着几十个晋绥军家属，我们要挨家挨户往他们的街门上画大黑点。与光荣的红色相对照，黑色代表着耻辱和反动。在解放区的艳阳天里，谁家大门上有一个大大的黑点，说明这户人家有子弟正在、或是曾在阎锡山的晋绥军中服役，是一股反革命力量，其家人也要与他们一同被我们钉上耻辱柱，承受来自革命力量的谴责和蔑视，令全家人颜面无光抬不起头。

当我们在吵吵闹闹中辨识一户人家的大门位置时，从院子里蹒跚走出一名满脸怒色的长者，见到我们就破口大骂："不知好歹的小土匪。"我们听罢都有些发怵，不知怎样回敬；唯有大个子李计元依旧不改爱开玩笑的天性，把幽默和戏谑带到了严肃的革命工作中。只见他笑嘻嘻地朝老人走过去，握着毛笔的手在盛着墨汁的碗边轻轻顿了顿，开始往老人脸上认真地涂抹起来，一边抹一边慢条斯理地嘲讽说："我给你好好打扮打扮，你这个老反革命。"原来是这一出好戏！我们都报复性地哄堂大笑起来，得意之中，哪管那个老反革命如何气得七窍生烟。

以我们十、三四岁的顽劣和冲动，哪里会想得到，也就是九年前，为了保卫故乡的山河和人民，这些"反革命"的子弟曾在战场上与日军殊死拼杀过，他们也曾被故乡的亲人崇敬过、膜拜过、感恩过；我们更加不会料到，诸如此类事件和闹剧，直接加剧与晋绥军的敌我矛盾，为日后晋绥军的反攻倒算埋下了深深的隐患。

不仅如此，土改运动在解放区轰轰烈烈展开，更是让敌我矛盾趋于激化。

土改运动的一项重要内容，是在农村中划分阶级成分，将农村人口按照拥有土地等财产的数额，划分为雇农、贫农、中农、富农和地主。雇农和贫农是土改依靠的对象，中农是团结的对象，富农被中立，地主被定为剥削阶级，是土改打击的对象。

我家仅有六亩薄田，被定性为下中农，财产水平处于中下游，既没有从大户手中分得多的田产，又无需交出多余的田地分给其他人，是土改中变动最小的一类家庭。变动最大的是两类人，一是从前的赤贫户，二是从前的大户。财产经土改重新分配之后，赤贫户过上了翻身做主人的光明日子，大户则经历了前所未有的震荡，如江河日下，走向衰败和灭亡。

梁拾斤曾是一个衣衫褴褛的小青年，我对他的熟知是缘于在十字街上与他有数不清的照面。无论我何时走过繁华的十字街，随便瞥一眼，都能看到他或者在闲适慵懒地晒太阳，或者在眉飞色舞地与人神聊。但最近看到的他却让我大跌眼镜，他翻身做了主人不说，还成了忙碌的翻身团团长。在他眼里的土改和斗地主，既直截了当又简单方便：组织他的穷弟兄到地主和富户家吃饭，吃塌他们。在大快朵颐地享受他们从前只能精神会餐的美食时，还能理直气壮地把自己曾经的苦难一古脑倾泻给这些阶级敌人，说就是因为受到了你们的剥削我才会那么穷，那么苦；如今翻身了，要让你们好好尝一尝被斗争的滋味，让你们偿还曾经的血债。

中午放学回家的路上，我看到梁拾斤的吃塌队正急急地走在去富豪续汉家的路上，在欢声笑语中大声议论着将要吃到的猪肉粉条大烩菜和油炸糕。梁拾斤神色得意地炫耀说："老子想吃什么就让他做什么，他敢不听？！"猪肉粉条大烩菜和油炸糕，那是我整整一年都在盼望的春节美食，他们竟然想吃就能吃到，太让我羡慕了，也顿时让我产生了一种强烈的愿望，想快步跟上他们一同去吃。

我吞咽着口水回到家里，望着祖母端出的没有一星油花的豆面抿抿，如同嚼蜡的滋味让我的委屈一下子涌了上来。同样是干革命，为什么我不能痛痛快快地去沾光吃那些日思夜想的好吃的？为什么我要坐在祖母的破炕席上日复一日地吞咽我最不喜欢的东西？我难过地放下筷子对祖母说："娘娘，我再也不想吃豆面抿抿了，我想跟吃塌队去吃一次油炸糕，行吗？"祖母一动不动沉默了许久，才一字一句对我说："桓小子，梁拾斤是个赖小子，你不要跟他学。"我只能似懂非懂地点着头，埋头胡乱吞下我那碗不受待见的豆面抿抿。

午休之后，祖母跟我一起来到学校。下午有一个设在学校运动场的斗争地主现场大会，大大小小十几个地主家的财物，早已被堆积如山地摆放在运动场，等待被村民无偿瓜分，或是以极低的价格买走。这些财物又被称为"浮财"，五花八门，有各种生产工具，也有生活用具，衣柜、衣料、炕桌、炕席等等，还有从地主家地下挖出来的用于备荒的粮食和红枣等等。漂亮结实的红木大衣柜只卖三块大洋，祖母爱不释手却思量着不敢动手，她很担心财物的主人有朝一日会找上门来算账。最后，她只花一个大洋买了一张炕席，因为家里的炕席实在太破了。

斗争大会开始了，台上的土改工作组用高音喇叭宣讲党的土改政策，宣讲消灭剥削阶级的伟大意义，并号召适龄青年去报名参军，拿起枪保卫土改得来的土地，保卫革命的胜利果实。刚刚吃得心圆肚饱的梁拾斤对土改带来的新生活充满革命感情，第一个站到台前声泪俱下地控诉自己苦大仇深的血泪历史。台下站着十几个地主和地主婆，低着头瑟瑟发抖。

梁拾斤的发言结束了，人群寂静无声。我突然想起党交给我们儿童团的任务是喊口号，这个时候是不是就应该喊呢？打破寂静的僵局，烘托带动场上气氛，也许现在正是最好的时候。想到这儿，我呼地站了出来，带领儿童团振臂高呼："打倒地主！"，"消灭剥削阶级！"，"共产党万岁！"，"打倒蒋介石，解放全中国！"口号声此起彼伏，会场上顷刻间就喧闹了起来。

我是多么骄傲自己会这样引人注目，这样光荣地完成了党交给的任务。把地主的土地平均分给贫下中农，使人人平等，人人有田耕，人人有饭吃，这是多么美好的理想社会。这个美好的理想社会经由我们的努力就可实现，这是多么伟大的事业！

当我怀着无比兴奋的心情再次扫视会场时，我却看到了祖母无处躲闪的眼神，充满痛苦和无奈，以及对我深深的忧虑。在与祖母的对望中我又想起了她曾经跟我说过的话："要不是你二叔抽大烟卖光了田产，咱们家也得被梁拾斤吃塌，被他斗死。"是啊，我心怀侥幸地想，如果不是那样的话，我的处境会跟今天完全不同，我既没有资格跟老师和同学们一起为革命工作，更没有资格担任儿童团长。想到这些，我竟为家族遭受的苦难感到偷偷庆幸。

我的心情复杂得难以厘清。

（六）沾满了鲜血的残酷斗争（1947夏～1948春）

相比而言，宏道的土改是相当文明的，与我们相距不出十公里的晋绥边区，土改的方式却血腥暴力得多。那里的地主们，被驱逐出家园算是幸运的，被从肉体上消灭，甚至是斩草除根都屡见不鲜，连幼小的孩子都不会被放过。杀人的方法五花八门，有一种方法叫做"磨洋"。如果地主不老实交出藏在地下的财宝，他的双脚就被绳子捆住，用人或者毛驴拖着捆绑的双脚，头朝下在粗糙的石头炉渣路上跑，把头磨得血肉模糊，然后再把他们扔下悬崖摔死。如果村干部反对这些血腥暴力手段，翻身团就会把他们称为"绊脚石"，并且要"搬石头"，即以同样的暴力手段关押甚至打死村干部。想想都令人不寒而栗。

那些在土改运动中被掘地三尺扫地出门的地主们，带着满腔的冤屈愤怒和阶级仇恨大批逃离，投奔政权相对稳定的忻县、太原。

彼时的忻县，在晋北战役结束以后，成为晋绥军保卫孤城太原的最后一道北部屏障。忻县在宏道镇西南方向三十公里处，距省城太原仅七十五公里，素有"晋北锁钥"之称。经晋北战役一役，忻县以北至大同的全部村镇均被共产党解放，晋察冀和晋绥两大解放区连成一大片。国共两党之间的军事力量对比也发生了根本性逆转，晋绥军大量有生力量被歼灭，兵力严重不足，不得不放弃对解放区的重点攻击，而转为以忻县为据点防守，并对周边局部地区进行骚扰破坏。

"还乡团"应运而生。它们是由逃亡人口编制而成的地主武装，由晋绥军组织，随晋绥军一起出动讨伐，协同作战。还乡团所到之处，其残暴远过于晋绥军。他们是回乡复仇血债的，摧毁解放区的共产党地方组织，夺取失去的土地和财产是他们的最终目的。

所以，不论土改的血雨腥风，还是还乡团的血腥杀戮，最后的结果是，农民和地主的手上都沾满了彼此的鲜血。

1947年夏的一天，我独自一人正准备步行去大营村探望外祖母。从家里出来刚刚走到巷子口，看到西街衙门处（区公所）有几个军人，着八路军服、端着枪晃晃当当朝我的方向走来。其中一个人还很轻薄地冲着站在西街上的二娥子调侃："二姑娘，潘俊存回来了，马上要去看你呢。"看到八路军并不奇怪，但是听到他们的对话，马上引起了我的警觉。二娥子的男朋友叫潘俊存没有错，但他不是在晋绥军老虎团服役吗，眼下这些八路军怎么会知道他？不对，他们不是八路军，而是伪装成八路军的晋绥军，是敌人。我急忙扯下胸前佩戴的毛主席像章扔在路边，想躲已经来不及了，只能硬着头皮往前走。

假冒的八路军强行拉住我，让我随他们掉头往西走。我只好慢吞吞跟在他们后面，伺机逃跑。走到我们家巷口时，我拔腿就跑，飞快躲进了巷口第一家张四芒家的院子，无奈被他们发现，又把我抓了回来。

这一路朝西走，他们并非见谁抓谁，而是有备而来。郭天宝是八路军残疾复员军人，在西街开了一家店面。听说晋绥军在抓人，抱着账本准备逃跑，结果被闯入的军人迎面抓获。

住在小堂院的温书兰是从八路军部队回家休假的。假冒八路军找到他家，蛮横地训斥他："你是从部队逃跑回来的，我们是搞归队的。"他的老婆一脸不解，急忙替他开脱："你们误会了，他是八路军回家休假，我们还有部队开的假条儿呢。"说着就翻出假条。这个憨女人一句话就暴露了自家男人的真实身份，招来祸患。

梁拾斤的弟弟梁九斤是一个退伍的八路军，他在北街摆了一个小摊，卖点香烟、瓜子、花生之类的小杂货。冒牌的八路军路过他的小摊时，顺手牵羊拿了一包香烟。梁九斤喝住他们，质问道："钱呢？怎么不给钱？老子当了那么多年八路军，从来不拿群众一针一线，你们是什么八路军？"结果他成了一个不打自招的倒霉蛋。

我还是不甘心，准备伺机再次逃跑。随着被抓的人数慢慢增加，敌人放松了对我的警惕。当我们被押着返回十字街时，我又找到一个机会，闪身躲进同学李志华家巷口，一直跑进他家，说明情况，装病躺在炕上，把毛巾敷在脸上伪装。这一次我侥幸逃脱了，敌人没有再来抓。后来祖母找到我，把我带回家，这时敌人已经离开了。

这次晋绥军从忻县出来，冒充八路军骚扰，还乡团预先给他们提供了线索，所以他们抓人是有目标的。除了我亲眼目睹的郭天宝、温书兰、梁九斤以外，他们还抓捕了翻身团团长梁拾斤。除郭天宝之外，其他三人均被押至忻县处决。若我不是机灵逃脱，以我儿童团长的身份，他们是不会放过我的。

敌人比较大规模的讨伐也时有发生。消息传来时，在敌人还没有到达宏道前，我们儿童团的骨干分子就必须马上撤离。我们唱着《逃难歌》离开家乡，心中充满了悲凉，因为我们不知道什么时候能够回来，一切都是未知数。

1947年冬天，敌人又发动了一次大规模的讨伐。张林青老师带领十多个儿童团骨干逃到北社北面的窑岩山避难。我们匆忙离开时，母亲塞给我一块银元，并把父亲遗留下来的皮袄套在我身上。天寒地冻，我们躲在窑岩山的窑洞里三天三夜，随身携带的干粮很快吃完了，只能以雪充饥。

远处不时传来零星的枪声，我们知道敌人的讨伐还在进行中，周围环境并不安全。看到同学们一个个又冻又饿，我心里涌出一股英雄情怀，要救他们，绝不能坐以待毙。我跟张林青老师自告奋勇，偷偷潜进北社西林村，去同学梁俊章家取些干粮。老师派张俊海陪我一起去，并千叮咛万嘱咐，一定要小心行事。

我们俩趁着天色没有大亮、人烟稀少之时潜入村里。一进到梁俊章家，碰巧赶上一笼玉米面豆馅窝头冒着蒸汽刚刚出锅，大铁锅里还熬着江绿豆稀饭。我们俩像饿狼一样扑了上去，顾不得烫嘴，更顾不得客气，一通狼吞虎咽。正吃着，突然枪声响起，敌人进村了。我们不敢久留，慌忙把热气腾腾的窝头装在面袋里，扛起就往村外跑。

我们气喘吁吁地闷头跑到村子西边马鞍山旁，在通往窑岩山的夹沟里，才发现两边悬崖上都站着敌人，边放枪边喊"不许跑"。我和俊海已经跑散了，那袋窝头扛着抱着都让我倍感吃力，干脆扔了它，朝村子东边的悬崖跑去，试图摆脱敌人。没料到东边的悬崖还没有完全爬上去，又听到敌人在头顶大喊"站住，不许动"，我哪里肯站住，仍然拼了命想逃，激怒了那个士兵，端着刺刀向我冲来。实在是没法脱身了，我只好停下脚步，一屁股坐在地上，高举双手向他求饶："老总饶命，老总饶命"，大概看我还是个孩子吧，他的刺刀向我比划了一下，并没有真的下手捅我，反而收起了刺刀，开始搜身。

他先搜到母亲带给我的银元，用两个指头捏着吹了口气，听听响，然后满意地放进了自己的口袋；接着，又搜出了我随身携带的儿童团花名册，每个人站岗放哨的次数都用"正"字来标注。他看了一眼花名册，指着本子对我说："看来你小子是个儿童团长。"我连忙辩解道："我家是地主，我哪能当上儿童团长呢？"他翻了翻眼珠，不相信地看着我问："那你哪来的这个本子？"我也不知道哪儿来的机智，即刻对答如流地说："这是我捡来的。"

他没有再问更多，也没有放了我，而是把我带到了马鞍山脚下。此时被抓的人已经很多，男女老少都有。我在人群中看到西社村我表舅续全良的女儿，还有北社西林村的儿童团长张相如，我们曾多次在活动中碰过面，相互熟知。这时，一个士兵从我身上扒下皮袄，递给了马鞍山顶上放哨的士兵穿上。

我们这群人被反手绑着聚拢在山脚下，敌人端着枪在山上来回巡逻。从早上一直到下午太阳快落山，又冻、又饿、又怕，不知道该如何是好。

哨兵们终于从山上下来了，一个像排长的小军官宣布放了我们。绳索解开了，我慢慢揉着发麻的手腕，突然想到了我父亲的皮袄，这是父亲的遗物，我一定要争取要回来。我乞求那个小军官，他让我上山找那个穿着它的士兵去要。我毫不犹豫地又一次向山顶冲去，完全没有理会这样做是不是会给自己带来危险，更不要说饥饿和寒冷了。我只有一个信念，一定要保住父亲的遗物，一定要！

当我重新穿上失而复得的皮袄时，我才撒开丫子朝窑岩山的方向奔跑。冻僵的身体一点点复苏了，皮袄沉沉地压着我瘦削的肩头，好像是父亲在给我结结实实的保护。我跑着跑着，眼泪开始不停地流，就像一个受尽委屈和惊吓的孩子，用眼泪在和父亲诉说。

不知跑了多久，在山边的一个小路口，我看到张林青老师和同学们正在路口遥望我。终于见到亲人了！我跑着一头扎进张林青老师怀里失声痛哭起来。大家都哭了，张老师不停地用手抚着我的背，安慰着我；同学们围着我又哭又笑，庆祝我脱离虎口，重获新生。师生之情、同学之情汇聚成一股热流深深温暖着我，我把悲喜交加的眼泪都蹭到了张老师身上。

讨伐宏道的晋绥军离开后，我才回到家里，祖母和母亲、姑姑悬着的心才放下来，她们一直在惦念着我的安危。祖母说，幸亏我离开了，要不然我就得被晋绥军抓走了。原来在我走后，晋绥军曾来到家里搜查，对祖母说："你孙子是儿童团长，让他把儿童团召集起来，给我们唱唱共产党的歌听。"祖母推说我不在，去了外祖母家，他们只好作罢。

就是在这次讨伐中，由于还乡团的告发，那个在晋绥军家属脸上涂黑点的大个子李计元，被冠以"作恶多端的小共产党员"的罪名被捕，押至忻县后遭到处决，年仅十五岁。我幸运地又逃过了一劫。

政权更迭，时移势易，风云人物依次轮番在我眼前上演着各自的命运大戏。有的已经落幕，如温伯强、梁拾斤、李计元；有的还在出演，如杨树帜、张林青，你方唱罢我登场。

随着时间推移，我也一天天长大，慢慢登上了这舞台，开始演绎我的人生。

第四章 缺失的爱

父母者，人之本也。
——题记

（一）父亲

在唯一一张留存的黑白照片中，我的父亲身着浅色中式长袍，衣领高高竖起，脸微微侧偏注视着镜头。他修长清秀的面庞，又短又硬的头发，无不透出内心的倔强和坚毅。他就这样恒久定格在三十一岁的年轻岁月里，成为我心中永久的痛。

父亲名先立，自取别名"反真"，生于清宣统三年正月，即辛亥1911年，卒于1942年农历八月，即民国卅一年，享年三十一周岁。他是一名共产党员，因抗日活动被日寇逮捕并以残忍的方式杀害。父亲把他短暂且珍贵的生命献给了他所追求的民主、自由和社会进步，献给了他深沉挚爱的故土。他是一名真正硬骨头的家国英雄，是滹沱河可歌可泣的赤子。

在我年幼的记忆里，父亲像一团行踪不定的云，偶尔飘来，又倏忽飘去。一如他的身份和行踪的不可捉摸，他的人生亦是不可捉摸的。他是何时、以何种方式离开这个世界的？他的尸骨在哪里？任凭我们用各种方式去追寻仍是没有答案，成为我们一生都解不开的谜团和不能摆脱的噩梦。

我在没有父亲的残缺中长成一名少年。年少的我喜欢听祖母和母亲在不经意间说起父亲的故事，在穷困、孤独和迷惘的艰难时刻，遥望夜空，找寻那颗挂在天边的遥远凄清的寒星，望着它隐隐发出的一丝光亮，把它想象成背影模糊、渐渐远去的父亲。那一丝光亮的陪伴和指引，是我心中充满辛酸的小小慰藉。

从小到大，大部分时间父亲都是出门在外，不是求学就是工作，只有逢年过节才回来与家人团聚。我是跟着母亲长大的，一同生活的祖父母、两个叔叔和姑姑才是我的至亲家人，父亲似乎只存在于亲人们的谈话中和母亲的等待中，见到他时只觉得陌生和疏远。他不像祖父和叔叔们那样主动与我亲近，我也从来都不知道父子之间还可以其乐融融。

尽管如此，我还是非常喜欢父亲回家的，因为他在家的时候，我们的家就会充满不一样的欢乐气氛，父亲在不同时期的朋友们会来拜访，他们聚在东耳房里高谈阔论，间或传出豪放的笑声；父亲和母亲也好像有说不完的话，他们在十六、七岁年少时成亲，虽然之前素未谋面，虽然母亲不识字，他们却相处非常和睦，感情融洽。父亲教会了母亲读书识字，还教她说英文。听到从东耳房里传出母亲的笑声，我的心里特别踏实安宁。

不知道为什么，父亲在外人口中经常被描述成一个怪癖之人，我对此充满好奇和疑惑。从我四岁到八岁的短短四年中，父亲回到故乡宏道工作和生活，我终于有机会与他朝夕相处。当时宏道虽然是八路军晋察冀边区控制的范围，却不时遭到驻扎在周边的日军骚扰，各种势力拉锯般地你争我夺。父亲是边区政府任命的崞县二区联合校长兼任宏道小学校长，主持抗日救亡教育。这个时期，无论是上学还是在家里，我都能跟别的孩子一样经常看到父亲，感受到他的存在。我幼小的心里是那么满足，眼睛也好像不够用一样，随时随地捕捉着他的身影。

在学校，他是一个神情严厉不苟言笑的校长"温板头"，但他的学识却是人人称颂的；回到家里，他就是我亲爱的父亲，虽然他和我并无亲密的父子互动。脱去长袍露出一身短打扮的父亲，取出扁担

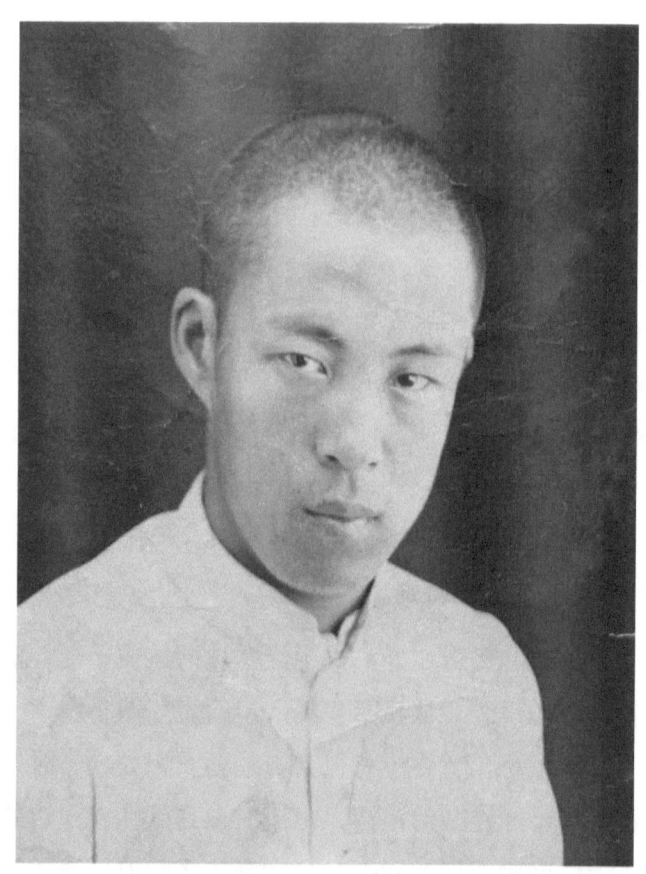

父亲——父亲年轻的生命永远定格在31岁

和水桶去街门外的水井里挑水。他晃晃悠悠地挑着沉甸甸的两大桶水，一趟一趟走进走出，把水倒进角落的大水缸；他用瓢舀出水，细细浇灌那些他亲手栽种的馨香素雅的鲜花，然后坐在院子的台阶上兀自欣赏、发呆。

父亲就这样挑着扁担、溅着水、颤颤悠悠地走进走出，来来回回，一直走到我童年记忆的最深处。

1941年日本人占领宏道后，父亲离开我们，他的身份也由公开转入地下，在敌占区冒着生命危险继续从事抗日活动。父亲经常藏身的地方大营村是我外祖母的村子，他平日寄居在四姥爷家里，日本鬼子来搜捕时，他就会躲藏到三姥爷家后场里的高粱秆堆垛里。在他东躲西藏的日子里，母亲经常带着我们兄弟三人去看望他，但我们却再也没有机会在阳光下光明正大地在一起共同生活。我只是隐隐约约地感觉到，父亲并不是一个人在孤立地做事，他有组织，有一起工作的志同道合的战友，他们中包括我的堂表兄陈宝珠和四舅陈文瑞。我还碰见过有人用毛驴驮着小米给父亲送来，后来才知道，那是边区政府派发给工作人员的供给，相当于"工资"。

后来，1942年8月，父亲在我们的生活中消失了，再也没有回来。

我又看到了和父亲一起去同川执行任务、并一起遭遇日军抓捕的温治和。他脱离了共产党组织，回到日寇占领的宏道镇，在宏道的水利枢纽广济渠管理处担任要职。那是他的大婚仪式，已近中年的他在众多日伪要员的簇拥下，胸前佩戴大红花，喜气洋洋地迎娶美娇娘。所有有良知和正义感的人都为他的变节求荣而不齿，我们从他口中听到的，则是他编造的貌似天衣无缝的谎言：他跳了悬崖，被树枝挂住保全了性命，也躲过了逮捕。

我们祖孙几人在越来越渺茫的希望中苦苦捱着日子，祖母和母亲经常零零星星地讲一些父亲的事。有些故事，反反复复听过多次，在我心里扎下了根，就像自己亲眼所见、亲身经历过一样。随着年龄渐长，我逐渐成长为父亲光环笼罩下的红小鬼，对父亲的过往也有了越来越多的了解，从心底对他产生了深深的敬佩。我想，父亲志存高远，他所表现出来的那一面是别人未必能够理解的，更何况他没有表现出来的另外一面呢？他的抱负，他的理想等等。虽然以我的年龄和阅历，对父亲的了解和认识相当肤浅，但我却在冥冥之中一直追寻着他的足迹，走着他想要走的路。

父亲是我的生命之本，他的生平，是我终其一生要寻的根，他的思想是我一生挥之不去的怅惘，他的气节是我一生引以为荣的仰望。

父亲与众不同的人生起步于他的求学之路，早年在山西省立第一师范读书时，为了体现一个真实的自我，他把自己的名字改为"反真"，即返璞归真之意。他对蒋介石、阎锡山的专制统治极为不满，在书中写下了这样的评价："吾视蒋大哥、阎老大、马二先生也和宋四、郭存喜、温福存差不了多少"（注：宋、郭等是宏道镇横行乡里不务正业的恶棍地痞）。一个青年学生，竟如此评价大权在握的蒋、阎的人品，表明自己的政治观点，需要多少蔑视权贵勇气和胆识？！

父亲是无私无畏的。在他不得不中断北平师范大学的学业辍学回家后，父亲听到乡亲们对贪腐的村长郭子和强烈不满、议论纷纷时，义无反顾地担当起为民请愿的责任，联络了返乡度假的朱補元等四个师范生，要求村长公布收支账目。村长矢口否认有贪污问题，并答应晚上到村公所查账。这是一个缓兵之计，是村长设下的一个圈套。当父亲等人应约来到时，一进大门就被埋伏在门后的村警用铁钉鞋和木棒一阵乱打，父亲首当其冲头破血流昏倒在地。这场血案轰动四乡，激起很大民愤。祖父气得浑身发抖，拖着虚弱的病体亲自到崞县县城告状。县长看在祖父曾任区长的面子上亲临宏道验伤，并表示秉公处理，其实仅仅是走走过场，平息民愤而已。

案子久拖不决。一直到1937年抗战爆发国难当头，民族危亡，这场民告官的官司才不了了之，但温家与郭家却因此结下了世仇。

父亲被打伤后，曾买了一本《中华民国刑事诉讼法》，想从中找到强有力的依据打赢这场官司。他还在这本书上留下了极其珍贵的遗迹，即一副对联：吃喝嫖赌乃翁件件不落后，贪骄诈骗儿孙个个甘居先。这无疑是对村长郭子和及其家风的辛辣嘲讽。后来父亲被日本人拘捕，村长郭子和不仅没有出面保父亲之意，反而落井下石，无中生有地罗列父亲种种反日言行，意欲借刀杀人。其心胸之狭隘如此，竟置同胞之情和民族大义于脚下，实在是一种人格上的耻辱。

父亲是视死如归的一条硬汉，是我心中仰望却难以企及的那座山峰。他曾多次对母亲说，"我根本不怕死，割了我的脑袋也不过是个木碟子大小的疤，没什么了不起。"有传闻说父亲是被活体解剖的，因为日本人实在想看看这个共产党员到底是什么结构，他的骨头为什么会这么硬。这是我终生不能摆脱的梦魇。父亲面对强敌时威武不屈、大义凛然的民族气节值得每个人敬佩。

我曾目睹过夏日滹沱河的泛滥，目睹它咆哮奔涌的泥浆。那深褐色的河流，似战栗的大地，又似千千万万匹弓着脊背飞奔的巨兽。它的怒吼声淹没了一切，上演着一首气吞山河的悲歌，让我不由联想很多。我想到了一生为追求共和而呕心沥血命赴黄泉的辛亥革命先驱续西峰，在抗战中临危受命、自觉有辱使命愤而服毒自杀的战区执法总监张培梅，又想起了另一位宏道西社的同乡、著名的爱国将领续范亭。他曾这样悲壮地写下了《哭灵》一诗，在中山陵前剖腹自戕，要求抗日。诗云：

赤膊条条任去留，
丈夫于世何所求？

窃恐民气摧残尽,

愿把身躯易自由。

滹沱河千百年来不曾改变它的性格,养育并塑造着它的儿女。在国难当头之时,他们以坚毅的气节抵御外侮,展露出一腔赤子之心。我似乎读懂了滹沱河和它养育的儿女,读懂了他们在民族危亡的关键时舍身取义的情怀和威武不屈的品格。

"没有国,哪有家?"父亲英勇就义时,会想到他的家人吗?我觉得,这句话,应该是父亲对家人——日渐老迈的母亲、年轻的妻子和三个年幼的儿子——最后一丝歉疚和温情吧。

除了血脉,父亲留存下来的东西太少太少了。我印象中的他,永远是那张年轻的面孔,是那担水浇花的身影,是视死如归的豪迈,以及亲切的、带着浓浓的五台乡音教年轻的母亲诵读英文时的场景:

爹 Father,

婆(音bō) Mother,

哥哥弟弟 Brother,

姐姐妹妹 Sister.

久久久久,回荡在心底,飘向天际……

(二)母亲

孩童眼里的世界总是和成年人相去甚远。自从我们分家以后,母亲带着我们三个孩子艰难度日,六亩薄田、一间小屋是我们赖以生活的全部财产。在冬天寒冷的早上,我们兄弟三人不肯起床,光着身子在被窝里嘻嘻哈哈、打打闹闹,母亲在灶间生火做饭。她一手拉着沉重的风箱,一手往灶膛里添柴火,嘴里哼着悲悲切切的歌谣,眼泪顺着脸颊流淌下来。很多时候,她不来打扰我们的欢愉,只是泪眼朦朦地看着我们嬉闹,有时甚至会给我们一个鼓励的微笑;更多时候,我们玩着玩着就会打起来。我和二弟相差三岁,俗称挨肩弟兄,我丝毫没有谦让他的心胸,总是跟他锱铢必较。我们互取外号,我叫他"干猴头",因为他脸上手上长了很多瘊子;他则反唇相讥,叫我"钝猪头";三弟年幼,是一棵墙头草,是我和二弟两个阵营的拉拢和争夺对象。当我们打到不可开交时,母亲才上来抡起胳膊打我们,责骂我们不懂事。骂着骂着,自己就呜呜地哭出声来,我们顿时就收敛乖巧起来。

母亲常说,她流过的泪比尿过的尿都要多。她的一生,穷尽你所有的想象,也找不出第二个跟她一样命苦的人来。母亲八岁即丧父,在不满十六周岁时嫁给了在崞县中学读书的父亲。在为人妻的岁月里,她独守着一间空房,做着针线活,数着日历,盼望着丈夫在寒暑假时的短暂团聚。秋去冬来,伴随着学业成长,她的丈夫越走越远,从就读的崞县中学走到省城太原;四年后远走他乡,到了北平;后来竟走到了天边,再也没有回来。父亲留给母亲一生的只有空白和孤寂,以及三个幼子,孤儿寡母,凄苦无助。

母亲的泪水就这样长长地流着,从白天流到晚上,从酷暑流到寒冬,我们都渐渐习以为常了。从她年幼丧父开始,不幸就紧紧追随着她;年轻丧夫,是她悲苦命运的第二道魔咒;而家道中落又使她的苦难雪上加霜。分家得来的六亩薄田位于五、六里外的马家围,每天清早她给我们做完早餐便出去耕种,傍晚回来时已累得气都喘不上来,还要再给我们生火做饭,喂饱我们三张又饿又馋的嘴。过度劳累致使她臀部的粉瘤溃烂流脓,行走和坐着都疼痛难忍,但是她忍着。母亲没有进过学堂,没有读过书,不懂什么道理,也没有什么主见,更不知道怎样解脱困境,只能以她的软弱和无助承受着命运的摧残，用眼泪洗刷她的哀愁，日复一日，永无止休。

一个偶然的机会，母亲得知二叔贱卖的祖产大场里被二叔和祖母私分了，母亲和我们兄弟三人竟未得到分毫。面对日益窘迫的生计，母亲带着我鼓足勇气去找祖母，希望得到我们应有的一份，哪怕是一点小小的补偿也好。祖母用漫不经心的眼光上下打量着母亲，蛮横地说："就是没有，一分钱也没有。"母亲的眼泪无声地滑落，乞求似地说："我实在过不下去了，给我一点吧，这是我们应得的。"祖母停下手中正在摇的纺车，不耐烦地拉起母亲就往门外走，边走边说："过不下去就去死吧。走，跳井去，我陪你，咱俩一起跳。"自从母亲嫁入温家，这是她们婆媳唯一一次正面冲突，也是谨守孝道的母亲唯一一次抗争，以母亲失败而告终。强势的婆婆和懦弱的寡媳之间，从来就没有平等和尊重。母亲处境的艰难不仅仅是因为生活贫困、衣食匮乏，更有因丧夫寡居而招致的嫌弃和疏离。

我的父亲是他们兄弟三人中祖母最偏爱的一个，也曾是祖母的骄傲。为了支持父亲读大学，祖母背着祖父暗中变卖首饰，凑私房钱供养了他整整一年。但是为什么祖母对母亲这样刻薄、这样无情？我们不是父亲遗留下来的家人骨肉吗？我不是她从小疼到大的长子长孙吗？我环顾祖母和姑姑居住的大正房，可是却再也找不到小时候跟她们在一起的时光，姑姑给我念书讲故事，祖母给我们炒豆子吃。冬天的夜晚那么漫长，但是我却喜欢这一切，舍不得睡。如今那好时光是再也回不去了。

望着眼前的凌乱，我的内心无比挣扎。隔着满屋飞舞的棉絮，看到可怜的姑姑，破旧的衣裳遮掩了她的美丽光芒，她愁眉紧锁，一言不发。祖母则眼帘下垂，老态毕现。我知道她们过着和我们一样艰苦的生活，祖母的一双小脚也要走五六里路去地里耕种、刨食，回到家里还要没日没夜地摇纺车，赚取微薄的生活来源。真是贫贱人家百事哀，我们这个骨肉分离、风雨飘摇的家，分家以后连温情都不似当年了，这成为我多年解不开的一个心结。

母亲软弱得连死都没敢想过，倒是祖母提醒了她。对呀，实在过不下去了，还有一个办法能够解脱，就是去死。但是她想来想去，不能这样做。总不能带着三个孩子去死吧？若是自己死了，把三个孩子留给谁？那么还有一个办法，就是找个人，把自己嫁了，带着三个孩子一起。她本想说出来跟我商量，我是长子，或许可以帮她拿个主意。没想到，我登时火冒三丈，条件反射似的大吼道："不行！要嫁你嫁，我就是讨吃要饭也不跟着你。"在我的封建小脑瓜里，寡妇再嫁是一件丢人的事，所以我连想也没想就堵死了母亲的另外一条出路。

痛苦万分的母亲走投无路，便把唯一的希望寄托在当时民间极为盛行的宗教"一贯道"上。她把我们兄弟三人一起带到西关里堂主家，每人交了一块大洋的入会费，叩头跪拜，我们便成了一贯道的信徒，称为"道亲"。母亲这样一反常态倾家荡产似的慷慨投入，颇有向死而生的意味，可见她是多么迫切地想得到一些精神力量来支撑她孤苦无依的绝望日子。

一贯道发源于晚清，极盛于1940年代，它是集儒、释、道、耶、回之大成，取《论语》中"吾道一以贯之"之意而名，教导信徒寡欲修身、明心见性、尊伦理、守常纲，生则入世而为完人，死则出世而为仙佛，消夙孽而脱苦海，登彼岸以超轮回。我们每日在皂君爷前跪拜叩首，祈求神明的保佑，也定期参加堂会。每次遇到困难时，就会遵从教导掐手上的一个部位，据说可以定神，从而化解困难。道堂做了很多公益慈善，如施粥、施茶、舍药、助葬、济贫、救难等等，使我们在极度困苦和绝望中得到些许温暖和慰籍。

我想，这些年母亲之所以能撑下来，跟她虔诚的宗教信仰不无关系。那些教义，已渐渐成为了她的人生信条，让她仰望、依靠，并给她以力量。

"女本柔弱，为母则刚"，这话说的就是我的母亲。这样一个软弱的、没有主见的女子，在极度困难的生活条件下，以最大的可能给予了我们兄弟三人最温暖的呵护，在风雨飘摇的战乱岁月给了我们一个安全的港湾，使我们能够依照天性健康茁壮地成长。

母亲的针线活非常好，她会把我穿小的旧衣服里外翻个，像新衣服一样拿给两个弟弟穿；即便是打补丁，她也会补缀得整齐漂亮，浆洗得干干净净，让我们在外面不像是不体面的穷孩子。母亲很会做饭，虽然都是粗粮，玉米面、高粱面、荞麦面、豆面，但她总能想方设法变换花样，让我们吃着尽量可口。这么多年，我们居然没有吃过糠，真是有点不可思议，母亲是怎么做到的？有一年，拮据如母亲，居然用不多的糠养了一头小猪，小猪瘦瘦的，只有三十斤，但是我们终于在除夕夜吃上了香喷喷的红烧肉。一大块色泽红亮的肉放进嘴里，那个久违的香啊，咬一口便舍不得嚼，嚼碎了更舍不得咽，幸福的眼泪顺着笑弯的嘴角滴下来，恨不得马上去给母亲磕个头，感谢她带给我们这样的幸福。

我的家乡有一句俗语，"宁可死当官的爹，也不死叫花子妈"，说的是最朴素的道理。如果父亲不能给予爱，那么一切物质的东西，如地位、财富，都是没有价值的；恰恰相反，一个母亲，即便是一无所有，如果她付出爱，那么她的爱便是无价的财富，她的孩子在爱中会成长为人格健全的人。

我们的母亲，做到了。

我们兄弟三人虽然没有父亲的教导和庇护，没有其乐融融的家庭氛围，我们跌跌撞撞，摸爬滚打，但是母亲一直以她博大的母爱和坚韧支持着我们，也塑造着我们。她从来没有把她承受的生活重压过早地让我们来分担，所以我们没有早熟，没有沧桑，我们不缺健全的人格和健康的心理；她鼓励我们按照各自的天性和特长去闯荡，所以虽然没有父亲做榜样，我们却不缺男人的气概；她吃过的苦，她忍耐过的艰难，让我们兄弟三人一生铭记，感恩无限。

母爱，唯有母爱，才是人间最大的恩情。

（三）大营村和外祖母

从宏道东门出来，往东南方向，在弯弯曲曲的乡间小路上，拖拖拉拉地走着我们母子四人。这一天是大年初三，我们跟着母亲回娘家拜年。

母亲左手拎着一个包袱，里面装着我们一年中最好吃的节庆美食粘卷、枣山、炸糕什么的，右手牵着年幼的三弟。我和二弟跟在旁边跑前跑后，兴奋地商量着到了大营村要先干什么，好玩儿的事实在太多了。刚走了一小会儿，三弟就累得走不动了，有点耍赖闹情绪，我们只好停下来陪他在路边休息一下。说实在的，我有点心疼三弟，我在他那么小的时候，每次回外祖母家，我们都雇辆骡子车，车上带着各种各样的年节食品，舒舒服服坐车一会儿就到了；到了二弟四、五岁的时候，虽然雇不起骡子车了，我们还雇得起一头小毛驴，大家轮着坐，也不会太累。可是现在，我们实在是捉襟见肘，只能步行。五公里的路，对于四、五岁的三弟来说，实在是太远了。但是一想到大营村，想到亲爱的外祖母，想到那么多新鲜好玩儿的游戏，我们顿时就来了精神。三弟很乖，简单哄哄就重新上路了。可能是从小到大走路多的缘故，三弟的身体素来比我和二弟强壮。

外祖母的家大营村是滹沱河边一个小村庄，只有百十户人家，大部分人家都姓陈，跟母亲一样。我的外祖父是家族的老大，他们这一辈共有兄妹七人，五男二女；到了我母亲这一辈，共有堂兄弟十四人和堂姐妹十一人。陈家是一个非常难得的和睦融洽的庞大家族，几十口人，兄弟五人多年没有分家，共同谋生，共同起居生活。开饭时一拨十个人，要分成几拨才能吃完一餐饭。外祖父去世以后，身为续弦的外祖母一直主内当家。她虽没有亲生儿子，只有母亲一个女儿，但她既有魄力和能力，又仁爱厚道，深得大家族几十口人的信任和尊敬。

我们终于一步一步走到大营村了。果然不出我所料，在村口我就看见了我的三个小伙伴，他们知道我今天回来拜年，早已迫不及待等在村口张望我呢。他们是三姥爷的儿子富瑞、五姥爷的儿子俊要和邻居肉舅的儿子宝良。我们年纪相仿，是好朋友，但是辈分就摆在那里，我也只能规规矩矩地称他们为"富舅"、"要舅"，谁让他们辈分大，是我的十三舅和十四舅呢。他们早已经在河滩里寻来了光滑漂亮的石头，等着我玩"成三"呢。这是一个类似今天用围棋连五子的游戏，只不过棋子是石头，而且可以同时有多个玩家，只要把棋盘在地上画得大一点，方格多一点就可以了。河滩里的石头，多大的都有，颜色也各不相同，正好可以被我们充分利用。一人三颗石头，我们就能饶有兴致地玩上大半天，谁最终连成一排就是赢家。

二弟也急不可耐地要跟他的好朋友去玩"打坨"。

母亲把我们拉了回来，商量似地说："先拜了年吧。"天呐，真正的考验来了是躲不过去的。要知道，除了我早已去世的外祖父，他还有四个弟弟，也就是我的二姥爷到五姥爷，他们各自有好几个儿子女儿，按年龄顺序大排行，我有十四个舅舅和十一个姨，只有大舅、三舅、四舅是同我母亲同父异母的，算亲舅舅，其他都是堂舅和堂姨。光是这些亲戚，加起来就有三十多人，我们要一个一个登门拜年，一个一个喊尊称，行大礼，并且要一个一个磕头。从小到大，我被这些众多的姥爷、姥姥、舅舅和姨们搞得晕头转向，不知道拜了多少长辈，行了多少礼，磕了多少头。拜年得到的礼物和压岁钱少得可怜，有时是一两个制钱（比铜板更小的铜铸硬币），有时仅仅是一两个核桃。但抛开这些不说，大家庭其乐融融的气氛是宏道家里所没有的，那种温暖甚至热烈的感觉让我深深迷恋，乐不思蜀。

外祖母只有母亲这一个孩子，她多年守寡带大的女儿也跟自己一样成了寡妇。她深谙寡居女人的苦，以博大的母爱再次把自己的女儿、以及女儿的孩子们守护在自己的羽翼下，给了我们家之外的另一个温暖的港湾，一个童年的庇护天堂。

大营村凭借紧邻广济渠的地理优势，大部分土地都是水浇地，凭着勤劳就可以有稳定的粮食收成，不必完全靠天吃饭。河边也有一些大渠浇不到的旱地，主要种黑豆、高粱，喂牲口之用。这些旱地不定期地被改道的河水淹没，收成很不稳定。大水退去以后，土地成了盐碱地，毒辣辣的太阳一晒，地表就剥离出一片一片的盐土。人们把盐土收集起来，制成结晶状的烧盐，色泽金黄，略咸并带有烘烤的香味儿，非常好吃。河堤靠近村子的悬崖处有好几家专门制作烧盐的盐坊，成品拿到宏道或东冶的集市上去卖，很受欢迎。河滩里的碱土也可以收集回来土法制碱，用于日常洗涤，洗衣服、洗手、去油污等等，还可以添加在发面中用于控制酸性，是乡村自给自足的淳朴生活中难得一见的化学添加剂。

旱地里种的香瓜好吃极了，每到香瓜成熟的夏季，空气中早已飘浮着丝丝缕缕香甜的诱惑。三舅是种瓜能手，他种的香瓜是一种叫"灯笼红"的品种，瓜皮深绿色，瓜瓤金黄泛红，样子像小灯笼。他会如期邀请我们回大营村去地头现摘现吃。我们在傍晚时分赶到地里，伸手接过三舅刚刚摘下来的沾着泥土的瓜，鼻子先凑上去闻闻，那香味已经沁入心脾了。三舅从地上的蒲草筐里拿起一块脏兮兮的抹布，随便抹抹拂去泥土，再用黑黢黢的手指甲轻轻一划，稍稍用力一挤，香瓜便从划痕处脆生生地裂成两半，露出金灿灿的瓜肉和瓜瓤，香气顿时爆了出来。一口咬下去，真是无与伦比的人间鲜果，生脆清凉的瓜皮和柔软沙糯的瓜肉不可思议地融合在一起，让人齿颊生香，心思荡漾，飘飘欲仙。

外祖母是那个年代的女强人。当年父亲撇下我们孤儿寡母时，她已经五十七、八岁，本该到了轻松享受的年龄。因为担忧自己柔弱的女儿，心疼我们三个没爹的孩子，她一个小脚女人再次挑起大梁，让自己干起了年轻男人都未见得能够承受的重体力劳动。她起早贪黑做豆腐，把卖豆腐攒下的每一个铜板存起来，换成大洋交到母亲手上，帮助母亲一起抚养我们。

做豆腐是一件非常辛苦的工作，因为好豆腐首先必须新鲜，不能存放，更不能过夜，特别是在炎热的夏天。所以豆腐每天都要新鲜出炉，现做现卖；傍晚时豆渣要全部清空，否则极易腐烂，酸臭变质。外祖母日复一日黎明即起，按部就班进行着一道一道繁琐的工序。吃进肚子里的东西是绝不能有丝毫马虎的。那个年代，磨豆子用的是手推石磨，又沉又笨重；烟熏火燎地熬煮豆浆，烧的是柴火，又脏又没效率；把热腾腾的豆浆倒入纱网过滤豆渣，要靠手去挤压，极易烫伤；无渣的豆浆经卤水点制，凝结成块，再捞出，放入模具，控水，用重物压制成型；豆渣运去喂猪……这些活计既是技术活，又是体力活，更是杂役。无论寒暑，外祖母都在无怨无悔地操劳着，累弯了腰，熬白了头。

夏天的河滩长满蒲草，纤细轻柔，随风摇曳。外祖母在晚饭后还是不肯休息，趁着天色将暗的空隙，弯下腰，成捆成捆地割下蒲草，背到大场里晾晒。等到了做豆腐的淡季，她用晒干的蒲草编织蒲团、草筐，拿到集市上去卖钱。蒲草韧如丝，外祖母的手上经常会留下一些深深浅浅的蒲草割伤的口子，开着裂，流着血。

我喜欢外祖母，因为她看到我就会笑，粗糙的手抚过我的头时，会变戏法似的变出一些好吃的东西来。她的豆腐坊总是那么干净利索，一块一块厚厚的豆腐放在大大的模具中，用手轻轻一碰，会微微晃动，看着就有韧性、有嚼头，新鲜卤水豆腐的香气馋得我直咽口水。外祖母用锋利的刀切下热乎乎的边角料递到我手上，我一口吞了进去，心里无比幸福和满足。晚饭时，外祖母端出一样我们做梦都想不到的东西，黑乎乎的一碗汤，冒着蒸汽。我们三个深深地嗅着，奇怪地问："姥娘，怎么这么香？"她哈哈大笑着递给我们高粱壳壳，说："这是从朱铁牛的酱肉铺买来的陈年卤汤。蘸上高粱壳壳吃，有肉味，你们赶快吃吧。"我们将信将疑地把平日粗糙难咽的高粱壳壳掰碎，蘸上肉汤，果然好吃，一笼屉高粱壳壳让我们抢着就一扫而光了。她只花了五分钱就给我们带来一顿美味大餐，真是太神奇了。

母亲软弱，外祖母刚强；母亲没有主见，外祖母则意志坚定；母亲一天到晚哭，外祖母却总是在笑。她们母女同是年轻守寡，却活出了完全不同的两种人生。我想，大概是因为外祖母身上背负着双重母亲之责吧。她的爱，她的不遗余力的经济支持，成为母亲心理和经济上的双重支柱，使母亲在艰难的岁月里，一天一天坚持着，一日一日把我们熬大。

一年当中，正月是农家最轻闲的日子，也只有在正月，外祖母才可以坐下来，约几个老太太，聚在一起玩玩纸牌。小赌怡情，她们的赌注只是一两分钱，带点刺激，添几分情趣。我难得看到外祖母这样休闲，打心眼里替她高兴。

这样的日子持续了七、八年，我们都渐渐长大。1950年3月，最小的三弟九岁了，我十六、七岁，高小毕业，马上要去读忻县中学。而我的外祖母则积劳成疾，卧病不起。临去忻中报到的前一天，我去看望她。她已骨瘦如柴，奄奄一息，肝硬化导致的肝腹水让她腹部鼓胀如球，痛苦不堪，母亲和一个亲戚在旁照顾。我不知怎样才好，只能告诉她："姥娘，我明天就要去忻县上学了。"她已经睁不开眼,说不了话了。

告别出来,走在回宏道的路上,我的眼泪不停地流,不能自已。果然,在我离开后大约十几分钟,她就断气了。这些是我后来知道的。我当时意识到了这就是一场诀别,并为此伤心欲绝。如果谁给过我的爱让我刻骨铭心、终生难忘,那么,她是外祖母无疑。

外祖母临终前,将自己的毕生积蓄六十块白洋悉数交到母亲手上,让绵延不绝的母爱和帮助一路伴随着我们。当母亲穷得连酱醋都买不起的时候,她会小心翼翼地取出一块白洋,兑换成一块钱人民币,把穷困的日子继续支撑下去,直至多年。

第五章 迎接新中国

> 得民心者得天下
> ——题记

1948年春天，我终于从小学毕业升入高小。正常情况下的四年小学，在战乱年代我足足读了八年，从六岁读到十四岁。高小学制两年，相当于现在的小学五、六年级，对于大部分农村孩子来讲，这是他们能够就近入学的最高学历。

宏道镇在行政上已经划归定襄县，我的学校是新成立的定襄县第四高级小学，位于宏道南门外父亲当年就读的川路学堂旧址。川路学堂是辛亥革命的北方先驱续西峰先生于1906年在家乡宏道镇亲手创办的，父亲曾在这里受到最早期的反帝反封建的启蒙教育。1937年日本入侵之后，学堂停办，学校荒废，所有适龄儿童要么失学，要么像我一样多年在小学复读，直到1948年新学校成立。高小教育的恢复走过这样一条漫长而艰辛的道路，一经成立招生即刻成为当时社会生活的一件大事。年轻学子对于进一步求学的渴望井喷式地激发出来，来自宏道及周边十几个村庄的考生多到不计其数，年龄跨度也前所未有地大。

当年学校只录取八十名学生，在十字街老爷庙东墙外放榜。在大红榜单上，我高中第二名，第一名是一个女生，叫樊计英。和我一起被录取的同学中，有小时候偷拿过同学墨子的岳正荣，不好好念书、为时刻准备挨打而磨手掌的李贵和，在《王贵与李香香》中扮演王贵的赵贵虎，曾和我一起被捕的北社西林村儿童团长张相如，以及后来跟我一起支援前线的侯希成、宋世英、郝明伟。二弟象宽也和我成了同班同学，他比我小三岁。

全校一共只有四名老师，分别是校长梁麦川，教导主任张林青，以及杨树帜老师和来自季庄小学的韩昌贵老师。只有韩老师三十多岁，其他三人都是二十五六岁风华正茂的年纪，与我们一起经历了创建新学校、开启新生活并迎接新中国诞生的激动人心的时刻。

我非常高兴见到张林青老师调到高小来任教。在躲避晋绥军和还乡团的扫荡中建立起来的深厚感情，让我们变成血肉相连的亲人。他是一个个子高高的年轻人，性格温和敦厚，身怀绝技，文武双全。他早年的革命经历可以追溯到晋察冀边区的游击队，在作战中既懂军事韬略又弹不虚发的他曾任游击队军事股长，后来因文武双全被组织选拔，担任晋察冀日报社社长邓拓的警卫员这一要职，在协助邓拓工作的同时履行保卫职责。抗战胜利以后晋绥军占领了宏道，在听闻他的事迹后，便胁迫他母亲把他从同川根据地召回宏道。他是一个大孝子，在母亲的生命安全受到威胁的情况下，被迫违心地脱离党组织，加入了位于阎锡山老家河边村的国军暂编39师，任师部参谋，成为一名戴大盖帽的国军军官。他一直心向共产党，在晋绥军战败撤离时没有跟随，而是留在家乡。赋闲在家的他被小学校长杨树帜推荐介绍，成为我们的老师。他是一个思想丰富且善于不断学习的人，他教授的历史、政治课生动有趣，给我们这些懵懂少年打开了一扇看中国、看世界的窗户。

杨树帜老师大概是这个时期最为忙碌、也是心情最为复杂的人。1947年，随着全国解放区的不断扩大，有着光荣历史背景的杨老师被组织约谈，调动他南下工作。他舍不下这片故土，婉拒了组织安排，遂被撤销党籍，并免去小学校长的职务。现在他也调到高小来担任一名普通老师。我在宏道大街小巷经常看到他的背影，他默默地在墙上用美术字体书写着一个又一个党的宣传标语，"打倒蒋介石，解放全中国"，"将革命进行到底"，白底红字，字体端庄大气，令往来的路人对党的政策耳熟能详。他画的领袖肖像生动传神惟妙惟肖，平日里挂在区公所，集会时挂在会场，仿佛伟大领袖毛主席和朱德总司令就在我们中间激励着我们。但是不知为什么，他的背影却让我感受到一些落寞和孤寂，和他的书画烘托出来的气氛大相径庭、格格不入。

梁校长家在北社西村，之前是村小学校长。他是一个艺术家，对晋剧北路梆子造诣颇深。由琴筒和面板制成的板胡在他手里被拨弄得清脆响亮，热情奔放，是我们排演的北路梆子剧目中的主要伴奏。梁校长更是我们的主心骨，他集编剧、导演、艺术指导于一身，不仅能拉，而且会唱，才华横溢，令人仰视。在那个政治宣传高于一切的年代，他带着艺术也带着我们融入了火热的社会生活中。

学校的管理类似半军事化。所有学生一律住校，六七人一个房间，睡在木板垫起来的大通铺上。房间的窗户是白色麻纸裱糊，透光但不透亮，中间只有一小块玻璃，挂一个小小的布帘。天黑以后，只有煤油灯照明，微弱的火苗仅够我们摸索着找到自己的被褥，倒头就睡。值班的学生干部在宿舍外面监听，不客气地提醒深夜卧谈的同学赶快睡觉。

清晨天刚蒙蒙亮，我们便被嘹亮的军号叫醒，快速穿衣整队，去操场跑步做操。学校操场是一个叫堡城壕的旧式城堡，是用夯土城墙围起来的一大块空地，位于学校东侧。侯希成是司号员，学生会干部轮流值周，左臂佩戴红袖标，负责检查同学出操和体育活动表现。

不消说，我们的生活条件是相当艰苦的。农村孩子没有良好的卫生习惯，平时只草草地洗洗脸和脚，从来不刷牙，也不洗澡。厕所是在大茅坑上搭两块木板，白色的蛆满处乱爬，苍蝇漫天飞舞，生活过得简单粗糙。我和张维新是好朋友，住在一个大通铺上，整日形影不离。他从家里回来后发现感染了疥疮，两三周以后，我在劫难逃也被传染。

疥疮是由一种特殊的寄生螨虫导致，疥螨小到肉眼无法看见，寄居在皮下，以皮屑为食，夜间活动频繁。患上疥疮以后，红肿感染可至脖子以下的全身，大腿根部和阴囊为最，夜间奇痒难耐，令人心烦意乱无法入睡。我姑姑沿用民间流传的偏方帮我治疗，把硫磺放在大缸里点燃，我坐进去熏蒸，缸口封闭，只把头露在外面。硫磺有很强的抑菌止痒作用，几个月以后，我的病慢慢被治好了。

生活的艰苦还表现在吃的方面。家在宏道的同学每天回家吃饭，外村的同学则没有这么幸运。每个星期六下午放学，他们都提着一个空篮子回家，星期天下午回来时，篮子里装满了下一个星期的干粮，通常都是黄黄的玉米面窝头和黑黑的高粱面壳壳，再加一点咸菜和小米。学校有一个食堂，有唯一一个伙夫，每天用大家凑起来的小米熬一点小米稀饭，清汤寡水的；稀饭上面架着一个笼屉箅子，馏着来自各家的窝头，样子大同小异。开饭时，每个人伸手去抓自己的窝头，居然不会有混淆和差错。正在长身体的少年，每日的饮食就是窝头咸菜配一点小米稀饭，从来不会有一点点变化和改善。梁校长和韩老师的家不在宏道，他们俩也在大灶上吃饭，伙夫有时候给他们做一点莜面，算是小特权了。同学们只有在夏天才能吃上一点新鲜蔬菜，伙夫在学校院子里开垦了一小片地，种些豆角、茄子、西红柿、黄瓜，小小的收获免费提供给大家改善生活。

在这么艰苦的条件下，我们如饥似渴地学习文化科学，锻炼身体，排演戏剧，在政治上为党工作积极向上，把战乱后的贫穷生活过得丰富多彩。贫穷从来不能阻挡精神的富足，我们对明天充满了希望。

不久之后的一天，梁校长和韩老师把我和侯希成叫到办公室，关好门，面带笑容对我们宣布，我们俩经他们介绍被吸收加入中国共产党。我们当时尚不足十五周岁，未到入党年龄。但在战争年代，为党工作、经受了组织考验的低龄党员很多。我们成为候补党员，候补期三个月。听到这里，我的心头涌过一股热流，眼泪几乎就要夺眶而出，一种找到父爱的幸福感包围着我，让我觉得温暖而踏实。

虽然我们身处解放区，但党依然是一个不公开的秘密团体。在我成为党员以后才知道，赵庆元，宋世英，朱国政，樊计英四人在小学就入党了。我们四高这个党支部，梁校长是支书，韩老师是组织委员，我不久即被民主选举为宣传委员。学生党员秘密集会一般都在中午同学们午休时。我们一起开会上党课，我这个宣传委员一般负责主持和讲解，宣读《党员必读》等小册子。我需要提前备足功课帮助大家答疑解惑。

1948年春天是山西在解放战争中战局扭转的关键时间。临汾一战历时72天，解放军的华北野战军攻入城内，彻底打败国民党军队，活捉战区总指挥梁培璜。他是太原绥靖公署第六集团军副总司令。

好消息传来时已经是第二天傍晚了。我受党的委派，在夜色初罩时，怀着激动的心情，手持土制扬声器洋铁筒登上宏道的制高点——北门玉皇阁。宏道一共有四个城门而没有城墙，只有北门不单单是一个牌楼，而是一个造型与天安门颇为类似的城门楼，往来车马和人流都经过城门楼下的城洞穿行。此时已万籁俱寂，我坐在玉皇阁顶上，开始向乡邻们播报：

"报告大家一个好消息，报告大家一个好消息：临汾战役，我们的解放军打了大胜仗，全歼敌人两万五千人。敌人的军长梁培璜被我们活捉了，他躲到小麦地里被我们活捉了。"

我几乎是语无伦次地反复播报着，心情激动得难以自持。夜色中的宏道，家家户户都听得到我的声音，都得知了这个振奋人心的消息。

播着播着，我突然心血来潮，临场发挥，说起了宣传稿之外的内容：

"我们解放军的总指挥是徐向前，他是我们的老乡，是五台县东冶永安村人。我们向他致敬，向他致敬。"……

这一晚，我的心情分外激动，久久不能平复。不仅仅是因为解放军的胜利，也因为战争的敌对双方竟然都是我的近邻同乡：一方是河边村的阎锡山，一方是东冶永安村的徐向前，他们俩的家乡相隔不到十公里。徐向前曾是阎锡山兼任校长的国民师范学校的学生，他们曾是妥妥的师生关系，如今两军阵前对垒，学生打败老师，无不令天下人叫绝，也令阎锡山捶胸顿足，痛惜不已。当年的徐向前叫徐象谦，既没有英俊魁梧的相貌，也没有滔滔不绝的雄辩之才，除了一口浓重的五台乡音外，并没有给阎锡山留下深刻印象。如今的他雄才大略、气定神闲，麾下大军势如破竹，让阎锡山追悔莫及。我为这位大有作为的同乡感到骄傲，也为同是滹沱河的儿女感到自豪。

攻克临汾不到一个月，1948年夏天，徐向前充分展示了卓越的军事才能，率领不足六万人的装备普通、训练不足的新军队伍，在还没有得到充分休整的情况下，迅速北上，越战越勇，以摧枯拉朽之势，所向披靡，接连攻克晋中地区14座县城，歼灭阎锡山能征善战、装备精良、粮草充足的十万之众，其中俘虏多达8万人，创造了以小胜大、以少胜多、以弱胜强的战争奇迹，使国共双方的力量对比以及山西的局势发生了根本性逆转。

曾在家乡宏道驻军的暂编39师接到阎锡山的命令，将炸毁忻县城内发电厂，裹挟青壮年弃城沿忻太公路经石岭关退往太原，以期增强太原的守卫力量。他们在撤退途中，被解放军设下埋伏全部击溃歼灭于小豆罗村。从此，忻县境内再无阎锡山军队。

1948年10月，在徐向前的指挥下，中国人民解放军华北野战军等部发起了太原战役。

这场战役，是自1911年辛亥革命以来阎锡山统治山西的最后一次生死存亡的决战。他抱定不成功则成仁的信念投入了最大的人力物力，将国军兵力扩充到十万余人，并在太原城内外动员男女老少，把下至七岁儿童，上至60岁的老翁都编入助战队，形成"满天星部署"，"一旦有事，关上大门，一起上房，院守院，街守街，成了天罗地网"。太原城修建了大纵深的环形防御体系，并修建和加强了大量碉堡。蒋介石亲自飞抵太原与阎锡山密谈，并即刻派30军军长黄樵松和30师师长戴炳南等率部自西安空降至太原增援。从北平、天津、青岛等地向围困中的太原空投的粮食和各种物资，最多达每天250吨，60多架次航班。

共军方面，经过休整补充的前线部队人数达到八万余人，几乎个个都是"打起仗来不怕苦、不怕死，要冲就冲得上，要守就守得住，一个人顶几个人，几十个人，几百个人用，什么人间奇迹都可以创造出来"的战士（出自林彪《人民战争胜利万岁》）。共产党打的是一场人民战争，部队需要木料时，家家户户都把门板拆下来送上战场；战场需要时，根本无须动用正规部队，一声令下民兵和老乡便可在一个晚上把数十公里铁路上的所有枕木卸光。战场周围，百姓不分男女老幼往返阵地，送去干粮，送上子弹和炮弹，把伤病员护送下来，用自家的被子盖在他们身上。

民心所向，这是共产党人的一大优势，它大大抵销了国民党军队的装备优势，更印证了自古以来颠扑不破的真理：得民心者得天下。

我就是这个时期作为一名支前人员走进太原战役的。

10月15日至11月11日之间，为了避免冬季作战，解放军与国军之间爆发了东山四大要塞争夺战。东山是太原的天然屏障,主峰可俯瞰整个太原市区,太原百里防线的核心就是东山。阎锡山曾说"东山一失 太原即失"。

四大要塞争夺战是太原战役中最艰苦、最残酷的激战。徐向前曾回忆说:"每占领一块阵地,都要经过一次、两次、三次以上的突击,巩固一块阵地要打退敌人五次、六次、七次以上的反扑,有些阵地时而被我攻占,时而被敌夺回,反复拉锯。"战斗结束后,阵地上弹痕累累,手榴弹木柄遍撒战场,曾经固若金汤的壕堡已不成形,地面松土一米余厚,国共两军遗弃的尸骸交错叠摞,填充着掩体沟渠,散发着臭味弥漫四野。不到二十个昼夜中,国军损失两万以上,解放军付出了一万六千人的伤亡代价。

根据上级指示,需要指派一批学生支援太原前线,去野战机动医院做护理伤病员的工作。一般来讲,野战机动医院组织精悍,装备轻便,机动能力强,主要进行伤病员的早期治疗和安全后送,对重伤员只实施一些紧急救命手术和早期外科处理。医院留治时间较长的是2-4周内能治愈归队的轻伤病员,和暂时不宜后送的危重伤员。

我们三个学生党员,我、侯希成、宋世英奉命带头,并物色了三个非党员学生岳正荣、张仁书和郝明伟,六人一同前往,梁校长和张林青老师带队护送我们。十月末的天气已渐寒,在我们的行囊中,过冬的棉衣裤打包卷在被褥中间,每个人的党团组织关系也从学校转到了即将展开救护工作的机动医院。

我们背着行囊,带着几天的干粮步行出发了。自从加入儿童团投入到火热的革命斗争中,这已经不知道是第几次跟着老师出门远行了。以前每次都是为了躲避晋绥军和还乡团的扫荡和抓捕,都是唱着哀伤的歌外出逃难,最远逃到过五台县黄土坡;而这次却不是"逃",是去"迎接",迎接新的任务和挑战,迎接即将到来的胜利,我们的境况和对未来的期许早已今非昔比。我们迈着豪迈自信的步伐踏上了漫长的路途，从家乡宏道一路向西南，途经定襄和忻县，翻越山势险峻、关隘雄伟的石岭关，抵达太原北部阳曲县大孟镇，再一路转向东南方向，进入太原东部寿阳县芹泉村，华北军区第二机动医院第五分院第四连即驻扎在此。我们三天共步行了120公里。

两位老师把我们交给连队就算完成护送任务离开了，留下我们六个孩子被安置在一孔窑洞中。我们六人的被褥几乎是叠着摞着在大炕上铺开，非常拥挤，睡觉时只能直挺挺地躺着，连翻身都困难；半夜起来小解就再也挤不进去了，非得用力把两边的人推开才行。虽然明明知道我们是有组织安排的，但是第一次被孤零零地丢下，没有老师带领，心里还是充满了莫名的不安。

寿阳县四周环山，紧邻国共两军正在猛烈交火的太原东山。村旁是一条公路，是运往战场的物资必经的补给线。一有物资运输队经过，就会出其不意地遭受到敌人飞机的轰炸。解放军没有高射炮还击，敌人的飞机便可以肆无忌惮地低空飞行，随意狂轰乱炸，民用设施亦毫不怜惜。飞机呼啸着扬长而去时，机翼下长鹰展翅、青天白日的徽章清晰可辨。

但是，人民战争的优势却是多少架飞机都不能替代的。我们的机动医院所在的芹泉村，几乎家家户户都腾出窑洞安置伤病员，也几乎所有的男女老少都投入了战争的后勤补给。我们六个同学和从孟县来的另外几个高小学生在同一个连队，专门负责挨家挨户做卫生、送饭、照顾这些轻伤病员。伤员的伙食经常是包子饺子等细粮，提着篮子送饭途中，我们都会偷偷吃一两个解馋。单调的日子因为偶尔偷来的美食而变得多多少少滋润了一点。

我们照顾的伤病员大都非常年轻，有的比我大不了几岁。他们当中有人是刚入伍的解放军，是扛起枪保卫刚刚得到土地的贫下中农的后代；有人则是在临汾、晋中等战役中被俘虏的晋绥军，改编后换了身服装就成为解放军的一员，调转枪口对准了自己从前的战友，成为在战场上互相厮杀的敌人。有的俘虏干脆连解放军的军服都没有，胳膊上系个小红条，连队里派来一个指导员就算完成了改编。战场上没有永远的敌人，也没有永远的盟友，子弹也从来都不长眼睛。年轻士兵的命运就这样在猝不及防中被一再改写着。我有些同情他们貌似坚强背后的伤痛和无助。

天气越来越寒冷，东山争夺战之后进入了漫长的严冬，国共双方各自忙于巩固阵地，太原城只围不打。解放军利用这一机会就地休整，进行战场练兵，做好过冬及来年开春总攻的准备，机动医院里的伤病员明显减少了。

三个月过去，接近年关了，我们六个少年在远离家乡和亲人的他乡越来越不安心。初来时的使命感和新鲜感被越来越重的思乡之情取代，日渐浓烈难以排遣。一天夜里，宋世英出去小便，一推开窑洞的门，看见一只大狼蹲在门口，眼睛泛着绿光，呲着牙跟他对视。他顿时吓呆了，尖叫一声，像被魇住一样不能动弹。我们被他惊悚的叫声吵醒，不知发生了什么，问他也不回答。过了那一刹那，他才像突然醒过来一样，尖叫了一声"狼——"跑回屋里。我们都从被窝里爬了出来，乱作一团，光着屁股，顺手拎起睡前脱在脚边的衣服裤子胡乱抢着，嘴里喊着"打狼""打狼"。狼早被我们吓得逃跑得无影无踪了，我们却也被狼吓得一夜未敢再合眼。

这天以后，出于对我们安全的考虑，连队给我们搬了家。新家在村子的中间，应该不会再有狼造访了。这是一个里外间，没有炕，我们打地铺睡在地上，里间是侯希成、宋世英、岳正荣和张仁书四人，外间是我和郝明伟。白天一切照常，宋世英跑到屋顶上敲鼓，通知开饭。咚咚的鼓声吸引了正准备朝公路投掷炸弹的飞机，轰鸣着向我们头顶飞了过来。幸好保护机动医院的战士及时架起机枪朝空中射击，飞机没有恋战，迅速拉升高度飞向远处，我们逃过了一劫。

在战火纷飞的日子里，我的脑海里从来没有怕过什么，也从来没有担心过自己的安危，唯一的念头就是想念家，想念学校的老师和同学，想尽快回去。但这个愿望却无从实现，心中充满焦虑。一天早上，我还在迷迷糊糊地睡着，张仁书急促地叫着"象桓哥""象桓哥"把我推醒，告诉我里屋的三个人跑了。我一激愣，立刻明白发生了什么。我问他："你怎么不跟他们跑呢？"他说："我留不下你呀。我跟他们说了，象桓哥不走我就不走。"我心里一阵暖流涌过，这个小我三四岁的小弟弟，此刻的不离不弃温暖了我的心，也多少抵消了一些那三人不辞而别带来的困惑和伤害。

他们三人逃跑以后，我发现孟县那几个孩子也逃得无影无踪了。高小生只剩下我们三人，任务更重了，连队也加强了对我们的防范。可越是这样，越让我觉得难以忍受眼前的煎熬，越是归心似箭。想象一下他们三人正翻山越岭走在回家的路上，打心底佩服他们的勇气和果敢。但他们为什么不跟我商量一下就走了呢？这样抛弃了我们是不是太不厚道了？面对小弟弟一样的张仁书和颇为享受这个环境、宁可长期居留于此的郝明伟，我真是一筹莫展。

所幸天无绝人之路。在他们三人逃跑还未到家时，我们几个人的家长凑了一些盘缠，委托侯希成的父亲侯二来寿阳看望我们。我们看到他别提有多高兴了。他虽然没有看到自己的儿子，但他好心让我们跟着他一起回家，这与我们的想法不谋而合。我们表面上装作若无其事，私下早已商量好了逃跑方案。

他跟我们一起住了一晚上。第二天下午，他先是假装在村子里溜溜哒哒，然后就走到预先说好的村子边等我们三人。为了不引起其他人的注意，我们没有携带任何个人物品，空着手先后分别跑了出来，与他汇合后迅速赶往北方的孟县，就像后面有人追一样，一路小跑气喘吁吁。天快黑时，我们到达宗艾镇，已经跑了十六公里。

"是住下来休息还是继续跑？"侯二和我们商量。我们三个惊弓之鸟好像已经看见了追兵，在想像中迅速脑补了追兵把我们堵在住店炕上的狼狈情形，异口同声地说："快跑吧。"

我们一路向北跑进了无边的黑暗中，夜晚的山路伸手不见五指。在夜色的掩护下，我们应该已经安全了，不用这么跑也不会有追兵了。稍稍放慢了步伐，一个念头像锤子一样敲了我一下："我是逃兵吗？战场上的逃兵是要被就地处决的，我呢？"

我平生第一次开始朦朦胧胧地反省自己，意识到自己的做法有些欠妥。思绪又回到小学，记得有一次杨树帜校长和张翔斌老师带我们去西社开会，晚上返回宏道时在路上听到有人向我们走来，杨老师喊了一声"散开"，张老师便扔了一颗手榴弹过去，一声巨响后我们各奔东西。我当时什么都顾不得，一古脑跑到西社村里，敲开一户人家的门，说明自己遇到了敌人，老乡收容我住了一晚。第二天天亮我赶回宏道，杨校长见到我时说我"右倾"。那是我第一次听到"右倾"这个词，那么现在的我，又一次逃跑了，是不是更加"右倾"了呢？

想着想着，有些心烦意乱。不知不觉中，已经到了深夜十二点。经过半天的奔波，我们披星戴月，来到盂县西烟镇时已经跑了四十多公里。这可是一个山地超级马拉松啊！

我们敲开一家旅店的门投宿，店掌柜很好心地连夜给我们做了一顿莜面。他看着我们狼吞虎咽地吃下，不无感慨地说："十里河捞二十里糕，三十里莜面饿断腰。可惜这顿饭也不能帮你们撑到明天晌午。"我在心里想，到了明天中午，翻越了这座大南山，山的那一边就是定襄县了，我们就快要到家了。路远算什么，饿算什么，什么都阻挡不了我们回家。

吃完莜面，我们和衣而卧；天刚蒙蒙亮，我们就马上起床出发。过去三个月的支前经历已渐渐抛在脑后，家才是我们的终点和归宿，是我们无论走多远，无论离开多久都心心念念的亲人和故土。

这一天我们又是水米不沾，一鼓作气，从早上六七点出发，翻山越岭，踩着坚冰渡过滹沱河。整整六十公里山路，十四、五个小时的行程，是我这辈子走过的最艰难的路。晚上九点钟，我敲开了日思夜想的家门。我的母亲、祖母和姑姑见到我平安回来，都高兴得喜极而泣。

我在家休息了一天就回到学校上学，忐忑不安地去见梁校长。出乎预料，他竟然没有责备我们擅自脱逃，只是不无惋惜地说："你们几个党员的组织关系转到了前线，回来未经组织批准，严格讲就算脱党了。"后来他同定襄区委交涉这件事，念及我们年轻，不予惩罚，同意我们继续以党员身份过组织生活。这件事情就这样告一段落了。

太原城仍在被围困中。自辛亥革命以来，阎锡山把他的根扎得有多深，盘根错节的社会关系有多复杂，现在铲除它就有多困难，这个过程带来的损毁就有多少撕裂和阵痛。

被重重围困于太原城的晋绥军中有一只赫赫有名的特殊队伍，自号"飞鹰队"。飞鹰队背景传奇，最早曾是抗日战争中八路军领导的游击队，以忻县人傅红堂为首，队员有宏道南门外的罗二，马城的张福林、辛安村的续新黄等十几个人，个个身手矫健，枪法出众，武艺高强。他们飞檐走壁，神出鬼没，无不令敌人闻风丧胆。但遗憾的是，他们并非救国救民的真豪杰，而是一群追逐利益、见利忘义的乌合之众。面对日本人的威胁利诱，他们叛变投降，成为助纣为虐的民族败类，被收编为日伪军宪兵队系列；日本人投降以后，阎锡山为了增强自身实力对抗共产党，全面收编了伪军。飞鹰队华丽变身，成为国民革命军中的特种尖刀小分队。多年的残酷杀戮，多次卖主求荣，令这些身怀绝技的猛士成为丧失人性、刀不刃血的亡命之徒。

1949年除夕之夜，当家家户户带着迎接最后胜利的喜悦准备欢度春节之际，飞鹰队制造了骇人听闻的"宏道惨案"。他们从太原城里化妆假扮成解放军突围出城，凭着高超的武艺和对乡里的熟知，轻松潜伏到位于宏道东街郭河生家院子里的定襄六区区公所，于深夜十一、二点出其不意进行偷袭。共产党的县委区委干部一行七人正在一边讨论工作一边包饺子，面对突然手执武器蒙面冲入的匪徒毫无招架之力，不到几分钟的时间，现场刀光剑影，一片血腥狼藉，五人被打死，两人重伤。被打死的五人中，有定襄县委副书记、组织部长赵文生，五台槐荫人，白天刚刚回老家看望父母返回；有区长陈世和，有青年委员张维，平定人，一个瘦瘦的年轻人，还有公安员竹林忠。被打成重伤的人叫李补文，还有一个老头谎称自己是区公所的伙夫才免于一死。

飞鹰队要的就是要这样的震撼效果。在山西，除了太原正在被围困，全境都已解放，大家心里都有了过于乐观的太平思想，对社会动荡的复杂性产生了麻痹松懈。飞鹰队的突袭制造了极大的混乱和恐慌，更表明阎锡山的势力并不是那么容易被彻底清除。

五具棺材被提到十字街老爷庙的大戏台上，一字摆开，血淋淋地控诉着敌人的疯狂、罪恶和负隅顽抗。

正月十五闹花灯，正在大家的心情从悲伤、愤怒中渐渐平息下来，以为可以接着过节时，飞鹰队又发动一次突袭。这一次他们的目标锁定了与宏道同为乡村大集镇东冶的五台县区公所，以极其残忍的方式杀害了在区公所执勤的所有党政干部，一锅端掉，制造了轰动效果不亚于"宏道惨案"的"东冶惨案"。

正当人们惊骇得目瞪口呆之时，位于滹沱河边大营村的民兵抓获了浑身湿透、冻得半死的一名飞鹰队队员。飞鹰队作案之后潜逃，不巧遇冰河解冻，让他在踏冰过河时落入水中。这与传说中的"刘秀走国"的故事恰恰相反。当年刘秀踏冰而过滹沱河，当王莽的追兵赶到时，看到的却是坚冰融化，滔滔河水阻挡了王莽的进一步追击。在光武中兴的历史上,"滹沱一片冰"扮演了强于"后汉功臣力"的传奇角色;现如今滹沱河解冰困飞鹰,如此蹊跷的故事不得不让人叹服:凡成事者,天时、地利、人和也。正如南宋诗人文天祥在诗中所言:"始信滹沱冰合事,世间兴废不由人。"

这个双手沾满了人民鲜血的恶人被五花大绑押至宏道进行审判,使飞鹰队的罪行曝光于天下。这个来自忻县西张村的飞鹰队员毫无悬念地被处死,让正义得到了一定程度的伸张。

但是人们心里的恐慌和警惕却久久不能散去。寒假开学以后,住校的学生被分散开,安置到各家各户。我家的东厢房长期空置,打日本人的国民革命军在开赴忻口战役前曾经驻扎过,父亲也曾在这里开办免费私塾教导温家子弟,如今被新安村的李明亮等同学当成了避难所。我和侯希成、宋世英住在南街岳正荣的二叔家中,一直到太原解放才搬回学校。我已经从心里不再计较他们在野战医院的不辞而别了。

1949年3月29日下午,阎锡山自知大势已去无法挽回,以前往南京参加军事会议为名,乘飞机离开太原围城。他的飞机飞出太原城后,特意飞到家乡河边村上空,最后俯瞰了一眼家乡,跟滔滔东流的滹沱河和雄浑壮阔的五台山告别。回望自己在山西三十八年跌宕起伏的军政生涯,他不禁潸然泪下。他拉上飞机窗帘,命驾驶员向南京飞去,从此再也没有回头,永远地离开了山西。

4月25日,解放军攻破太原城,山西全境解放。

每个人都知道胜利来之不易,是用无数人的鲜血和生命换来的。徐向前更清楚地知道,这是他一生中最煎熬的一场战役。有意无意之间,他和阎锡山有个共识,就是再也不回故乡了,他不愿意回首那段过于残酷的战争记忆。在这场战役中,双方共计伤亡约18万人,这不正是令人不忍回眸的"凭君莫话封侯事,一将功成万骨枯"吗?

被卷入这场战争的总人数超过百万。仅仅是定襄县，从前线撤回来的支前民工，有担架队、运粮队、运弹药队等，足足有一万人之多。在定襄县城广场召开的"热烈欢迎支前民工返乡大会上"，人头攒动，每个人脸上都洋溢着当家做主人的喜悦。是的，我们就是要欢天喜地地庆祝胜利。阎锡山被打跑了，我们从此平安了，党团组织也从地下转入了公开，再也不用提心吊胆地过日子，再也不用东奔西跑去逃难。我们的心情就像解放区的天空一样晴朗。

欢乐的场景又一次上演。梁校长拉板胡，杨老师弹三弦，张老师拉二弦，张相如打板，我唱青衣，侯希成唱红（老生），续民贵唱小生，我们定襄四高在万人大会上演出的北路梆子赢得数不清的掌声和叫好声。在我心里，从今往后的美好生活就会像这此起彼伏的叫好声一样，一浪接着一浪，一浪高过一浪。

我又想起了我的父亲，想起了他粉身碎骨为之奋斗的革命理想。新中国是什么样子？一位将军说得好："让爸爸们，把新民主的地基铲得平平的，让你们后代，能够在我们的国土上建筑起一个自由、快乐、文明、进步、庄严、华丽的世界。"

我悄悄拭去眼角的泪，在心里默默对他说："父亲，我将替你好好地活在新中国。"

第六章 青春万岁

世界以痛吻我，要我报之以歌。

——题记

（一）

太原解放以后，党团组织随即公开，形势的变化让我们每一个党员都扬眉吐气，意气风发。每个人心里都憋着一股劲儿，要好好大干一场，为新民主主义中国的建设添砖加瓦。

梁麦川校长作为定襄县的代表去参加全省文艺工作者代表大会，这个荣誉他当之无愧。每每回想起我们四高在定襄县万人大会上的精彩演出，想起我们师生吹拉弹唱的超级组合和强大阵容，心里就会泛起一阵阵澎湃的激情，就会对梁校长的才情涌出由衷的敬意。在他离开的这段时间，语文课由我组织同学们学习。站在讲台上被所有的人瞩目，所说的话被所有的人执行，这种超出优越感的权威感，让我觉得自己好像飘了起来，能腾云驾雾，能俯视众生。这个感觉来得有点突然，也难免让人觉得恍恍惚惚，不够真实。

几天以后梁校长回来了，他带回来很多文代会的资料给我们传阅，并将有一定写作能力的同学组织起来从事文艺创作。他给我们每个人都起了笔名，侯希成是"江涛"，我是"沙萍"。这个笔名一直让我疑惑不解，浮萍在水中生长，沙里怎会有萍？也许他看出了我那时的轻飘？或者他看透了我的自相矛盾？再或者，他在预言我的人生？

浮萍漂泊本无根，
世间游子君莫问；
彼即天涯惆怅客，
笑谈声里泪纵横。

　　1950年1月末寒假来临的时候，我高小毕业了。入学时成绩第二，毕业时我则是稳稳的第一名。毕业成绩张贴在校门外左侧的墙壁上，我再一次以卓越吸引并收获了所有艳羡的目光。这些艳羡，既有来自乡里的赞誉，也有来自同学的敬慕，更有来自同龄女孩子锲而不舍的追求和异乎寻常的大胆表露。这些目光，把我轻佻的自命不凡推举得高高在上，也让我的胸无城府一览无遗。已经整整16岁了，毕业之后即将面对的是窘迫的生活和未卜的前景，我竟然从来没有想过要怎样应对。回到家里扔下书包，就直奔大营村，去陪伴看望母亲并照顾重病中的外祖母，以尽孝心。

　　过了年回到宏道，再见到昔日朝夕相伴的同学们，才惊讶地发现天地骤变了。李明亮、朱国政、张相如、智先才等都考上了太原国民师范学校，侯希成、续明贵、王计槐等都考上了刚刚成立的定襄简易师范学校。我该怎么办？我有点儿发慌。

　　我这个没爹的孩子，母亲也没有主见，对我只是一味地放任和迁就。她深知我手不能提肩不能扛，天生不是一块种地的料，所以生活的担子都是由她扛着，从来没有要求我替她分担。即便是关于以后的出路，她也只是淡然地说："已经是这样了，再熬几年也没事。"那么简易师范既不收学费，学制又只有一年，毕业后当小学老师也是不错的工作，还可以早一点帮助母亲养家糊口并抚养两个弟弟。在我目光所及的范围内，这是一个切实可行的方案。

　　但是简易师范的招生也已经结束了，怎么办？我在一筹莫展之中找到张林青老师，他一直像兄长一样关心着我，是我最信赖的亲人。此时他已离开了四高,调任位于横山的定襄第二高小担任教导主任。他安慰我说:"你虽然误了简易师范的入学考试,但是凭你的成绩,我想不经过考试也能录取你。这样吧,我领你去定襄找找校领导。"张老师给了我一颗定心丸,我心里高兴极了。

到了约定的那天,我起个大早,先步行十公里到了横山,两人碰头后再一起步行前往定襄县城,又是十公里。到了县城,我们直接找到简易师范学校去见校领导。张老师把我的情况介绍给校长,校长当即爽快地表示:"温象桓,大名鼎鼎的好学生,谁不知道呢?不需要考试,直接来入学吧。"他原来是定襄三高的校长,看来我的名声已经传得很远了。

这个幸福来得太容易了吧?

中午,张老师带我在定襄县城吃了便饭,然后我们一同渡过滹沱河返回位于横山的第二高小,一路上我的心情好到要放飞。三月初的滹沱河,河面上的冰正在融化,我们深一脚浅一脚踩着用木头和高粱杆扎起的浮桥渡过宽阔的河面。当我们走进他的办公室时,赫然看到他的办公桌上放着一张"山西省立忻县中学招生简章"。张老师拿起简报浏览片刻,眼睛随即一亮。他上下打量我几眼,又若有所思地沉吟片刻,迎着我的目光坚定地说:"象桓子,报这个学校。"

我一下愣住了。大名鼎鼎的省立中学,在我们忻县地区行署,只有忻县中学和范亭中学(前身是父亲就读的崞县中学)两所,家境贫寒的我从来不敢有这个奢望。宏道距忻县四十公里,我怎么去考试?即使能够考上,我也上不起啊。我为难地对张老师苦笑一下,摇了摇头。是的,贫穷限制了我的想象力,在我还没有来得及做梦的时候,就折断了我梦想飞翔的翅膀。

张老师和蔼地笑了。他把椅子向我拉近了一点,手搭在我的肩头,双手用力握住我瘦削的肩膀,对我说:"以你这么困难的家庭条件，你父亲是革命烈士，我相信你是可以享受助学金的。去试试吧！再说，你要是考不上，还有简易师范给你包圆兜底呢。"

听张老师这样说，我心里升起一丝希望。是啊，在新中国，我是烈士子弟，兴许我会受到党和政府的特殊照顾。只瞥了一眼招生简章上几张学校生活的图片，就瞬间点燃了我心中对于名校的渴望：学识渊博的老师，装备完善的乐队，宽敞明亮的教室，品种花样繁多的食堂，无不是我极度向往的。助学金虽然没有明确的结果，但我还是想鼓起勇气尝试一下。

在张老师的鼓励下，我终于下定决心报考忻县中学。对知识的渴望和对广阔新生活的向往终于占了上风。

（二）

回到家，我即刻联系了几个和我状况相似的同学，鼓动他们一起去投考。二弟本来与我同班并且同时高小毕业，但母亲觉得两个人同时外出求学家里负担不起，所以让我今年去，让他明年看看情况再说，这样也比较公平合理。于是，二弟留在高小蹲了一班，继续补习一年。

在考试日期的前一天，我们六七个同学相约一起从宏道出发了。路途大约四十公里，我们先坐马车到了定襄县城，再搭上运煤的货车开往忻县。在火车上，我们很机智地躲在高高的煤堆后面，在背风的地方一边吃着随身带来的干粮，一边互相取笑彼此脸上身上不小心蹭上的煤黑，谈论着考上忻中以后会穿着整齐的制服去上课和出操，心里充满无限向往。

车到忻县，我们从运煤车厢出来的时候，样子大概是惨不忍睹的。但我们顾不上多想，就直奔忻中而来。当时还是寒假，我们借宿在学校冰冷的教室里，课桌拼起来当床，没有被褥，几个人挤在一起抱团取暖。第二天早上，我们早早就被冻醒，打着喷嚏用冰冷刺骨的水简单洗漱了一下，去外面大街上吃提着担子售卖的豆腐脑和米窝头。热乎乎的早餐驱散了一夜的严寒，也带给我们热切的希望，我们满怀信心地直奔考场，参加整整一天的各个科目考试。

忻中的招生考试分成笔试和面试两部分。对每个考生进行面试，全面考核评价学生的综合素质，这在当时是非常罕见的。所有的考生坐在一间大教室里等候，只看到面试完的同学走进来，被叫到名字的同学走出去，一个个轮替着。每个人都神情紧张而严肃，教室里安静极了。

早在高小时我就耳闻忻中校长陶廉的大名，知道他是老解放区知名的教育家，有很高的威望和人格魅力，口碑极佳，深受师生敬重。我这样一个没有见过任何世面的农村孩子，要面对一个赫赫有名的校长的审视和提问，根本摸不清他会问些什么，也无从做任何准备，只能在场外焦急地等待，心情的极度惶恐和紧张可想而知。

终于轮到我了。一走进校长室，我就看到一张和蔼可亲的笑脸，陶廉校长并没有像想象中那样正襟危坐，而是在办公室中间随意地踱着步。他四十岁左右，没有胡须，中等个头，体态均匀，也讲一口跟我一样的亲切的五台乡音。他语速很慢，吐字清晰，只是略微拖着近似普通话的尾音。

他像拉家常一样问了起来："象桓同学，你的名字是谁取的呀？"

这一连姓氏都不带的亲切问话，使我紧张的心情立刻平静下来，我从容地答道："是我爷爷起的。"

"你爷爷是干什么的呀？"他显出很有兴趣的样子。

我如数家珍，把爷爷的简史和盘端出："我爷爷在民国初年曾在定襄县做过几年区长，后来听说他不适应官场就弃政从医了。他在我们那一带是一个很有名气的医生，治不好病就不收钱。他已经去世十年了。"

听了我的话，他若有所思地点了点头，说："我说呢，你的名字一看就是文人取的。"

这也叫面试？这不就是聊闲天嘛。"不对，正式的问题还没有来呢"，我深深呼出一口气，重新振作精神，准备迎接真正的难题。可是没想到，他还没聊够，还要接着聊下去。

"你觉得你能考上吗？"

"这……"这个问题我一时觉得有点不好回答，我的脑子在飞快地转，嘴里则慢吞吞地犹豫不决："我觉得……大概……差不多吧。"

他又显出饶有兴趣的样子。

我终于下决心一吐为快，滔滔不绝地说了起来："我这次发挥得可能不太好，但我还是觉得我能考上。我们一起来了六七个人，我要是考不上他们就更没有希望了。"

他眉头一紧，表示还想再听下去，想搞明白这是为什么。

"我比他们学习好啊，高小毕业我是全校第一名。"

他点了点头，脸上重新绽开笑容："你很自信嘛。"

"坏了，"我突然意识到，我的回答是不是有点自我膨胀、不自量力之嫌？怎么补救一下呢？我红着脸小声回应他的"自信"之说："这是实事求是嘛。"

他爽朗地笑起来，走过来轻轻拍拍我的肩膀，略略提高了一点声音，说："好，我也希望你能被录取。等着放榜吧。"

面试就这样在轻松愉快的气氛中结束了。

第一次见面，陶廉校长给我留下了名不虚传的印象。他慈祥、善良，平易近人，没有一点架子，使人产生一种亲近感。他善于营造一个轻松的谈话氛围，在他面前你可以从容应对提问，敞开胸怀，无所顾忌，充分展示真实的自我。他那种看似平淡实为高超的谈话艺术，让我深深敬佩。他真不愧是一位德高望重的教育家，能成为他门下的学生实在是一种幸运。

两天以后，新生录取名单放榜，我榜上有名。一起去投考的同学中，北社的梁承桃也被同时录取。

（三）

忻中开学报到的时间是三月底，我还有十来天的准备时间。

这将是我人生中第一次出远门求学。因为家境迥然不同，我的求学之路要比父亲当年艰难许多；又因为所处年代和社会背景不同，像我这样的寒门学子才有进一步升学的可能。我由衷地感谢新社会、新中国给我带来全新的人生机遇。今天的中国能够走上这条通往自由民主、蓬勃发展的道路，有多少个父亲付出了鲜血和生命？又有多少个儿子一往无前继续奔走在这条路上？我已整装，蓄势待发。

离开的日子越来越近了，我的脚步带着我的万千思绪走遍了宏道的大街小巷，走遍了田间的纵横阡陌。宏道，这个历史悠久的乡村集镇，那些自辛亥革命以来被历史车轮碾压过的尘土，那些在战乱岁月枪炮声中的流血和抗争，那些默默承受的贫困、饥饿和挣扎，都一一在眼前浮现，让我对这片土地产生了深深的眷恋和不舍。

走过十字街，站在中心向四方张望，它依然是宏道最繁华的商业地段。东街是煤炭和蔬菜交易，西街是粮食和牲口交易，并有几家皮铺作坊和编制麻绳的手工作坊，北街有各种各样的小商品店铺，南街是宏道小学和广济公司所在地。我对每家店铺的熟悉程度，闭上眼睛凭着嗅觉都能走到。我从小爱吃"聚益公"前店后厂自制的出炉饼子、混糖月饼和大麻花，也爱吃"三和成"的郭杜林月饼，当然最馋的还是郭金卯饭店里的大肉面和大片儿汤。这些故乡的味道时不时就会从记忆中飘出来，愉悦着身心。

地处忻定盆地东北端的宏道是崞县、定襄、五台三县的接壤交界地，每逢阴历三、六、九日，周边的农民都会来这里赶集，农贸交易十分兴隆。五台人多卖煤炭和蔬菜，定襄的农户来卖粮，卖水果的来自同川，大营村的农民来卖色泽金黄的河滩盐和蒲草编织用具。农产品中旱地香瓜一直是我的最爱，除了三舅种植的"灯笼红"以外，还有两个品种，绿皮的叫"竹叶青"，黄皮的叫"冰糖脆"，闻一闻都会让人齿颊生津。赶集的日子人声嘈杂车水马龙，不由让我再次忆起1937年唱对台戏时的繁华场面，那是祖父亲手缔造的。虽然那些喧嚣已渐渐沉寂，湮没在历史的河流中，但它依然在很多人心中鲜活如初。

谁家的院子里传来隐隐的"响打声"？这声音像磁铁一样吸引着我的脚步。走得越来越近，我的耳朵隔着院墙就能分辨出是哪家八音会班子在演奏，谁在吹笙，谁在吹唢呐。酷爱音乐的我，从小就迷恋在各个庙会、节日庆典和红白喜事上被请来助兴的八音会，那酣畅淋漓的高亢激昂，或如泣如诉的婉转低回，像乡音一样传递着人们的喜怒哀乐，传承着黄土地上劳作的人们质朴的本性和不屈的精神。宏道有三家八音会，他们是阁街的张家和南门外的两个史家，各有各的风格，各有各的拿手绝活。如果两家八音会在街头相遇，他们会停下来展开竞吹，互不示弱，那场面真叫人过足了瘾。这些民间艺术家过去生活在社会底层，现在他们成了有一定社会地位并受人尊重的艺术家。这是新社会带来的巨大变化，我由衷地为他们感到高兴。

沿着南街，过了广济公司，出了南门外，放眼望去，便是一片广阔的田野，广济渠内清水长流。当年辛亥革命的北方先驱续西峰先生在1912年春节后，利用在乡休整时间，组织忻县、定襄、崞县百姓在滹沱河北岸开凿修渠。大渠上自白村，下至大营村，全长33公里，取直了滹沱河V字型流向的东西两端，使北岸27个村庄受益，浇溉六万多亩良田，让粮食亩产由原来的不足百斤增加到三百多斤。清水长流浇灌着岸边良田，滋润着百姓生活，老百姓无不感念他的恩德。历史学家续琨在《鼎革杂忆十二首》中这样记述续西峰先生的不朽功绩：

渠开广济福黎烝，
泽被三县田万顷。
杨柳成荫丰穰日，
应念郑白开山功。

滹沱河，故乡的河，从小到大，我无数次听过它的故事，无数次走近它，也无数次渡过河。它在我心中从来不曾像今天这样美好，这样让我热爱和依恋。突然间我好像觉得，我血管里奔腾的不是血，而是滹沱河的河水。我长大成人，就要离开故乡了，但我永远是滹沱河的儿子。

（四）

我的家早在晋察冀边区土改前的五、六年就落败了。在轰轰烈烈的土改运动中，我家只有六亩薄田，阶级成分被定为下中农，既不需要无偿交出田产，也没有无偿获得土地，土改带来的社会震荡和沧桑巨变幸运地被我们躲过了。革命军属、烈属的光荣称号，让我们在人民当家做主的新社会感受到了许多温暖。耕地这一最艰巨的农活，村里派出了劳力和牲畜帮助，称为"代耕"。母亲和祖母都不用再起早贪黑把自己当成一个壮劳力去使唤了。虽然"代耕"的质量远远不如给自家干活那样细致，母亲还要提着饭篓到田间送饭，但好歹粮食是种上了。

新社会大刀阔斧地铲除了很多社会恶习。在强制的"禁烟禁毒"专项运动中，二叔终于摆脱烟瘾重获新生。他聪明、口才好，人又帅，把自己吸毒和戒大烟的故事编成快板，在忻县地区民间文化大会上演出，现身说法，引起广泛的关注和赞誉。他后来成为乡政府的秘书，每月有十五元的工资收入，终于成为自食其力的劳动者。他依然懒惰，缺乏责任感，但也基本上算是一个正常人了。

忧郁而美丽的姑姑在21岁时终于出嫁，这在农村显然是大龄不合时宜的。我一直不明白她为何选择了一个已婚丧偶的男人，并且这个男人除了相貌白净，几乎不能给她的生活带来任何良性改变。姑父是一个在宏道做小买卖的三掌柜，很难养家糊口，他们婚后暂租亲戚家的房子。后来姑父去太原做生意，经常不在，姑姑就干脆停租又搬回了娘家，与祖母相依为命。表弟子荣就是在温家的院子里出生长大的，他被邻居称作"温四"，跟我们三兄弟大排行，我也把他当成亲弟弟一样看。这个表弟，既不像他父亲那般白净，又不像他母亲那般清秀，生得瘦小，其貌不扬，实在令人匪夷所思。

就在我告别了重病的外祖母从大营村回来的这个晚上，三叔意外归来。他从1937年日本人入侵时离家去抗日，走了整整十三年。走时他是一个十六岁的少年，回来时已经29岁，是一个成熟沧桑的成年人。眼前的三叔跟我印象中那个养鸽子的少年怎么也对不上号，他个子跟我相仿，浓眉大眼，形容消瘦；他着褪了色的军装，显得人很干练精神，但因为年少时即行军打仗，背负辎重，他的背驼了，干练的军装也掩饰不住。他站在暮色中的院子中间拉长声音喊了一声"婆"（母之意，发音bō），浓重的乡音让我一下就知道他是谁了。最大的不同是，他走时一个人，回来时多了一个身穿列宁装、剪着时髦短发的身边人，一看便知是革命女干部。他们俩从定襄蒋村下了火车，步行八公里，一路风尘仆仆，赶在天黑前回到了家。

我只跟三叔见了一面就离开了，因为第二天就是学校报到开学的日子。那个晚上，点着油灯，我们一家人在祖母的大正房聊到很晚。祖母和三叔都在不停地擦眼泪，也在不停地笑，让我看到一个军人刚毅背面的柔软和温情。他在抗日军政大学毕业以后，一直在晋察冀边区河北省易县、定兴一带带兵打仗，现在是定兴县大队政委。三婶是当地一个大户人家的女儿，是一个崇拜英雄的进步女青年，也在部队工作。最让我们感慨不已的是，三叔从来不知道自己的家族已经败落，他在自己的履历中"家庭出身"一栏，一直填写的是"地主"。这个不光荣的家庭背景直接影响了他在革命队伍中的进步和升迁。

三叔离家多年，出生入死的军旅生涯磨硬了他的意志，也淡漠了儿女情长和亲情。但是当他得知祖母和姑姑的生活状况后，就义不容辞地开始给她们寄钱，以尽赡养之责，一月不落。每月十元的接济，终于让祖母母以子贵，再也不用过揭不开锅的寒酸日子。三叔让我见识了一个成熟男人的责任和担当，这是我在二叔身上从来没有见过的品行。

（五）

历史名校忻县中学，前身称"秀云书院"，1902年清光绪十八年改建为忻县新兴中学堂。现在的学校是从国民党时期的旧中国接管过来的。

入学的第一个月是自费，我交了相当于45斤小米的伙食费，一日三餐都是就着从家里带来的干咸菜丝，用开水泡着吃小米干饭。一个月以后，学校开始评定人民助学金。

人民助学金分为两种，甲种是普通常规的助学金，每月6.5元，其中伙食费4.5元，书籍文具等2元；乙种是特殊的助学金，每月11.5元，其中伙食费6.5元，是一个不同于4.5元的高标准伙食，每星期有馒头吃，也有炸糕，还有猪肉炖粉条大烩菜。除了伙食、书籍文具之外，每年还供给夏季单衣，冬季棉衣和棉鞋。能够享受乙种人民助学金的，是革命烈士子女和实行供给制的县、团级以上领导干部的子女。乙种助学金基本上是参照晋察冀边区的供给制待遇，对于一个生活极度贫困的学生而言，是决定能否继续学业的关键。

毫无疑问，我是有资格享受乙种人民助学金的。但是当看到评定助学金的要求时，我又开始犯难了。革命烈士的证明文件必须由县政府出具，宏道当时又划归了崞县，我必须亲自到崞县政府所在地崞阳镇去办理。忻县距崞阳镇一百多里地，既不通火车又不通公路，只能步行；既便办理得非常顺利，往返也需要三、四天时间，途中的食宿是一笔不小的开销，我根本拿不出这些钱。

我愁得不知怎么办才好，思来想去，只能冒昧地找到陶校长寻求帮助。等我说完我的困境，出乎预料的是，他竟然对我说："你不用去崞县了，我给你想办法。你的父亲温先立是革命烈士，他的事情我和张义传老师都清楚。"张义传是我的语文老师，同时兼任忻中党支部书记。陶校长告诉我，张老师是我父亲在太原第一师范时期的同学，也在解放区做教育工作，他们俩跟我父亲都很熟知。

听到这些，我呆呆地立在那里，心中如翻江倒海。父亲生前是晋察冀边区二分区的联合小学校长兼宏道小学校长，虽已年代久远，但他们同时从事抗战教育工作，一定会有很多机会共事交流。然而，父亲早逝是我心底的创伤，每当遇到困难和挫折时，我就会从心底加倍渴望得到父爱的温暖和呵护，这个伤就会狠狠地刺痛我，所以我把它藏得很深，年代越久，越不敢轻易去触碰这个伤疤。年轻幼稚的我，因为情感怯懦，面对父亲的老同事时，竟没有开口问一句关于父亲的往事，白白错失了一个了解父亲的天赐良机。

见我不语，陶校长并没有顺着我父亲的话题继续说下去，而是换了一个话题，对我说："我和张义传老师都在本校工作，都不太适宜给你出面做这个证明。这样吧，忻县地区工农速成小学的校长郭子钧，和忻县地区地委书记张移风，抗战时期都在崞县工作，也都知道你父亲的事，让他俩出个证明，你就不用去崞县了。"

第二天，他带着我去见两位父亲曾经的同事和领导。我们走在路上，他伸出手来拉着我的手，就像呵护和引领自己的孩子那样。我自幼失去父亲，从未体验过什么是父爱，那一刻，我终于找到了类似父爱的感觉，这是我长久渴望但从不敢奢求的。那一瞬我感动得热泪盈眶。

陶校长把我带到地委张书记的办公室，面带微笑把我推到张书记面前，说："张书记，看，我给你带了个人来。"陶校长也是忻县地委委员，他和张书记的熟悉和默契，从他们的对话中一看便知：

"这是温先立的儿子。"

"温先立？噢，我知道，他不是牺牲了吗？"

"对。他儿子现在申请助学金需要出一个烈士证明。"

"好，没问题，我来写。"

张书记爽快地拿出纸笔写了起来。

就这样，我得到了两位革命先辈亲手书写的烈士证明材料，不久就被批准享受乙种人民助学金，使我这个烈士之子有幸能在国家的资助下顺利完成初中学业。我对陶校长体察学生疾苦和充满人情味的慈爱之心感动不已。他既坚持了原则，又果断灵活、实事求是的工作作风给我留下非常深刻的印象，陶校长的知遇之恩让我终生难忘。

陶校长在1950年下半年就调到北京工作，任中国教育工会全国委员会办公厅副主任兼财务处处长。时隔不久他就因病去世，葬于八宝山革命烈士公墓。当陶校长英年早逝的噩耗传到忻中时，我心中的悲痛难以言表。

出于对陶校长久不磨灭的怀念和敬仰，"文化大革命"后期，我借去北京公出的机会，专门到八宝山寻觅他的墓地。大概是他离开得较早，或是官职不够显赫的缘故，看到他的墓穴和墓碑完整无损，没有遭到人为破坏，我是那样欣慰。我站在他的墓前低头伫立良久，历历往事涌上心头，再次泪湿衣襟。

（六）

正如王蒙在《青春万岁》中所描述的，建国之初的中学生活，"是转眼过去的日子，也是充满遐想的日子"，"是单纯的日子，也是多变的日子"。我在此间经历的所有一切，都是我人生中的第一次——第一次远离家乡求学，第一次见识外面的世界，第一次遭遇人生挫折，第一次思考未来，第一次遇上爱情，"眼泪、欢笑、深思，全是第一次"。

没有了学费和生活费用的后顾之忧，我怀着无限感恩的心情在阳光灿烂的1950年春天开始了全新的中学生活。党的阳光雨露照耀着我年轻蓬勃的人生，滋润着我的心田，一切都是这样美好。

我们这一届只招收了两个班，共计50人，学生大部分来自忻县，像我这样来自定襄、五台、崞县的外地生为数并不多。学校老师大部分是旧社会留用下来的，很多毕业于名牌大学，出身于非无产阶级家庭，在日伪或国民党时期供过职，有的还参加过国民党、三青团或阎锡山的同志会，多多少少都有一些历史遗留问题。但是新中国百废待兴，党的政策就是要积极改造有一般历史问题的留用人员，并大胆使用他们。这并非一件易事，领导者如果没有坦荡的胸襟和无私无畏的勇气，没有很高的马克思主义理论素养和政策水平，就不可能有这样的胆识和魄力。陶廉校长作为一个参加革命工作多年的知识分子和教育工作者，深谙党在新民主主义时期的知识分子政策，在学校营造了一个宽松的政治环境，使老师们都能身心愉快地投入教学。

对我来说，生物、物理、化学都是以前在小学没有接触过的新领域，但是我的兴趣并不大。我最喜欢的是历史、地理、语文等人文学科，其中语文一向是我最擅长的科目，历任语文老师都非常欣赏和喜欢我，我写的作文常常受到表扬并在全班示范。地理课上涉及到的那些知识，地形、地貌、气候、物产、交通、行政划分、人口、民俗等等，无不令我兴趣盎然，轻松掌握。而相比之下，植物学中讲授的那些细胞、种子、果实、气候、土壤，却让我觉得如此乏味。

体育也是我的弱项。入学时的百米测试，我居然跑了19秒多，比很多女同学都慢。后来我的身高越来越有优势，就开始尝试打篮球，这项团体竞技运动比单纯跑步有趣多了。我们不同班级之间组队比赛，在自己的白背心上用红笔签上字，命名"海燕队"。我对篮球的浓厚兴趣持续了一生，直到现在，NBA每场球赛我都在屏幕前倾情观战，乐此不疲。

音乐一如既往是我的强项，我投入最多，收益也最多。在自编自演的山西梆子戏中，我仍然饰演旦角。我的好朋友、来自五台东冶的杨建峰唱"生"，范龙英伴奏拉板胡。那时的我仍然清秀俊俏，嗓音嘹亮，旦角非我莫属。我们还排演歌剧《王秀兰》，这是在当时题材极为轰动的剧目，在忻县售票演出。虽然布景相对简陋，但却丝毫没有影响我们的专业水准。渐渐地，我不满足于上台表演了，开始尝试各种乐器，最初是吹横笛，后来又爱上二胡，成为学校乐队的主力。高年级同学毕业以后，学校仅有的一把小提琴就由我来演奏，我还被任命为校音乐队队长。这把小提琴是学校从定襄的一位收藏家手中购得的，原产地是德国，音质纯正，是整个乐队中唯一不是民乐的乐器。

我在音乐方面有着令我万分骄傲的天赋，所涉猎到的乐器都是凭着兴趣上手，摸着摸着就找到了感觉和窍门，音乐老师只是略加指点，我的技艺就突飞猛进。成为学校音乐队队长以后，我带领乐队的骨干分子深入到各个班去教唱歌，掀起学校文艺活动的新高潮。能拉会唱又有组织能力的我，收获了满满的自信心和巨大的成就感。

我的社会活动多到让我对学业有些怠慢，我的学习成绩仍然属于好的，但是不像在高小那样拔尖。我心里并不十分看重成绩，不唯成绩论，而是更看重德智体美全面发展，看不起只会用功读书的书呆子。很浅薄的是，我常常为自己身材高挑，相貌英俊，多才多艺而沾沾自喜、自命不凡，喜欢议论和嘲笑别人的缺点，伤害了别人的自尊心而不自知。年少得志便轻狂，实在是缺乏涵养和自省。

1950年10月19日，中国人民志愿军赴朝作战，拉开了抗美援朝战争的序幕，"雄赳赳，气昂昂，跨过鸭绿江"的歌声响彻中华大地。1950年12月1日，中央人民政府人民革命军事委员会和政务院作出了《关于招收青年学生、青年工人参加各种军事干部学校的决定》，1951年6月24日，政务院又一次发出《关于各种军事干部学校招收学生的决定》，以这两次军事干部学校招生为契机，大批青年和学生踊跃报名参加志愿军和各种军事干部学校。毛泽东的长子毛岸英奉调随第一批志愿军入朝参战。在抗美援朝战争期间，全国每年都两次征集二十万左右青年参军作战。

与报纸电台铺天盖地的宣传"父母送子女，妻子送丈夫，兄弟争相参军"的动人景象不同，忻中自愿报名参加军干校的同学并不多，也不踊跃。忻县地委在忻中召开大会，鼓励青年报名参加军干校，并要求学生党员发挥模范带头作用,"自愿报名"。

当时学生党员有李茂林,韩俊信,张汝淼,杨星明,高森燕,王继征,韩旺龙和我八人,我们在会后召开的组织活动中你一言、我一语地讨论这个议题。形势很紧迫,让人倍感压力巨大。

我心里非常纠结。党号召青年学生参军报国,同时党也号召实事求是,讲真话,办实事。我的家庭客观情况是,父亲在抗战中牺牲,三叔还在军中服役,家中孤儿寡母,祖母日益年迈,他们都希望我早点毕业养家糊口。参军就意味着有可能牺牲,不敢想象我若去参军牺牲他们该怎样生活。我衷心希望党组织能够理解我的苦衷,原谅我不能带这个头。

除我之外,王继征也没有自愿报名。他跟我一样也是享受乙种人民助学金的学生,他的父亲是军队的团政委。他说:"我家已经有现役军人在服役,我不能再去参军了,万一两个人都牺牲了怎么办?我不去,我要参加新中国建设。"

所以,八个学生党员中,六人自愿报名参加军干校。接下来,这六个人要接受政审、体检,合格后应征入伍,通过军干校学习后开赴抗美援朝前线,分配至各兵种部队从事军事、国防工作。

到了体检那一天,李茂林逃跑了。他年龄比我大几岁,上忻中是为了进一步深造。身为忻中学生会主席,临阵脱逃实在是一件丢脸的事。其余所有积极自愿报名参军的党员,在体检时匪夷所思地集体患上了各种各样妨碍参军的疾病,或视力不清,或听力残缺,结果他们无一人通过体检,无一人参军。

接下来的组织生活让我更清楚地看到了政治的残酷和人性的扭曲。我因为没有自愿报名参军而遭遇了党内除名的重大处分,另外两个人,王继征尚在党员的候补期,被取消了候补党员资格;李茂林虽然自愿报名,但因临阵脱逃给予"留党察看"处分。其他五个同学，他们脸上的表情很坦然，好像什么都没有发生过一样。我心里非常不服气，说真话的是我，说假话的是他们，因为他们根本不是"自愿"报名；而且，既说了假话，又采取了欺骗手段，这样做就可以躲过参军。难道这就是政治正确吗？不满十八周岁的我，从十三四岁开始提着脑袋干革命，最后一次组织生活，竟然以这种方式和结论被党一脚踢了出来。

年轻气盛的我，没有任何社会经验，以为只要自己积极要求进步，党组织是会原谅自己的，也会再次接纳自己成为一名党员。党是先进性的代表，对于先进性的追求我从来没有动摇过。但随着时间的推移，我的思想包袱越背越重。政治在日常生活中明显高于一切，我的老师们也正在经历着全国范围的知识分子思想改造运动。党支部书记张义传，也是我父亲的同学、同事，在运动中受到冲击，不幸心脏病突发去世。我这样一个在政治上有污点的人，将来的命运如何？我很恐惶，觉得自己俨然成了比别人低一头的残疾人。

在我情绪低迷的时候，我很想念敬爱的陶廉校长。他曾不止一次地强调，同学们正处在长身体、长知识的阶段，人生观和世界观不成熟也不稳定，对于个人过失或成绩，无论组织或是个人都不宜看得太重，太重了会成为前进路上的包袱。如果所有的领导都能像陶校长那样对待年轻人的过失，他们的命运将是另外一种结果。

（七）

政治上遭遇到的挫折，一度让我动摇了继续上学的决心。

1951年暑假，我们学校应邀去五台山拍摄纪录片，当群众演员。拍摄现场也有其他表演团体，女青年们个个笑靥如花，穿着鲜艳的民族服装，打着腰鼓，婀娜多姿，十分惹眼。给她们伴奏的是山西省教育厅文工团，他们手中的乐器都是我熟悉并擅长的。

我突然灵机一动，心中蛰伏已久的念头突然冒了出来。我一直觉得愧对母亲，一直想尽快工作养家糊口，这不就是一个机会吗？闪念之后，我没有细想就直接找到了文工团团长韩声。我当时并不知道，韩团长是一个著名的音乐家，同时兼任山西省音乐家协会理事会主席。见到他，我开门见山自我介绍，说我想参加文工团。

韩团长问："你擅长什么乐器？"

我坚定自信地回答："拉二胡。"说着他当即让我表演了一段。韩团长听了我的演奏十分满意，对我说："你可以来。你去跟学校说，我们文工团可以接受你。"

可是事到临头我又犹豫了。按理说我需要事先跟党组织汇报，可是我并没有这样做，事后补报一下，恐怕影响不好吧？我几乎成了一个惊弓之鸟。再说，虽然文艺工作是我十分喜爱的，但文工团是一个有前景的好工作吗？况且这份工作待遇并不高。这么一想，我就打消了这个念头。

暑假之后的新学期开学，忻县地区水利局招收技术人员。听起来是一个不错的工作，我约了张玉龙、韩守信两个同学趁午休的时候去考试。考试科目是数学和语文，是做为一名技术人员必备的基础知识。第二天放榜，我们三人都考中了，水利局的干事让我们回学校转关系，然后到水利局报到上班，参加技术培训。我又犹豫了，还有不到一年就中学毕业了，还是等毕业之后再工作吧。

这是一个百废待兴的时代，全社会到处都在掀起建设社会主义的高潮，各行各业都急需人才。银行在招工，百货公司在招工……到处都在招工招干，这种情形对于想找工作的我来说，是一个不小的安慰，以为机会如此之多，唾手可得。我实在是没有看清楚，这个机遇让我们这一代人迎面赶上也是千载难逢的，若不珍惜，只能是失之交臂。

盘点一下那些年被我错过的机会，只能感叹自己年轻，阅历浅，没有人指引，看不到机会后面的机会。

第一次还是在高小，宏道的税务所招收干部，所长看中了根红苗正且学习成绩好的我，去找梁麦川校长要人。那一次，祖母挡在了我面前，她说："税局子，那是撞良心的地方，咱们可不去。"

第二次在支援太原前线的野战机动医院，我在一个姓梁的医助手下护理伤病员。他见我聪明伶俐是个可造之材，对我说："小温，你不要回去上学了，跟着我学医吧，将来留在部队里当个军医。"那时我思乡心切，哪有这番远见和魄力？

第三次，文工团，尝试成功然后放弃。

第四次，水利局，又是尝试成功然后放弃。

我这个没爹的孩子，母亲又没有主见，在人生的十字路口瞎打误撞，孤立无援。我心里一直有种紧迫感，想尽快出来工作，挣钱养家，替母亲分担；但是另一方面，我又是如此热爱上学，希望好好念书，将来毕业后找个好工作。我在上学和工作之间摇摆不定，以致错失了一个又一个机会。思来想去，我终于下定决心，采取一种折衷的办法，待中学毕业后考取中专，选择一个学制最短的中专学校，尽早毕业参加工作。我不敢有上大学的梦想，漫长的高中三年、大学五年对于我这样一个家境贫寒的孩子来说，是很不现实的，我还是早点工作挣钱养家，供养二弟去读大学吧。

（八）

1952年春天，是我在忻中的最后一个学期。

全校组织春游。温暖的阳光洒在郊外的田野，也洒在我的心里。在一群叽叽喳喳新入学的女生中，我看见一双含笑的眸子，眼中流出的深情在被我捕捉的瞬间快速躲闪开了。那双笑眼，我懂得。

她叫王云仙，医生的女儿，是一个像桃花盛开一样明媚娇艳的女孩子。我是在他们班教唱歌时被她的目光吸引去的，那目光里有掩饰不住的崇敬和喜爱，泄露了她心底的秘密。

我们俩开始秘密约会了。每天中午我都会跑到县城里她的家，只是想跟她说说话。两个人的头凑在一起看书，不小心碰到了，会羞红脸躲开。她把她父亲的烟偷偷拿出来让我抽，我都没有好意思去拉拉她的手。她是一个如此美好的女孩儿，在十六岁的花季里倾情为我绽放青春，如水的柔情抚慰着正在经历人生磨难和选择的我沧桑的心，让阳光照进我的心里。

上帝只给了我们半年朝夕相伴的时间。夏天到了，我也要毕业离开她了。青春就是这样仓促。

现在人们常说，出走半生，归来仍是少年。可是我，出走时的心际早已不是少年。我走进了人生的另外一个场景，我的磨难才刚刚开始。而她的微笑，也变成了眼泪，渐渐隐没在日落后的群山……

第七章 死谏

> 人的内心，既求生，也求死。
> 我们既追逐光明，也追逐黑暗。
> ——题记

（一）

1952年初秋，未满19岁的我提着简单的行囊，随着熙熙攘攘的人流走出太原火车站，第一次来到这座省会大都市。

在一个乡下孩子的眼中，太原曾是那样辉煌炫目、遥不可及。父亲就是在我这个年纪来太原求学的。如今我也要跨过城乡差别这道门槛，走进大城市，走进不一样的生活。除去一点小小的新鲜感，心中更多的是忐忑不安。

太原火车站位于老太原城西南首义门外。随着1907年正太铁路竣工通车，这个地区快速崛起，成为整个太原最为繁忙的交通商业繁华地段。在我的想象中，第一眼看到的太原，应该是高高耸立在城墙之上的首义门和它那威武华丽的楼阁，我会随着川流不息的车流从城门洞下经过，走进这座十五、六万人口的大城市，像父亲20年前一样。但时光流转了二十年，这个世界早已发生了翻天覆地的变化，首义门在太原解放的战火中几近摧毁，其残垣断壁于1951年五一节前夕被新中国的建设者们清理拆除，取而代之的是宽阔空旷的五一广场和正在建设中的五一百货大楼。当年16岁的我为了支援太原前线去野战医院护理伤病员，如今我脚下踩着的正是我为之付出的这片热土，心中真是百感交集。

那一次，因为年轻，私自脱队回家并没有被党组织深究，而是很快恢复了组织关系，继续作为一名候补党员留在党内；而如今，我因为没有主动报名参加军干校被组织除名。不知道在随我而至的档案中，这段历史会被如何书写，我会带着什么样的"尾巴"开始这一段新生活。想到这里，心中涌出强烈的不安。

我慢腾腾地拖着行李沿五一广场向南走去。这是一条坑坑洼洼的柏油路，年久失修，街名为"并州路"，沿用了古代太原的地名。十几分钟后我就到达了这里——并州路4号，这是我的新学校。一眼望去，学校简陋得只有几排大仓库似的平房，学生食堂是临时搭建的简易大棚。我的心里顿时凉了半截。

这是一所在一无经验、二无设备的情况下，由师生一边上课一边参加建校劳动，于1949年初建成的太原铁路管理局职工学校。由于铁道部机构改组，1951年学校更名为"天津铁路管理局太原铁路中级技术学校"，开始招收社会青年和初中毕业生，设有公务、商务、车务三个专业。我在心里默默地安慰自己，虽然学校看起来不太理想，但是它完美地契合了我最初关于人生前景的规划：中专学历，学制只有短短一年，定向就业于铁路部门，工资待遇相对很高。一年以后的今天，我就可以拿着不错的工资帮助母亲养家糊口，供养两个弟弟继续求学，这是我作为长子和长兄的责任，义不容辞。这样想着，心里生出一些骄傲和安慰。

忻中的同学中，要好的朋友杨建峰升入范亭中学读高中，高中毕业之后再去上大学。他有两个哥哥，家境殷实，是我不可能与之相比的；范龙英跟我一起升入铁路学校。铁路与邮政、银行一起并称当时三大热门行业，深受年轻人追捧。我们有家境大致相同的十一名同学一窝蜂涌到这里，让陌生的学校和环境凭添了一些温情。

毕竟是铁老大，财大气粗，入了公家门便成公家人，每个学生的待遇都相当高，学杂及生活费用全部由公费负担。在迎接1952年的国庆游行中，我们学校统一着装，脚踏红色皮鞋，队伍整齐划一，格外引人注目。

学校里最受人瞩目的人物是军旅出身的校长赵范存。他曾是部队的旅政委，解放战争期间，在河北省清风店战役中被炮弹炸掉一条腿。他虽然拄着双拐走路，但军人风范不改，嗓音洪亮，言谈举止气派非凡，大有出将入相的自信和气度，仿佛运筹帷幄之中，决胜千里之外。作为一名战功显赫的伤残军人，组织上专门为他配备了一辆绿色小轿车代步出行，其待遇足以媲美当时的铁路局长。当他的轿车卷起一阵扬尘驶过时，他的居功至伟的领导干部形象在我心中又增添了一道闪闪发亮的英雄光环。

在粗犷的外表之下，赵校长还藏着一颗极端浪漫的文艺之心。他会在你意想不到的时候，饶有兴致地掏出随身携带的口琴来一段即兴表演。小巧玲珑的口琴在他粗大的手掌中灵巧地滑动，低音的浓厚深沉和高音的珠圆玉润汩汩涌出，高山流水的美妙感觉瞬间在身边萦绕，引人遐想和陶醉。他是一名真正的口琴高手，他对音乐的痴迷和热爱又增添了我对他的景仰。我遐想着，在枪林弹雨的战场上，在炮火停息的间隙，骑在马背上的旅政委赵范存，矫健的双腿紧紧夹着战马，用深情演绎的口琴声抚慰着将士的疲惫，鼓舞着士气。这是一幅带着些许悲壮的画面，令人动容并肃然起敬。

在他的积极倡导和大力推动下，铁路学校的文艺活动和体育活动都搞得生龙活虎。学校有高水准的文艺队，我在队里拉二胡。音乐老师杜逸民曾是忻县地区文工团的音乐队长，他的造诣之高是一般的音乐爱好者难以企及的。至于学校篮球队，那更是让人眼花缭乱。队员原本都是篮球职业高手，被招募到学校就是为了组建这支强悍的队伍。他们平时各尽所能做一些辅导员、管理员之类的闲职，"养兵千日，用兵一时"，关键时刻他们常常代表铁路局出征，打遍各行各业无敌手，在另一个战场上践行着伟大领袖毛主席"发展体育运动，增强人民体质"的伟大号召。这是毛主席在1952年6月10日为新中国体育工作的题字，它推动着全国人民以健康的体魄和精神面貌建设美好的新中国。赵范存校长虽然不能亲自披挂上阵，但他的呐喊声比谁都响亮，他用双拐咚咚地敲击着地面，就像擂击战鼓一样，让赛场上的气氛更加紧迫、扣人心弦。他无疑是所有人心目中的主心骨，是铁路学校的一面战旗。

（二）

我短暂的中专生涯了无悬念地铺展开来。商务专业没有让我找到学习一门新技能的成就感，为此心中常常闷闷不乐。最让我耿耿于怀的还是我的党籍问题。我的团组织关系顺利迁到了这里，并且被选举为商务班的团支部书记。有一天，组织居然通知我，选派我去参加铁路局组织的入党积极分子培训班。好生奇怪，难道我被党内除名的材料没有被放进档案中？那么我的档案中到底有什么？这个问题困扰着我，让我不得其解。看来，我的这项处分新学校并不知情，既然如此，我便不愿意去主动澄清这段历史，不想给自己招来不必要的麻烦。但我决不能再次被发展入党，不是我不想，而是不能。新学校一定会去忻中做背景调查，那么我现在侥幸拥有的平安就会万劫不复。想来想去，我还是按兵不动为妙。

开学一个月后的一天下午，我们正在上自习课，教室的门突然开了，赵范存校长面带微笑拄着双拐走了进来，身后还跟着一个小男孩，粗布衣裤，红扑扑的脸蛋，目光怯生生的。这是谁家的孩子？我正在疑惑，却看见那孩子跨前一步站到校长身边，恭恭敬敬给我们鞠了一躬。赵校长疼爱地看了他一眼，拍拍他的肩头，目光转向我们，说："同学们，这是咱们班新来的刘小柱同学，别看他小小年纪，还是一名党员呢。他年龄小，离家又远，文化基础薄弱，希望大家多多关心帮助他。"

刘小柱同学从此成为我们中的一员。作为一名团支部书记，我更是要主动关心他。然而令我意想不到的是，这个小孩总是躲躲闪闪的，从来不愿意正面回答我的问题，比如说他家在哪儿，他以前的学校是哪一所。他的口音已经明白无误地告诉我们他来自河北省，那么他是怎样跨省来到我们这所只在省内招生的学校？时间久了，一切才慢慢揭晓，原来他是一名高小毕业生，是赵校长的亲戚，来自他的家乡。

如果刘小柱只是赵校长的一个普通亲戚，其他入学条件都符合，赵校长只是关照他从河北省来到太原市，或许还可以勉强接受。但他仅仅是一名高小毕业生，文化基础如此薄弱，怎么可以和我们这些苦读过中学，通过入学考试选拔录取的同学在一起呢？一想到赵校长让我们帮助他时有些不自然的笑脸，心里顿时涌出莫大的失望和反感。党的高级领导干部公然走后门谋私利，他的光辉形象在我心里顿时一落千丈。

我从小干革命，受党教育多年，虽然蒙受过处分，但我的正义之心从未动摇过。三反五反中最核心的一项内容，就是反对党的干部贪污腐败、以权谋私。赵校长虽然曾经为革命流血牺牲，功劳卓著，但他倚仗功勋徇私舞弊，这是我的良知和正义之心不能容忍的。想着想着，一股浩然正气从胸腔升腾，令我激荡不已。我愤然从作业本上撕下一张纸，不假思索，以极快的笔速写下几个大字："中央人民政府铁道部滕代远部长"。

是的，我要给滕部长写一封信揭发这件事。赵校长不是在铁路学校一人独大吗？我就不相信他能够一手遮天，也不相信这股不正之风会到处横行蔓延，更不相信共产党新中国会允许这种腐败和不正之风存在。这是我们千辛万苦建立的新社会，不正之风是一个社会毒瘤，若任其发展，后果将不堪设想。不是说"天下兴亡匹夫有责"

吗？我有责任在这个时刻站出来检举揭发这股不正之风，向不正常的邪恶社会风气宣战。

这封写给铁道部长滕代远的检举信在短短一个小时内一挥而就。在信的结尾我郑重申明，如果举报有任何不实之处，我愿意配合组织调查，并承担一切责任。然后，具实署名"温象桓"。我扔下笔，折起信纸，长长呼出一口气，心中的澎湃激情仍难以平复。

（三）

金秋十月，天气渐寒，落叶缤纷，学校对面的苗圃越发显得荒芜萧杀。我寄出的信宛如飘零的落叶，无声无息，令我一天天在焦虑中苦捱。一蹴而就的激情褪去后，我开始注入一些理性来思考自己的行为。这样的穷追猛打，对于一个伤残退伍军人是不是有失厚道？我希望得到的结果是什么？如果我这样做带来的是对他疾风骤雨般的运动批判，他一个如此骄傲的残疾人是否承受得了？我的心里生出许多自责。

星期天，与其百无聊赖地消磨时光，不如走出去逛逛。学校所在的大南门外远远不及城里那样繁华热闹，也没有充满历史和沧桑感的古旧建筑物。街边多是小摊小贩开设的小店面，杂乱破旧；街头说书卖艺的甚是喧哗，吸引着看热闹的人潮，里三层外三层。听书正在兴头上时，天气骤变，寒风四起，吹翻了小店主们摆在外面的货架，人群也一哄而散。

风越刮越大，小店主们一个个手忙脚乱地收拾着残局。我停下脚步，却看到一张似曾相识的面孔一闪而过，他端着一大筐核桃进了身后的小屋。这张年轻的面孔白净俊美，淡定的眼神与眼前的慌张凌乱形成鲜明的反差，显得那样格格不入。我怔怔地看着他进进出出，突然笑了起来。真是大水冲了龙王庙，他不就是我在太原城里做生意的姑父吗？没错，就是他，可是眼前的一切太意外了。难道姑姑全部生活就是靠这爿小店支撑？

远在家乡的姑姑刚刚诞下第二个儿子，取名子成。生子的艰辛、常年的劳作和郁郁寡欢让年轻的姑姑越来越羸弱，不幸染上了痨病。这是一种"白色瘟疫"，传染性相对于其他肺病来说并不强，可怜姑姑虽深居简出还是不幸中招。疾病来势汹汹，摧毁了原本就弱不禁风的她，令她卧床不起，终日咳喘。民间流传的"十痨九死"像一个魔咒束在她的头上。

我就这样出神地站在姑父的门口，愣愣地看着他进进出出，他虽然还年轻，但腰背已略略弯曲。他终于看到了伫立在门前一动不动的我，颇为惊讶地大声喊着："象桓子，怎么是你？赶快进来呀。"

我慢慢挪进这间小屋，心里一片茫然。这是一个里外间，外间堆满了刚刚搬进来的货品，瓜子、花生、核桃、红枣一类的干果，一个小小的铁炉安在屋子正中间，用于取暖和生火做饭。里间只有外屋一半的大小，除了两张床和一张桌子，几乎没有多余的空间。我难过地背过脸，眼前的一切让我心里最后一丝对于姑姑的美好愿望落了空。

姑父很热情地留我吃饭，他烙了几张葱油饼款待我。我们俩喝着小米稀饭，吃着香喷喷的葱油饼，热气腾腾的家的气息温暖着我这个在外求学的游子之心，我第一次像成人一样听他解读了成人的生活。

即便是这样一爿小店，店主是他舅舅，他只是一名二掌柜兼帮工。姑姑产下子成以后，随着病情加剧，她无力照看，不得已忍痛将孩子过继给姑父的哥哥一家抚养。他现在正在拼命攒钱，和死神全速赛跑，希望能把姑姑的命从死神手里夺回来。肺结核已经不一定是不治之症，链霉素注射剂就非常有效。美国产的链霉素三元一支，疗效好，法国产的一元一只，疗效次之，但都是天价，一只就几乎相当于普通人至少半个月的生活费。姑姑病重时打一支，稍好就舍不得连续再打，所以病情反反复复，沉疴死灰复燃。

听着他把我当作成年人一样的倾心诉说，看到他数度哽噎时的真情流露，我的心中有一些释然，姑姑的惨状曾让我对姑父生出的成见在一点点消融。姑姑虽然命苦，但姑父终究是心疼她的，他们这对长期两地分居的苦命鸳鸯自有他们的相处和沟通方式，别人是看不懂的。我深深地替他们感到难过，在他们的世界里，光是活着已经拼尽全力了。

我要好好上学，将来好好工作，我不能活成他们那样，也不能让母亲和祖母活成那样。

（四）

寒冷的冬天正式来临，户外的体育比赛都销声匿迹。无论是个人还是团体，都在遵循自然时令，秋收冬藏，以备来年春天的生发。

我在机械地学习着关于司磅、乘务、售票等枯燥的商务专业课程，越来越觉得这些东西仅仅是初级职业培训，根本谈不上技术或技能，心里十分苦闷。我当时并不知道，美国在10月3日成功试爆了首枚原子弹，在11月1日又成功爆炸了第一枚氢弹。在我心底学习科学技术的火苗被点燃，完全是仰赖苏联老大哥。我清楚地记得《人民日报》上说，斯大林八十号拖拉机带上两个五铧犁，两个人一天能犁四五百亩地；田里闹虫害，只要用飞机撒撒药粉就行了。就连一向推崇英、美、德国的科学技术的清华大学教授都不禁发出赞叹：电力拖拉机美国是没有的，古比雪夫水电站世界第一。电影中的莫斯科高尔基大街，十几辆汽车在并行飞驰，地下铁道富丽堂皇，建筑中的莫斯科大学，房屋的墙壁和地板直接从工厂中制造出来用起重机装配。他们完全信服，苏联的科学技术是世界上最先进的。

我心不在焉地听着那些毫无技术含量的课程，脑子里胡思乱想着，仿佛看到一个梦想中的自己，穿着略带油渍的工作服，手里拿着图纸指指点点，身边的机器轰隆隆地旋转着，或飞溅出钢花，或产出成批的零件，组装成武器弹药，这些钢铁、武器才是保家卫国的核心力量所在。

终于捱到下课了，我稀里糊涂地随着人流走出教室，却被一个校工拦住，他传话说赵校长要见我，让我马上去一趟校长办公室。这样的郑重其事会有什么事吗？我心里略略有一丝警觉。

我轻轻敲了敲门，屋里传出洪亮的声音："进来——"声音中透出的权威和自信不言而喻。见到是我，赵校长从桌子后面微微欠了一下身，伸手递过来一张略有折痕的信纸，说道："温象桓同学，你是商务班的团支部书记，你帮我看一下这个东西。"

我接过信纸，第一眼便是映入眼帘的大红抬头"中央人民政府铁道部"，心里顿时明白了一半。我快速扫了一眼，没错，就是我写的举报信，只不过原稿用铁道部公用信笺重新誊抄了一遍，落款没有署名，而是用"xxx"替代。我还没有来得及做任何思考，赵校长的大嗓门就震耳欲聋地响起，透着震怒："啊？有人到滕部长那儿告我的状，去告吧！告到哪儿我也不怕，告到毛主席、告到斯大林那儿我也不怕。你赶快帮我查一下，这封举报信是谁写的。"

苏联就在十几天前的11月7日举行了举世瞩目的纪念十月革命胜利35周年大会，全地球人都知道斯大林是国际共产主义阵营的伟大领袖，他的威望正是如日中天，毛主席都对他无比崇敬，中国人民更是把他奉若神明。赵校长在这个时刻抬出了斯大林，若不是吓唬人，那就是过度的自信或者自负。明明是他有错在先，难道毛主席和斯大林都会护着他吗？他的几近歇斯底里的过激反应，一扫平日的大将风度，变得尖酸刻薄且没有理性，更重要的是，没有原则。党的高级领导干部不应该是这个样子。他的暴怒丝毫没有吓退我，反而令我勇气倍增。正义在我，我怕什么？

我平静地把信还给他，直视着他的眼睛，淡淡地说出几个字："不用查了，是我写的。"

这几个字，无异于一枚深水炸弹，我看见他惊讶地瞪大眼睛，气得浑身哆嗦，一个字也说不出来。我得到了一丝释放般的解脱和胜利者的轻松。

然而事实证明，我太幼稚了。

赵校长不愧是一名发动群众运动的高手，他在全校大会上发言："有的同学给铁道部写信，检举揭发学校领导，信已经转回到我们手上，我们正在做调查核实。这件事引起了我们的极大重视，因为这位同学在信中肆意污蔑学校领导干部。这名同学有必要这样做吗？有意见你可以当面提，可以找我谈，也可以找组织，谁说我们不能虚心接受？你为什么要告状？为什么要污蔑？是唯恐天下不乱吗？你这样向上级领导检举揭发，无异于从背后向人捅刀子，这是我们无论如何不能接受的。这名同学必须进行深刻反醒。"经他这样一说，全校顿时轰动，周围都是同学们此起彼伏的议论之声。我实在是搞不明白，怎么转瞬之间，我就由一个进步青年变成了攻击党的领导干部的阴暗小人？我不是满腔热血帮助党监督个别领导干部的不正之风吗？怎么一时间我就成了人人喊打的过街老鼠？我的脸臊得火辣辣的，心脏咚咚地就要跳出来了，耳朵里嗡嗡作响，根本听不到别人在议论什么，只想赶快找个地缝钻进去。

针对我的不点名的批评在全校大会小会上轮番轰炸而来，由负责思想政治教育的教导处和负责教学的教务处牵头，发动全校，上纲上线。这种方式有点类似那只没有掉下来的靴子，是一种精神上的折磨和摧残，让年仅19岁的我欲哭无泪，如坐针毡。渐渐地，同学们用不着彼此猜忌了，而是心照不宣地把质疑和怜悯的眼光投向我，继之而来的是不约而同的冷漠和疏远。巨大的精神折磨让我抬不起头，陷入了深深的自责和苦恼中，近乎崩溃。

比起去年在忻中遭受到的党内除名的打击，这种针对个人的打击报复更加令人难以承受，其中的冤屈只有自己知道，其苦涩要自己慢慢品尝、慢慢吞咽。我和赵校长之间起初并无个人恩怨，现在我的艰难处境明白无误地告诉我，他对我怀恨在心，在他的权力范围内，我是不能被容忍的。我心中升出越来越多的恐惧，恍惚间看见自己是被放置在砧板上的鱼，艰难地张着嘴巴喘息，同时瞪大了惊恐的眼睛。我就要这样被他整死吗？我默默地盘算着自己的出路，在这看不到尽头的黑暗里，我该怎么办？

在临近期末放假时，我又一次被请进了校长室。校工带我进来时说要我稍等一下，校长马上开完会回来。我忐忑不安地坐着，等待着未知结果的谈话。百无聊赖之中，我扫了一眼他桌子上的报纸，是当天的《人民日报》。平时只有两页纸四个版面的《人民日报》，今天多了两版的加页，其中第六版铺在最上面，小半个版面被"读者来信综述"占据着，醒目的标题"和压制批评的行为作坚决的斗争"被红笔圈着，表明赵校长刚刚读过这篇。这不由得引起了我的兴趣，我凑过去站在他的座位边读了起来。

"党再三教育我们：正确开展自下而上的批评是为了巩固党与人民群众的联系，保障党和国家的民主化、加快社会进步的必要方法。因此，对于人民群众积极性的批评，纵然并非完全正确，也必须采取热烈欢迎和坚决保护的革命态度；压制批评是一种反党的作风……那些压制批评者却完全违背了党的教导，他们一见到群众向他们提出批评，就认为有损尊严，大为生气，并不惜用开斗争会、强使批评者检查动机，在批评者组织鉴定上乱加罪状等非法行为进行压制和报复。显然，这种错误行为已经严重地损害了党的威信，压制了群众的积极性，使党和群众的联系受到阻碍。"

开批评会，强迫我检查动机，胡乱把我定罪为诬陷校领导……这些不正是令我生不如死度日如年的遭遇吗？读着读着，我原本僵硬冰冷的心似乎有温热的血液在慢慢蠕动，我的眼眶潮湿了。我大概猜出了今天让我来这里的原因。

赵校长很快回来了。果然，他的面目不再如全校大会上那般狰狞。在开口说话前，他特意拉长声调清了清嗓子。在我看来，他就是在掩饰自己的尴尬。他用非常平和的语调开口了："小温同学，你最近怎么样？"

我苦笑了一下，默默地盯着他，等着他把谈话继续下去。

"我一直在说，你对我有意见，可以找我谈，为什么非要去告状呢？"

没等我辩解，他伸手示意让我听他把话说完。

"你是不是对专业不满意？没关系，我可以给你调嘛。"

说着话时，他露出一副完全令我不知所措的笑容，我的脑子里立刻浮现出"笑里藏刀"四个字。他还在不停地说着什么，我却一句也没有听进去。我已然是一只惊弓之鸟，脆弱的神经已经不能令我做出冷静的分析和判断。即使我明白他的意图，面对这样一副笑脸，我也只想逃跑。

校长的话是万万不能轻易相信的，我清楚地知道，他是迫于政治压力才向我示好并和解的。他大概是怕我再给报纸写一封信检举他对我的压制报复吧？我哪里还有这样的心思？哪一天如果政策的风向没有这么紧了，天知道他的打击报复会不会变本加厉。我还想好好地活下去呢，我不想被他整死。如果真的没有什么人可以保护我，那么自救的方法只有一个：三十六计，走为上。

大概逃跑是根植于我血液中的宿命般的右倾倾向吧。在寒假到来之际，处于精神崩溃边缘的我不得已做出了这样一个令我万分纠结的痛苦决定：退学。

（五）

平心而论，我不是坏人，赵校长也不是，我们都是有各自缺点和局限的普通人。如果非要拿一个分值来衡量评判这件事，我们俩各得50分，都不及格。我年轻幼稚、不自量力、冲动鲁莽；他心胸狭隘、假公济私、倒打一耙。我们都或主动、或被动地做了自己不应该做的事，我们的人性不该受到这样的考验。

殊不知，利用基层群众的舆论和热情监督领导干部，以期达到净化社会风气的目的，是非常不靠谱的监督机制，更凸显了制度中法制不健全的硬伤。这种因法制不健全而采取的乌托邦式的补救措施，试图用道德的力量对监督和被监督双方进行推动和约束，往往无章可循，以致恶果累累，伤及无辜。

俗话说，不在其位，不谋其政。自下而上的监督，即便是充满善意，也往往苍白无力，流于形式。我跟赵校长拼了个你死我活，终究是一败涂地，当了炮灰，一点意义都没有。赵校长也始终是人民的英雄，建校元老，不曾有一丝污名。

不仅如此，在这样的监督机制下，更为重要和长远的影响是，它破坏了全社会人与人之间深层次的合作互信的良好关系，使双方对立，并各自催生出大量的恶劣行径，一方面是不必负任何责任的小报告、诬陷、栽赃，另一方面是倚仗权势的打击报复等等，更为别有用心的政治争斗积累并提供莫须有的素材，所激发出的人性之恶，贻害无穷。

所以，你永远不知道，很多人在道貌岸然的外表之下，包藏着一颗什么样的心；你也永远不知道今天岁月静好，明天可能会有什么样的风暴来袭。可惜的是，这么深刻的教训和体会来得太迟了。

（六）

1953年2月，天气寒冷，滴水成冰。清冷的月亮高高挂在天上，华灯初上时分，幽暗的路灯把我和她的影子拖得长长的。我裹紧了身上的大衣，伸出手臂把她揽进臂弯，她好像长高了，也壮实了一些。在夜幕的笼罩下，一切都模糊不清，只有她的眼睛不时殷切地望向我，在暗夜中熠熠发光。

放寒假了，我在取道忻县回故乡宏道的途中，只有这样一个机会去见见她。她依旧是那个青春洋溢的少女，痴情不改，而我的心因为备受打击早已布满阴霾低到了尘埃。时隔半年的相逢，让曾经的思念凝固，变成了迟疑，我不知道该怎样跟她解释。

天色晚了，我把她送回那个熟悉的小院门口跟她告别。仿佛间我又看到夏日里她偷偷拿了父亲的香烟给我送来时的俏皮，我不忍再看她的眼睛，那一泓盛着同情和温柔的清泉，几滴泪挂在腮边结成冰珠，让迷惘的我无以承受。在转身离去的刹那，她又缓缓地回过头来，深情地望着我，无比坚定地说："你重新考吧，选一所你喜欢的学校，我相信你一定能够考上。"我怔怔地听着，用力点了点头。

回到故乡不久，还在正月里，我收到一个厚厚的包裹，沉甸甸的。打开来看，是她从县城里能够搜罗到的全部复习资料。

这个春节过得格外煎熬，母亲见我闷闷不乐，就一再追问我到底怎么了。我搪塞她说，我不喜欢商务专业，"经商"是我们这个耕读世家一贯鄙夷的行当云云。她忧虑地看着我，默默地为我叹息。

家里的状况真的是糟糕。姑姑病情加重，已经搬出了我家院子租屋独居，祖母一边照顾子荣表弟，一边辛苦奔波去照看她。我不想给任何人再添麻烦了，可是开学临近，我总得做出最后的决定吧。一想到学校强加给我的精神折磨，我就痛苦焦虑，坐卧不宁。

突然很意外地收到一封学校来信，通知我们，在全国高等院校和中等专业学校院系调整中，铁道部部属学校也进行了科系调整，原来隶属于天津铁路管理局的太原铁路技术学校，其商务专业整体搬迁到石家庄。真是一个天大的意外！照理说，离开太原，意味着我终于可以躲开那些强加于我的迫害了，可我却偏偏去意已决，不想再回头，那个如噩梦一般的学校和经历伤透了我的心。

我避重就轻地渲染着对母亲说，学校搬到了石家庄，将来毕业要全国分配，恐怕不能回到山西了，我不想离开母亲太远。况且，这个专业我也不喜欢，我想去学工程和技术，想当工程师，所以我现在想要退学。母亲沉默着看了我良久，轻轻嘟囔了一句："你已经长大了，自己决定吧。"

我的事就这样冠冕堂皇地决定了。我偷偷地看着母亲忙碌的背影，喉头哽噎，心中涌出深深的歉疚。母亲不会不知道我的路要走多长，要有多艰辛，她还要一个人苦苦支撑多久，她只是不想因她给我增添一点点压力。在我最脆弱的时候，她的接纳和包容成为支撑我精神的那根梁，让我不至于倒下、坍塌。我曾无数次幻想父亲在我身边，给我庇护，给我人生的指引，我却从来没有想到过，柔弱的母亲会在艰难困苦的日子里给我撑起这样一片天，让我像别人家的骄纵的孩子一样可以重新选择，从头来过。天下有多少孩子会有这样的奢侈和幸运呢？

（七）

为了保险起见，我从宏道医院开出了一份诊断结论为"神经衰弱"的医学证明，寄给已经去石家庄上学的好朋友范龙英，让他帮我申请休学。不久，学校寄回一份休学证明，允许我保留学籍并在家休养半年，于1953年秋季再次入学。我让母亲替我保存好这份材料，万一半年后我升学无望，这是我的后备保险方案。

接下来的半年权当我这个"神经衰弱"的病人在家治病疗伤吧。我打开女朋友寄来的复习资料，着手准备今年夏季重新报考一所中专学校。我的目标锁定在了"华北第二工业学校"，这是一所隶属于第二机械工业部的部属中专学校，在兵器工业行业中具有极高的声望，简称"华二"，是山西学子心目中殿堂级的存在。我的工程师的梦想终于在心底生根发芽了，曾经在脑海中喷溅过的钢花，经历过曲折的磨砺后终于再次喷溅出来，它引导着我向它无限接近，直至融为一体。它闪亮、跳跃、热烈，充满奔放的力量，也充满智慧的光芒。

这也是颇为休闲的半年。除了复习备考，我还有很多精力，每天下午去邮局看报纸。邮局是宏道镇通向外面世界的窗口，各种信息在那小小一方天地里汇集。村里的年轻人喜欢聚集在那里，读读当天的报纸，议论一下天下大事，然后，一起出去打打篮球，出一身透汗。我渐渐恢复了元气，无论身体还是精神，都调整到了满血复活的最佳状态，只待再次出发，迎接新的挑战。

夏天到了，我启程去太原应考。考场设在太原女师，三天考试期间我都是借宿在高小同学杨玉楼的住处。他高小未毕业就辍学来到太原，在一家钟表修理店学徒。吃过早饭，我骑着他的自行车去考场；中午回来，他已经做好了面片汤等着我，那种发小间的亲密和默契让我心里无比温暖舒适。考过之后，在等待放榜的那些天，我又来到好朋友张相如位于东华门的太原市委宿舍。我们俩都曾是叱咤风云的儿童团长，在窑岩山一起被捕，那些故事已经很遥远了。他高小毕业以后升入国民师范，政治过硬且才华出众的他被太原市委破格录用，没有毕业就提前参加了工作。好朋友们一个一个都找到了安身立命的位置，我为他们感到高兴。

放榜的时刻终于来了，张相如陪着我一同去太原五中看榜。我心中敲着小鼓，低着头不敢在大红榜上寻找我的名字。张相如用力拉着我往人前挤，伸长了脖子，突然大叫一声："象桓，有你！"我这时才长长地松了口气。他笑着回过头来，对我说："太好了，华二录取了，祝贺你！"我笑着点点头。华二在太原招收五十名学生，我的成绩并不好，大约排在三十名左右。难怪我对自己没有十足的把握，这一年来学业荒废了不少，不过终于如愿以偿了。

我们俩一路兴高采烈地谈笑着，他突然停下来问我："象桓，你的名字怎么成了'相桓'？和我当上兄弟了哈。"我即刻羞红了脸，这是我的小秘密，也是我的小九九。都说大丈夫行不更名坐不改姓，我则因为担心被发现是第二次参加升学考试，害怕因此惹出麻烦，便自作聪明偷梁换柱把"象"换成了"相"。从此以后，我所有的身份证明及官方文件都统统变成了"温相桓"。这三个字，读音与原来没有大的差别，但其中包含的故事，它所代表的里程碑似的意义，却是无比深刻。

几乎与此同时，我的那些在石家庄的同学们中专毕业了。正如我当初跟母亲说的那样，他们毕业以后的去向不是山西省内，而是天津铁路管理局范围内的各个城市，天津、西安、郑州等，好朋友范龙英去了西安。他在西安铁路局运输科工作，直到退休。铁路部门的工资待遇确实比地方高很多，在1960年他们的工资就高达80元，这是捉襟见肘的我最不能释怀的。刘小柱同学也稳稳地吃起了国家俸禄，过上了太平安稳的日子。我曾经微不足道的存在和消失，在他的人生里没有兴起一丝波澜。这对我"死谏"一般的举报难道不是极大的讽刺吗?

　　不管怎样,我的目光已经开始朝前看了。我看到的是新学校用先进的苏联模式武装起来的教学体系,学校的苏联专家处有好几个专家驻校执教,我的副校长、科主任是从美国、德国留学回来的兵工专家。我申报的专业是金属材料及热处理,我将真正看到飞溅的钢花,甚至是,具有强大杀伤力的弹药、火药和各种兵器。

　　未来让我充满无限向往。

第八章 中苏蜜月期的学业

> 对未来的真正慷慨，是把一切都献给现在。
> ——题记

（一）华二

在太原西北方向，有一座风景名山叫二龙山，又名冽石山，山高仅百余米，山上松柏苍翠成林，鲜花盛开，登上山顶可以俯瞰整座城市，因此被称为龙城太原的"龙头"。弯弯曲曲的汾河从山里流出，流经二龙山冽石口，宛如蛟龙击裂山石腾空出世，在平坦的太原盆地倾泻而出，气贯长虹，冽石口因此荣膺"龙眼"的美名。"华二"就建在依山傍水的二龙山脚下汾河边，占足了太原城上风上水得天独厚的优势。

学校所在地为上兰村，周边历史文化底蕴深厚，人杰地灵。近在咫尺的古迹"窦大夫祠"和"冽石寒泉"相得益彰，让这块风水宝地呈现出自然与人文和谐交融的独特魅力。窦大夫祠是后人为了纪念春秋时期晋国贤士大夫窦犨（chōu）而建。他为民兴利，修水渠，引汾河灌溉农田，造福一方，孔子对他十分推崇；寒泉的水冰凉沁骨，欢快的鱼儿在泉水中自在遨游，与苍柏古祠相映成趣，古人在此留下了"山光悦鸟性，潭影空人心"的佳句。明末清初的大思想家傅山就出生在这一带，在二龙山和汾河边留下了生活的足迹。傅山于学无所不通，在哲学、书法和中医领域都有极深的造诣和影响力，他的凛然傲骨更为后世所传颂和景仰。

二龙山紧临汾河地势险要，独特的地理位置使其成为驻守太原的北大门。阎锡山时期遗留下来的很多军事设施至今仍完好地保存着，有碉堡、防空洞、战壕、掩体和地下暗道等等。"华二"校园正中有一条横贯东西的铁路专用线，这是当年的军事设施，直通掩藏在二龙山深处的军械仓库，这个仓库现被解放军地方部队接管使用。政权交替，物是人非，在硝烟散尽尘埃落定后，只有它们还在无声地诉说着曾经的战火和沧桑。

"华二"前身是八路军总司令部于1941年创办的太行工业学校。这是共产党第一所兵工厂学校，孕育于抗日战争的烽火中，为八路军和后来的解放军提升武器装备、提高人才素质发挥了历史性的伟大作用。1949年新中国成立以后，学校迁入现址，校园是在阎锡山时期著名的进山中学的废墟基础上改建而成。学校曾更名为华北兵工职业学校、华北兵工工业学校，专门招收军工厂青年、军干校转业的调干生和部队青年，1951年开始招收社会青年。我于1953年秋季入学时，着军装的学员随处可见，男生高大帅气，女生英姿飒爽，常常会吸引我艳羡的目光。

刚刚从战乱的泥潭中走出来的新中国，从建国初开始全力以赴投入抗美援朝保家卫国的战争，历时三年有余。兵工教育在战争的背景下成长为一棵枝繁叶茂的参天大树，生机盎然。除了对内称为北京航空工业学校（简称"华一"）和我所在的"华二"，华北地区兵工教育的大家族陆续增添了三个新成员。"华三"是呼和浩特机械工业学校，"华四"是北京无线电工业学校，"华五"是从"华二"的化学、火药、弹药专业分出来的"太原工业专科学校"。这五所中专学校，会同两所高等学校"北京工学院"和"华东工程学院"，成为几乎涵盖建国初二机部管辖下的航空、电子、兵器、装甲等各领域半壁江山的科研力量和人才培养，毕业生定向分配到北至齐齐哈尔，南到昆明的全国所有的兵工厂。

我在校时，学校的规模是两千学生。校园北依二龙山，西临汾河，中间被从东向西贯通的铁路专用线分隔为南北两个部分，北部为生活区，南部为教学区。北区有六七栋学生宿舍和教工宿舍楼，坐北朝南排列于二龙山脚下，还有三个学生餐厅和一个教工餐厅。吃过晚饭便可信步校园，穿过一片茂密的柏树林来到汾河边散步。河水滔滔，河面宽阔，河边长满了青青的垂柳，婀娜多姿，在傍晚的微风中轻轻摇曳，不知不觉天色就暗了下来。

南区是教学区，工字楼、理化楼、图书馆、小礼堂是我平日上课、做实验、自习、查阅资料、开会学习等主要活动的场所。四年的时光中，这里留下了我苦读的身影，既充实着我的头脑和心灵，也慢慢塑造着我，让我成长为一个有独立思想和主见的成年人。

教学区的最西边是一处安静幽深的院落，一座座青灰色古香古色的建筑掩映在百年苍松之中，与窦祠比邻而居。这是著名的"戴公馆"，是阎锡山时期国民党山西省主席赵戴文的休憩念佛之所。赵戴文既是阎锡山的同乡，又是他的良师益友。他一生学养深厚，品性正直，在推动山西辛亥革命、促进中华民族统一、抗日救国及国民教育等方面功勋卓著。这个院落如今被改造成"苏联专家办公室"。在教学体系全面从苏联照搬引进的时期，这里工作、居住着苏联专家和翻译、后勤等一系列服务人员。指导教学的核心内容都是从这里流出传遍学校的每个角落，那些灰砖青瓦透出的朴素宁静的力量，让这个地位特殊的院落充满神秘色彩。

学校最让人震撼的地方是兵器陈列馆。这个位于教学区东端的仓储式大楼里，陈列着各种各样的轻重兵器和火药、弹药。对于学习兵工专业的同学来说，这样的观摩是最好的学习方式。用专业的眼光看，大炮不再仅仅是大炮，它有不同的口径、不同的射程和射区高度，也有不同的适用范围和局限，所以山炮、三七高炮、加农炮的展示不仅给重兵器专业专门学习火炮制造的同学提供很多知识和信息，也给我们这些其他专业的学生提供了一些宏观的知识积累和启迪；枪械区展示的多是从苏联进口的重机枪，和在抗日战场上缴获的日本制造各式机枪、步枪和手枪。随着兵工技术逐渐壮大，国产的各种枪械也越来越多地出现在陈列馆中。跟着老师的讲解，我们会更加直观地认识到，我们所学的每一个新知识，我们所钻研的每一项新突破，都是在一点一滴提升我国的军事技术和装备；在火药弹药展示区我们看到，引信蕴含着越来越多的科技含量，它对于提升弹药的杀伤力、准确性和目标性发挥着越来越重要的作用，这是学习弹药专业的同学未来的奋斗目标。

学校还配有我们专业学习之外的实习工厂，我们不光学习理论，更要通过亲手操作，掌握车、洗、刨、磨、钳等技术，亲自检验自己设计的某个部件是不是能在实践中起到应有的作用。对于学习机械制造、锻压和热处理专业的同学，这样的实习更是常态化学习中必不可少的一个环节。

"华二"不仅生源一流，设施一流，师资更是一流，当年素有山西的"小清华"之称，名符其实。在苏联专家的督导下，学校的教学和管理都在严格和正规的轨道上有条不紊地运行。在校期间，我不得不忍痛放弃了多年热爱的音乐和社会活动，全力以赴地把精力和热情投入到紧张的学习生活中。我在"金属材料及热处理"这一专业领域，从无到有，从浅到深，一点一点搭建起了属于我自己的知识结构，并一天一天让它日渐丰满。我的老师们几乎每一个都让我真心佩服，很多年轻老师来自北大、上海交大、复旦、浙大，几乎是清一色的高材生，大学没有毕业就提前参加了工作。当年国家急需人才，最优秀的高材生都是这样快马加鞭投入新中国建设；中年老师中很多都有海外留学背景，在兵工领域造诣颇深。这些在我眼里"才高八斗，学富五车"的知识分子，带领着我们在兵工这一片特殊的海洋里遨游。从此，我接触到了机械制图、理论力学、材料力学、冶金学、画法几何、公差配合，认识并了解了压力加工、焊接、铸造、金属切削及热处理工艺。

对于一所中专学校来说，无论是学校装备还是师资力量，"华二"都是无可挑剔的，它完全具备了一个高等学府的基本条件。从这方面来说，能来这里学习是我的幸运。

（二）校园生活

时间在繁忙的学习中不知不觉地溜走了。来到"华二"第二年的时候，我对学校生活的方方面面都有着说不出的满足，逐渐走出了从前遭遇的阴霾，露出了开心的笑容。

一个素不相识的解放军叔叔来学校看望我，他的到访让我感到十分意外。他对我说："我在隔壁的军械仓库工作。你的叔父温政委知道你在这里上学，特地委托我来看看你，给你送一支钢笔。"我这才知道，我三叔在河北省获鹿县军械仓库工作，这个叔叔曾经是他的部下。我长大以后只见过三叔一面，是在我上忻中前的那个晚上。一晃四五年过去了，他还惦记着我这个没有父亲的侄子。我的心里涌上一股热流，那是一种说不出的亲情和感动。我握着三叔送给我的钢笔端详，在微微模糊的双眼后面，三叔为我树立起来的男人形象格外清晰地站立起来。

同宿舍的好哥们袁考验陪着我把这位叔叔送到学校大门口。"要是有什么困难你可以随时来找我，我会尽力帮助你"，他临别时这样说。我连连点头，被关爱和照顾的幸福让我有点眩晕。叔叔已经走远了，我还盯着他的背影发愣，袁考验推了我一把，说："走啊，跳舞去。"

校园舞会每个周末都有，是苏联式学校生活的一部分。在餐厅，教工们成双成对翩翩起舞，忽明忽暗的灯光营造出朦胧的气氛，让周末的校园充满令人期待的轻松和欢乐。但是今天的舞会有点不一样，是特地为学生举办的专场，思想开放的厉瑞康校长请来了太原卫校和女师的女同学。厉校长素来坦荡风趣，深受同学们尊敬和爱戴，他开诚布公地对我们说："希望男女同学之间多多交流，增进了解和友谊，也祝同学们能够找到心仪的校园恋人。"这么新鲜热辣的主题，我们俩不能缺席，他催促着我急速往回赶。

我们俩急急地走在空旷的路上。要是有人看到我们俩的样子，一定会忍俊不禁。我高高瘦瘦，他比我低大半个头，全身上下都是圆乎乎的。我快步走起来，他就只有一路小跑的份了。这么不和谐的两个人，却一天到晚扎堆往一起凑，成为大家眼中的最佳欢乐组合。无论是三国英雄还是梁山好汉，他们在结拜兄弟时都爱说一句"不求同日生，但求同日死"，我们俩不用求，天生就是"同日生"，我长他一岁。这样的缘分令我俩生出更多亲近，在一起也有越来越多的默契。他的一双不大的圆眼睛在圆圆的镜片后转动，充满喜感，也充满机智的小聪明。他喜欢开玩笑，不拘小节，我在不知不觉中好像也变成了同样的人。

那个河南籍的女生远远地走过来，路过我们时还友好地打招呼。我们俩不怀好意地在背后对她做出最苛刻的评价：这个女生也太土了吧！长得样子土，穿的衣服土，说话的声音也土。这么土得掉渣的一个人，我们不如叫她"河南坠子"吧。这个绰号的诞生，让我们俩一想起来就会发笑。

那个戴眼镜的女生从我们面前走过。她的表情为什么那么严肃？整个人都紧绷着，好像在跟谁怄气，连她的衣服都透着一股与年龄不相符的古板和威严。我朝她努努嘴，对袁考验小声说："这么严肃，一看就是个党员。"他对我会心一笑。这是什么逻辑？！真不知道她要是听到我们俩的议论，会露出什么表情。

理工科学校男女生比例严重失调，在我们充满荷尔蒙的年轻身体里，对异性的美好向往很难在女同学中找到寄托。也不对，那个漂亮的学弹药的女兵，怎么好久没有碰到了？除了猜到她来自南京以外，我们俩对她一无所知。要不星期天再去寒泉边逛逛？也许她会和那些从南京军干校来的同学一起去渠里抓鱼呢？求个偶遇一饱眼福也不错，算是给自己发福利吧。

一路聊着，等我们赶到时，餐厅的音乐已经响起。原来摆放在饭堂中间的一个个长条形连着板凳的餐桌被搬到靠墙的外围，为了节省空间，大部分桌凳都一个一个高高摞了起来。我们在一处角落的长凳上坐下喘口气，他的一双机智的圆眼睛已经开始在镜片后不安分地转动，搜寻准备"出击"的猎物。《莫斯科郊外的晚上》旋律响起，他像弹簧一样弹了出去，随即消失在喧闹的人海中。

苏联专家迷人的男中音出现了，声音深沉低迴，俄语发音中特有的弹舌颤音充满魅力，娓娓诉说着郊外月光下的爱情故事。那悠扬的曲调，那意境深绵的旋律，像月光一样缓缓流淌，流进心底，美得无以伦比。音乐离开我的生活有多久了？我的手指大概对二胡已经失去了敏感，耳膜也许久没有被喜庆高亢的乡村音乐敲击过了，那一张口就脱缰而出的《兄妹开荒》、《王贵与李香香》是不是被时代的车轮卷走再也回不来了？也许一同被卷走的还有我那沉甸甸的历经坎坷的沧桑和无助感。现在我长大了，对未来也不再心存忐忑，"华二"治愈了我心里的创伤，让我变回了快乐的小青年。我越来越自信，还常常带着一些小小的玩劣，对周遭评头品足，我的看法常常是眼光独到。这样想着，嘴角泛起一丝不易察觉的自鸣得意的微笑。

音乐换成了明快简洁的《喀秋莎》，整个舞厅像沸腾了一般。同学们不再成双成对，而是列队跳起了集体舞，双手高高扬起随意挥动，步伐渐渐呈现出颇具气势的整齐有序，独唱歌曲变成了所有人参与的大合唱,每个人都兴奋地放开歌喉,把心中对于美好爱情的呼唤大声吼了出来。这首饱含着少女纯情的歌,曾让那些卧在寒冷战壕里的战士们,抱着冰冷的武器,在难熬的硝烟与寂寞中得到爱情的温暖和慰藉。经过战火的洗礼,这首歌获得了永恒的生命力。我也加入了狂欢的人群尽情舞动,同时深深思念着给过我那么多温暖和鼓励的姑娘。

1953年初忻县一别,现在已经两年多了,我和她一直没有机会见面。我常常拿她跟迎面走来的女同学比较,一时竟想不起来她的模样。她已经初中毕业考上了位于太谷的山西农校,20岁的她会是什么样子?学农的孩子是要经常风吹日晒的,她还会那么白皙吗?我按捺不住急迫的心情,斟词酌句打起了腹稿,向她发出邀请:"亲爱的云仙,我们无论如何要在这个暑假见一面。"我们俩一直保持着礼貌的通信联系,称呼一句"亲爱的"已经是最大程度的亲密表达了。我隐隐约约感觉到,异地恋是一道很难跨越的鸿沟,这看不见摸不着的爱情能不能继续走下去?这是一个非常现实的问题,更何况她学农,我学工,我们的将来会不会越走越远?

终于要放暑假了,我和云仙约定的日子在一天天临近,我们约好的地点是太原南站。"不见不散",她在信里是这样说。

就在我准备去赴约的前一个晚上,好朋友徐贵如得到了毕业分配的消息。他是我忻中的同班同学,在"华二"比我高一级,已经完成了三年学业,分配至辽宁抚顺的军工厂6409,很快就要离校去工作。无论是在忻中还是在"华二",我们俩都是亲如兄弟的好朋友。即将远离故土的伤感让此刻的他显得格外落寞,在那遥远的冰天雪地的山海关外,再也没有故人的陪伴,没有杏花村漾动的微酣,他恳切地挽留我再陪伴他一天。

这真是一个不能拒绝的邀请,我不能在这个时刻让他寒心,心里纵然有万般苦衷,也只能自己默默吞咽。一边是好哥们儿,一边是恋人，恋人那边我还可以找机会弥补吧？我犹豫再三还是决定留下来。

可怜的云仙，一大早兴冲冲地乘火车来到太原南站，在川流不息的人流中望穿秋水，焦急地寻找我的踪影，直到日薄西山，才带着疑惑和不安黯然神伤地离开。我来不及通知她我会爽约，只能在心里暗暗道歉，希望得到她的谅解。

年轻的我怎么也不会想到，我和她的再次相见会是六十年以后，我们都已是耄耋之年的老人。如果我知道这是我们最后一个见面机会，我是无论如何也不会错过的。我会好好拥抱这个善良的姑娘，衷心感谢她陪伴我度过年轻岁月中饱受打击的暗淡无光的日子，让温暖明亮的阳光照进我心里。

可惜的是，这个世界上根本就没有"如果"，而人心通常是这样的，既渴望爱，却又在不知不觉中近乎自毁地浪掷手中的爱。毫无疑问我过度消耗了她的好，她炙热的感情和执着的坚持遭遇到我的冷落和无厘头，陷入了无望的苦恋深渊。而我却浑然不觉，秉着异地恋无疾而终的消极宿命论越走越远，深深地伤了姑娘的心。

（三）政治优先

1955年暑假中，一场关系到千家万户的变革正在悄悄地发生，山西省九十个中小城镇正在推行市镇粮食定量供应，在城镇人口核实的基础上，每家每户领到了"粮本"；各机关、团体、企业、厂矿和学校等集体伙食单位将实行严格的粮食供应预算制度。无论是居民小家庭还是集体伙食单位，如果不制定精打细算的用粮计划，粮食不够吃将是必然。

太原市捷足先登，已于8月16日开始试行粮食定量供应，供应量大致是平均每人每月24斤，即每人日平均8两。九月份开学的时候，全新的粮食定量供应办法猝不及防地迎面而来，迎头痛击着每个人的胃，以及每个人脆弱的心。

助学金制度下的伙食由国家供给。早餐和晚餐是清一色的玉米面糊糊，又黄又稀，间或有几个泛着青的白菜帮子软塌塌地沉浮在其中。往日卖饭窗口内有师傅掌勺，一边收饭票，一边盛出你选购的饭菜，如今师傅都不见了踪影，一盆一盆的玉米糊摆放在窗口外的大长桌上，敞开供应随意盛取；昔日摆满了雪白的大馒头的蒸笼空空如也，黑乎乎地一个一个摞了好高，堆放在餐厅的角落里。

用巨大的铁勺盛满一勺糊糊，间或带一片白菜帮，一勺就是满满一大碗，就几口咸菜，三口两口灌下肚子，还是饿。再来一勺！饥饿的我们没有干粮充饥，唯一的办法就是给自己灌个水饱。这个早上，我灌了整整十三勺，直到感觉肚皮快要撑爆了实在走不动路为止，期待已久的饱足感还是没有降临。

环顾周围，昔日朝气蓬勃的欢声笑语都不见了，每个人都蔫巴巴的，黄黄的脸色泛着青绿，就像那片白菜帮。上午第一节课就没精打采，大概不到半个小时，身体中的鼓胀部位源源不断下移，从胃换成了膀胱。哪有心思听课？大家互相张望，脸上的表情越来越痛苦，脸色也涨得通红。不知是谁终于憋不住了，举起手大声喊："报告！"老师疑惑地看着他，"报告老师，真对不起，我实在是憋不住了，要上厕所。"没等老师回复，其他同学也此起彼伏地喊了起来"报告"、"报告"，课堂顿时乱成了集市，一个接一个往厕所跑。

鼓胀的肚子很快瘪下去了，长时间饥饿和营养缺失导致的眩晕则一阵强似一阵来袭，上课无法集中精力，总是在盼望着赶快下课，赶快奔去食堂咬一口中午供应的唯一一个大馒头。食堂的师傅们不知是从哪里得了高招，馒头蒸得超级暄软蓬松，轻轻一攥就收缩成一个小硬疙瘩，真是骗人没商量。

饥饿令人的嗅觉异常敏感，位于教学区的小卖部成了我心中向往的圣殿。一靠近这间小屋，饼干点心这些高端奢侈品的奇异香味就蜿蜒曲折飘入鼻腔，堂而皇之占据大脑。形似花朵酥得掉渣的桃酥，那一点点来自烘烤的焦糊饼香，伴着核桃仁酥脆浓郁的坚果香，要是细细咀嚼、慢慢吞咽，那美妙的感觉一定不啻于慰藉灵魂的音乐。

关于"吃"的思绪就这样飘散开来。那是多久以前的事了？"三反"来了，忻中学生食堂的管理人员被当做"大老虎"揪了出来，莫须有的贪污罪名强加给他们，学生们轮流值班令他们交代问题，晚上也不许他们睡觉。群众运动果然见效，"大老虎"被抓出来以后，食堂伙食直接进入共产主义，每天中午都是猪肉粉条大烩菜，雪白的馒头，炸得金黄焦脆的油糕，真香啊！

那个时候的"三反"运动，毛主席号召在全国范围内开展"反腐败"、"反贪污"，著名的口号是"打老虎"、"打苍蝇"。那么现在的饥饿又是为哪般？难道是有了更高位置的"大老虎"？这个突然冒出的想法让我被自己吓出一头冷汗。

我跑去图书馆，找来八月份的《人民日报》快速翻阅。国务院公布的"关于市镇粮食定量供应和农村粮食统购统销暂行办法"，通篇都是在讲提倡粮食节约，保证粮食的合理分配，以利国家经济建设。我将信将疑，饿肚子就是为了节约粮食，我饿肚子就是在为粮食合理分配做贡献，所有人饿肚子就是间接为国家经济建设做贡献。我苦笑了一下，听着肚子里饥肠辘辘的响动声，不知道自己对于政策的理解是不是到位。

到了1956年，我们终于渐渐有了干粮，可以不再挨饿，我心中关于"节约粮食，为国家做贡献"的疑团却始终没有解开。全国很多省份在1954年遭遇了罕见的洪灾，长江、淮河、海河、松花江流域都有洪水泛滥、粮食减产的灾荒，山西却在极左路线的指引下，昂首阔步走在了节约粮食、定量供应的最前面,让苦难深重的山西人民饿着肚子,以生命健康为惨痛代价为政策失误买单,上演了现代版的"苛政猛于虎也"。所幸时间不太长就得到纠正。我不禁好奇,操纵运作这一切的"大老虎"是不是从中汲取了深刻的教训?

饿肚子风潮结束以后,我们的身影又生龙活虎地出现在运动场上。1956年校园掀起了朝气蓬勃的体育运动热潮,配合在全国范围内全面铺开的"劳卫制",体育具有了浓厚的政治色彩。"劳卫制"顾名思义,就是"准备劳动与保卫祖国体育制度",它最早起源于苏联战争年代,为战争服务;在和平年代,体育是进行社会主义教育的有力武器,同时还兼有"为国争光"的政治使命。苏联创建的权力高度集中的体育管理体制,使其体育运动水平在战后迅速腾飞。苏联的经验和模式被我国拿来全面学习和借鉴。

"劳卫制"的核心内容是按照奥运会的运动项目设定不同的测试,如田径、体操、举重等等。这些项目贯穿着速度、力量、耐力和灵活度,是对身体素质的全面锻炼和测试评估。达到"劳卫制"设定的标准,就可以光荣地得到一张精美的紫红色证书,封面印有"劳动卫国体育制度证明书",并盖着"中华人民共和国体育运动委员会"的朱红印章,证书上有一行令青年人心潮澎湃的标语:"努力锻炼身体,使自己成为祖国保卫者和社会主义建设者"。不仅如此,达标者还可以在胸前骄傲地别上一枚劳卫制证章。

百米13.5秒和双杠我都可以达标,但引体向上对我来说却是一个高难度的肌肉力量挑战。每完成一个动作,都需要克服自身重量,需要手臂、腰腹以及背部众多骨骼肌共同参与配合。这项综合体现男性力量与美的项目,"劳卫制"标准是八个,可惜我每次只能咬着牙完成七个,第八个是我从来没有攀登上去的珠峰。我只好万分遗憾地与劳卫制证书失之交臂,让我这个班里的文体委员有说不出的尴尬,更让我的美好理想——成为身体健康的社会主义建设者和祖国保卫者——打了一个大大的折扣。鼓励成功固然是好的，但是有谁来体恤一下未能成功者的心情呢？

毕业实习在即，由于我们所学专业的特殊性（兵器制造）及实习地点的敏感性（兵工厂），每个同学必须通过政治资格的再次审核，保证在政治上没有任何瑕疵。每个人的家庭出身和背景早在入学前已经深入细致地调查过一遍，凡是出身于地主、富农、资产阶级家庭的青年，凡是有海外关系或其他历史问题的青年，是根本没有资格走进学校大门的。所谓的"再次审核"，就是再深挖一下，挖出隐藏的阶级敌人，确保革命队伍的纯洁性。社会主义新中国培养的新青年是要为无产阶级事业服务的，而那些出身不好的人会把剥削阶级的腐朽思想观念带到社会主义阵营中，或者，怀着阶级仇恨，蓄意破坏生产，泄露国家机密。阶级斗争这根弦是要时时紧绷的。

"再次审核"的方法是"向党交心"，把自己的背景一五一十地说清楚。没有人比自己更了解自己，"向党交心"其实就是交代自己的历史。

来自左权县的李金盛同学"交心"交出了问题。他的家庭出身是中农，一经深挖才得知，这个"中农"源自他的继父，他是被母亲带着改嫁的"拖油瓶"。而他自己的生父，那个在他三四岁时就不幸亡故的人是个地主。这么说来，他终究还是地主的后代。继父这把保护伞险些让他混进无产阶级青年的队伍，混进兵工厂。

我的"交心"也差点交出了问题，因为我老老实实地跟组织交代，在我十岁时被母亲带着加入了"一贯道"。"一贯道"已经被定性为反动教会门，受到了大规模的清理和铲除，"参加过反动组织"成了我的历史污点。

政治审核结果出炉了，我非常幸运地躲过了这个"地雷"。在我的问题上据说还有一番争论，结果同意我去实习的意见占了上风，毕竟我那时才十岁。而李金盛就不如我这般幸运了，他被所谓的"阶级成分"挡在了门外，没有资格与我们同行。

真心替他感到难过。出身不好将是他一生背负的沉重压力，并将为此遭受政治歧视和方方面面的不公正待遇。剥夺了去军工厂实习的资格，恐怕只是他的多舛命运的一个开头吧。

（四）毕业实习

1956年4月中旬，我们热处理专业40多名即将毕业的学生，在三名专业老师的带领下，浩浩荡荡从太原出发，奔赴两千公里之外的重庆456厂进行为期三个月的毕业实习。这一程路途，如果换做今天，即便是驾车在高速公路上行驶，这么远的路程24小时之内也可到达，高铁和飞机的便捷就更不用说了。但是在那个时候情况却完全不同，火车只通到宝鸡。从宝鸡开始，我们沿川陕公路乘汽车入川，一路颠簸在蜿蜒曲折的山路，抵达重庆时，整整用去15天的时间，行程二千多公里。这一路，数不清经过多少个断肠谷、亡魂溪、难回头、万冢崖，这些惊险的地名，连同那些悬挂于山崖之间靠排列的木棍支撑的古栈道，无不让人感到惊悚。

大货车是我们的交通工具，我们像货物一样被装进三辆运货大卡车的后车厢，高高的车厢挡板像墙壁一样把我们圈在中间。为了安全起见，我们必须席地而坐。当卡车发动机发出粗粗的压抑的喘息声时，我们知道车在艰难地爬坡；不知过了多久，发动机安静了下来，我们便开始失去控制般地下滑，伴随着越来越恐惧的失重感大声尖叫起来。过山车坐了一路，"蜀道难，难于上青天"被我们用此起彼伏的尖叫声渲染得淋漓尽致。视线被加高的挡板挡得严严实实，我们只能抬头望天。秦岭大巴山里湛蓝的天空，偶尔绕过一个高耸的山顶，那就是传说中的"黄鹤之飞尚不得过，猿猱欲度愁攀援"。很多时候连天也看不到，因为盘山路是沿着山体边缘掏凿出来的，头顶上方即是被掏空而悬置的山石，质地疏松的岩石好像随时都有可能坠落下来。

这是我第一次走出山西，从积淀着厚重的历史尘埃的黄河流域黄土高原，走进山清水秀的秦汉巴蜀，体味完全不同的历史和文化情怀。每到一处历史遗迹，都会触动思古之幽情。阳平关、张良庙都留下了我们拜谒的足迹。

当我们风尘仆仆赶到重庆时，这座嘉陵江边的山城已经进入闷热难耐的夏季。所谓山城，举目张望，目光所及之处皆是山，北有大巴山，东有巫山，东南有武陵山，南有大娄山。在城区里，从西南到东北，一座座小型山脉像细细的五指轻轻梳理着这座城市。嘉陵江和长江在这里汇合，冲破蜀道天险一路向东，构成发达的水系交通，让天府之国不再与世隔绝。

我们被安顿在一栋类似大仓库的宿舍里面，几十个人住在一起，上下铺，室内没有其他任何生活设施，水龙头和厕所都在室外。在炎热的天气里，裸露在外的水管摸着烫手。抬头望去，天空中漂浮着厚重的云，南方的薰风源源不断地带来潮湿的气流，被并不刺眼的阳光蒸腾着。溽暑中吸入的空气分外沉重，仿佛肺泡都被水分灌满而不能自由呼吸。所幸这座城市物价便宜，食物丰富，我们把助学金全部用来吃饭，可以吃得相当丰盛满足。甜甜的糍粑是我的最爱，还有三分钱一叠的酱牛肉，五分钱一大碗的重庆小面。重庆的小吃实在是太诱人了。

我们的实习单位是国营456厂，这是一个坐落在嘉陵江边五里店的大型兵工厂，厂区散布在嘉陵江汇入长江口附近的山区里，它的前身是抗战期间中国最大的兵工厂——第21兵工厂。据历史资料显示，全面抗战期间，第21兵工厂主要生产民24或马克沁重机枪，2B-26捷克式轻机枪，中正式步枪，汉阳造步枪和20式82mm迫击炮，及各型炮弹和炸药包。这些资料帮我们揭开了神秘的历史面纱，让我们看到在抗日战争的烽火狼烟中重庆曾经拥有的辉煌和荣光。随着日本侵略者的大举入侵，国民政府在迁都重庆的同时，把全国各地除西南地区以外的兵工厂、兵器科研机构、兵工专门学校及为兵工厂生产钢材的工厂，相继迁移至陪都重庆和周边，构建起强大的重庆兵工基地。重庆的兵工厂源源不断地生产大量精良的武器弹药供应前线正面战场，为抗战胜利做出了巨大贡献。兵器工业的发展，也直接催生了重庆这座工业城市的全面崛起。

每天走在厂区里狭窄陡峭、崎岖不平的山路上，特殊的厂房布局常常让我的思绪穿越历史，回到抗战时期。面对中国弱小的防空火力，日军的飞机飞临重庆上空，肆虐猖狂如入无人之境。兵工厂是他们的主要轰炸目标，不计其数的大轰炸炸毁厂房设备，炸死员工和家属。在这场民族灾难面前，令人恐惧的防空警报会措不及防地拉响，家破人亡的人间悲剧隔几天就会上演一次。所以，兵工厂在迁入和工厂修建时都采取了防空措施，厂址一般都选择在靠山隐蔽的地方，厂房分散隐蔽在树林里，防空洞则是兵工厂最基本的配备。今天看来，这样的布局直接造成了厂区内部运送物资的不便。

吃苦耐劳的四川女人穿着草鞋，用一根扁担挑着沉重的钢铁制造元件，排成一队，颤悠悠的走在狭窄陡峭的山路上，厂房间的材料运送都是靠她们。饱受战乱之苦的是她们的父辈，在她们身上，我看到了四川人倔强的生命力和坚韧不拔的意志，以及血脉相传、生生不息的力量。

抗战胜利以后，兵工21厂主要机器设备和人员先后迁回南京原迁出地金陵机器厂。1949年12月1日国共内战中，解放大西南的战役打响，由解放军接管了21兵工厂，西南军政委员会工业部宣布兵工21厂更名为国营456厂，生产任务仍然是重机枪、迫击炮及炮弹。与原来兵工21厂生产德国武器体系不同，456厂经设备和技术改造，已完全引进了苏联的武器制造体系，兵器用钢材都严格按照苏联标准执行。

456厂刚刚上线并大量生产一款轻机枪，官名称为中国1956年班用机枪。因其枪管长度为520mm，我们在厂内称其为520机枪。它是苏联RPD轻机枪的仿制品，内部设计与之完全相同。这款轻机枪自重7.5公斤，枪托和手柄为木制，其余部分是钢制。它前方有两根可折叠的脚架，中后部有一个圆形弹匣，装弹简单方便。机枪采用导气式自动原理，弹链供弹方式，100发子弹连续射击，火力持续性非常稳定，极少出现故障。机枪射速为650发/分钟，有效射程800m，在1500m仍有杀伤力，最大射程为2000m。正是由于这些优越的性能，使56式机枪成为中国军队装备时间最久、装备数量最大的轻机枪，在后来的中印边境战争、中苏边界冲突、越南战争、中越战争中，每个步兵班两支56式班用机枪成为最典型的装备配置。不得不佩服苏联的军事工业领先世界的技术力量。

枪械制造过程看似并不复杂，整条生产线都是从苏联照搬过来的，不到100个零部件的组装完全按照苏联的规划执行即可生产出合格的产品。与一般民用产品相比，枪械内在品质要求更高，所以其加工手段、材料特性、热处理、涂层技术等成为枪械制造工艺中的核心技术。我们热处理专业的学生被分配在热处理车间，分别从事56式机枪的各零部件，包括枪管、机匣、弹匣的热处理工艺实践，我的毕业设计的题目就是"机关枪机匣的热处理"。

机匣位于机枪的中间部位，外观上看它是枪的主体，把枪托、枪管、弹匣、枪机（枪栓、扳机、火控等组件）整合为一体，是枪的核心部件；从内部功能来说，它是枪的传动部分，子弹从弹匣弹（tán）出，经过机匣传动加速，从枪管射出。经过机械加工的半成品机匣只是在外观的精度、光洁度等方面达到了要求，鉴于枪械的特殊性，它的硬度、强度、韧性和结构性能却需要经过热处理工艺达成，这就是我要做的工作。

重庆的夏天热到只能裸奔，车间里每个人都光着膀子，只穿一条宽松的大裤衩，肩上搭一条毛巾擦汗。热得实在受不了了，就跑到车间外拧开水龙头胡乱冲一阵，擦干了再回去。自来水管流出的水比体温还高。灼热的车间里，大火在炉膛中熊熊燃烧，特大号的耐火坩埚里滚动着金属铅熔剂的加热液。按照热处理工艺要求，经过机械加工生产出来的机匣，必须放置在加热液中均匀受热，在达到800℃～900℃以上高温时，钢材的内在结构发生期望的变化，然后取出，放置在矿物油中淬火降温，再回火，最终达到硬度、强度、韧性等性能指标的技术要求。

我不仅要挥汗如雨地在炉前操作，控制温度，掌握时间，还要在显微镜下做金相分析。案头工作更是要细致入微地完成，每一张机械制图的绘制，每一份工艺说明书的编纂，都凝聚着收获的喜悦。汗水滴落在正在着墨的图纸上，洇湿了一大片。我停下手中的鸭嘴笔喘口气，脑中不由得浮出当初的梦想：沸腾的锅炉，喷溅的钢花和手执图纸的我。这一切已经成为了现实，心里有说不出的成就和满足。

高温下工作唯一的福利是免费的酸梅汤大量供应。清凉酸甜的一大杯酸梅汤下肚，五脏六腑瞬间得以浸润，身心即刻获得新生。我再次进近坩埚炉查看进度，空气中似乎有什么东西在漂浮，甜丝丝的。

当我返回绘图案台时，一阵突如其来的腹部绞痛来袭，疼得我失声叫了出来，旋即站立不稳跌坐在地上。豆大的汗珠从额上滚落下来，全身开始发冷，直到冷得瑟瑟发抖。袁考验闻声跑了过来，看到面色苍白痛苦不堪的我，也吓得不知所措。这种疼痛是我从来没有经历过的，所谓的撕心裂肺也就不过如此吧。

不知是谁用什么方式叫来了一辆厂部的小轿车，几个同学搀扶着神志恍惚的我上了车，一路颠簸开到厂职工医院。在急诊室外面等候时，我突然感到很奇怪，平日感觉狭窄崎岖的山路竟然可以宽到跑小轿车？看来每个人都会有感觉不准确的时候。咦？等等，我怎么有心情想这些呢？我的疼痛去哪儿了？我定了定神，尴尬地对着袁考验的耳朵小声说："不疼了"。他腾地一下弹了起来，一双圆眼睛在镜片上方奇怪地打量着我，咕噜咕噜转了一阵子，坚定地说："不能这样说，要不别人说你是装的。"没办法，我只好继续装下去，直到急诊科医生用听诊器检查过，亲口说没事，才又坐着小轿车回到宿舍。人生第一次坐小轿车竟然像做贼一样心虚。

多年来这件事一直被我当做笑料自嘲，直到有一天，喜欢刨根问底的女儿跟我提起，虽然金属铅的沸点是1749℃，但是当液态铅的温度超过400℃时，即有大量的铅蒸气逸出，在空气中迅速氧化成铅烟。短时间接触大剂量铅烟时，可发生急性或亚急性铅中毒，表现类似重度慢性铅中毒，尤其消化系统症状明显，"铅绞痛"是这个病症的专业词汇。可见我是多么认真地跑到炉前反复吸了又吸，酸性饮料酸梅汤使吸入的铅加速进入血液，从而引起小动脉痉挛，进而引发腹绞痛。这个人生谜团终于解开了。

跟高温战斗的三个月接近尾声，我成功地完成了毕业设计，以5分的最高成绩完成了由456厂总工程师李洛儒带队组织的论文答辩。他的优雅签名旁有这样一个神圣的头衔：国家考试委员会主任。这个头衔和签名同样印在了我的毕业证上。

终于可以打道回府了。面对即将到来的毕业分配，我有一种迫不及待的心情。很快就要23岁了，经历过曲折的求学之路，我终于拼到了这一天，我要挣钱养家了！

回程异乎寻常地顺利，宝成铁路建成通车了。这条铁路的修建，曾经动用了中国新建铁路一半的劳动力和五分之四的机械筑路力量，成功打通了我来时亲眼见证的难于上青天的蜀道。我们有幸成为宝成铁路正式通车前的第一批试运行的乘客。火车在一个接一个的隧道间缓慢钻行，放眼秦岭，满目苍翠，我们的心情是那样欢快，为日新月异的新中国，也为即将踏入人生新旅程的年轻的我们。在这青山绿水间，我们撒播了一路欢声笑语。

第九章 年轻的右派（之一）

> 一个民族有一群仰望星空的人，他们才有希望。
>
> ——题记

回到学校已经是八月份了，这是毕业的季节，每个人的去向很快就要揭晓，大家都急切地想知道自己被分配到什么地方，去做什么工作。毕业分配的地点和单位关系到每个人的前途和命运，可是学生本人却什么都不能做，只能等待，听天由命。校长厉瑞康在毕业分配动员会上教导我们，要走向祖国最需要的地方和岗位，要为祖国和人民的需要而工作。他语重心长地说："登东山而小鲁，登泰山而小天下，站得高才能看得远。每个同学都要有这种情怀，都要把祖国的需要当作自己的志愿，无论分配去了哪里，都要勇敢、愉快地走向生活的新天地。"

厉校长的谆谆教导点燃了很多热血青年为国奉献的激情。祖国这样需要我们，没有想到的是，这种需求具体到了每一个人，每个人都是社会主义建设中不可或缺的一根螺丝钉，党把这根螺丝钉拧到哪里，你就应该在哪里发挥作用，发光发热。在个人和国家的关系中，"服从"是个人的天职，具有宗教般的神圣和光荣；至于"不服从"，后果就很严重了。错误地坚持个人要求，不顾社会主义建设需要，党和国家可以毫不留情地把他扫地出门，不予分配工作，各个工作单位也不能够擅自接纳录用这样的人。

所以，毕业分配，实际上是一种上升到意识形态层面的行政指

年轻的右派

令，不仅要求你服从，而且要求你愉快地服从。

我们的分配指标是由二机部统一下达的，由学校毕业分配小组具体指派。分配结果张榜公布了，我的同学们被分配至五湖四海，内蒙古这一边远地区进入了我们的视野。1956年国家上马了很多兵工企业，内蒙古第一机械厂（生产坦克），第二机械厂（生产大炮）破土动工，急需大量兵工人才，不少同学分配去了那里。在我的想像中，在遥远的塞外阴山脚下，包头是这样一幅诗情画意的场景：

敕勒川，阴山下，
天似穹庐，笼盖四野。
天苍苍，野茫茫，
风吹草低现牛羊。

在水草丰美的草原上建设兵工厂，真是太有魄力了。可是长长的名单里没有我。接着往下看，家庭出身有问题的李金盛是唯一一个没有进兵工厂的人，他去了宝鸡无线电厂。我的名字在哪？

二机部委托师资力量强大的"华二"开设了六个师资培训班，其中有四个不同专业课培训班，成员是从全国各地军工学校的应届毕业生中选拔；两个基础课培训班，成员是招收当年的高考落榜生。师训班经过一年高强度的专业知识和教育学培训，毕业后定向分配至各军工学校，成为教师。令我万万没想到的是，我和袁考验、尉天元统统进了师训班。

从我本人来讲，当教师挺适合我，我口才好，有滔滔不绝的演讲能力；形象好，站在讲台上肯定受青年学生的欢迎和追捧。但是当教师就意味着还要上一年学，这一年谁来养家？二弟考取了天津医学院，我的工资收入早已预算支付他的除学杂费之外的额外开销，比如食宿、路费等等。让我去上学，二弟怎么办？母亲怎么办？一年的时间我耽误不起啊。

在我一筹莫展的时候，我们几个人凑在一起，发现大家都有类似的想法，都想早点工作挣钱，养家糊口，大家都是经济困难。要不去找组织争取一下吧，或许还有转机。

话虽这样说，具体执行时每个人却面露难色，不敢挑头。"怕什么？我来挑头！"心性爽直的我根本没有多想，带着几个同学直奔校长办公室而来。

我们找到了负责毕业生分配的党委组织部孙部长，大家你一言，我一语，纷纷表示要求去工厂工作。孙部长很耐心地跟我们解释，既然组织分配了就要服从，而且我们的学历和待遇都是很优厚的，文化程度按大专待遇，毕业后没有见习期，直接转正为11级教师，工资是56元。听到这样的承诺，大部分同学都默不作声了，只有我心里在敲小鼓，我不知道他所承诺的话由谁来兑现，谁来保证？如果不能实现，那个时候找谁去说理？我较真的劲头上来了，不客气地回应说："明年的事没法保证。不行，我们还是要求去工厂工作，如果学校解决不了这个问题，我们只好去找部里了。"

我正在说着的时候，厉校长推门走了进来。他听到我的话，平日里慈善的面孔即刻板了起来，愠怒着大声吼道："我就没有见过你这样无理取闹的，你去呀！"我那样说，原本就是以进为退的一个小策略，谁想真的去部里告状呢？没想到厉校长这样将了我一军，一下子激起了我的斗志去反戈一击。我几乎不加思索地接招、反击，直接挑战他的权威："厉校长，这可是你说的。那好，你给我开介绍信，我马上就去。"我可真是吃了豹子胆，居然敢这样不留情面跟校长叫板，他可是中共太原市委委员，党的高级干部。

孙部长搭讪着把厉校长推了出去，他一边说着"厉校长你走吧，我和同学们解决这个问题"，一边把门关上，转过身对我们摊了摊手，不耐烦地下了最后通牒："不要闹了，服从分配吧。"

一场原本是正当诉求的谈判被我莫名其妙地搞砸了不说，还被安上了"无理取闹"的罪名，这真是赔了夫人又折兵，太失败了。年轻气盛的我贪图一时口舌之快，却给掌握着自己命运的重要人物留下这样一个恶劣的印象，也给未来的人生埋下了隐患。

所幸天无绝人之路，转业到天津工作的三叔主动承担了二弟上大学的费用，那么我就安心地在师训班里好好读书吧。母亲卸下了一副担子，非常开心，反而劝我要安心读书，不用顾念家里，她还专程来学校看望我。一年的时间很快就会过去，我真的就安下心来好好开始读书了。

这一年，我的专业知识结结实实地夯实了，并且在原有的金属材料及热处理的基础上，拓展到金属工艺各个方面，包括冶金学（炼铁、炼钢）、焊接、锻压、铸造、机械制造工艺、金属切削以及教育学等等。这样的知识结构，让我对即将从事的教师职业充满信心。

在我的一生中，讲得最规范的一节课就是我的教学实习。上课铃响起后，我自信地走上讲台，面对教室里几十个和我年龄相仿的年轻面孔，没有一丝慌乱，沉静地把我对这一学科的理解和经验有条不紊地娓娓道出，无论是开场白、中间提问互动，还是结论的引出，以及板书设计、课堂进度的掌控，无一不是反复推敲后的最佳效果。当我宣布下课后的几秒，下课铃声凑趣似的响起，为我的试讲打上了完美的句号。教室里响起同学和听课老师们雷鸣般的掌声，我深深地向他们鞠了一躬，感谢他们给予我的支持和鼓励。当我登上这人生舞台亮相时，他们见证了我的成长，与我一起分享了成功的喜悦。

时间进入1957年5月份，所有的课程基本上结束了。原本计划中的大连造船厂的毕业实习不知何故取消，想去看看大海的愿望就此泡了汤。教学实习完成以后，我再一次面临毕业分配。哪里会是我将来安身立命的家呢？我不得而知，命运依然掌握在别人手里。经历了这一年来的修炼，身心似乎成长了许多，比起去年坦然多了。

又是惯例中的政治学习，这一天学的是毛主席在年初2月27日最高国务会议上的讲话《关于正确处理人民内部矛盾的问题》。这个讲话当时尚未公开发表，我们作为党培养的知识分子、大专学生，在半年来从上至下一层层地传达文件时，有资格先于普通人民群众了解国家大事和党的方针政策。这一次的文件传达显得特别异乎寻常，尚未公开发表的文件非常口语化，陌生的语气让我嗅出了不一样的味道。

毛主席通报了在1956年苏共二十大上赫鲁晓夫发表的《论个人崇拜及其后果》的秘密报告。在这个秘密报告中，赫鲁晓夫指出了斯大林的"七宗罪"，以大量事实揭露了斯大林在30年代中期大搞肃反，使成千上万的党、政、军高级领导同志和无辜人士遭到残酷迫害，揭露了斯大林在卫国战争初期对局势的错误估计及战争期间的战略错误，批判了斯大林在农业问题和少数民族问题的错误……

在列宁逝世以后的几十年里，斯大林被认为是列宁主义的捍卫者和继承人，是领导苏联建设社会主义的领袖，是苏联赢得反法西斯卫国战争伟大胜利的统帅，是国际共产主义当之无愧的导师。因此，对斯大林所犯错误的批判，无疑就意味着苏联共产党及其代表的社会主义道路的自我否定，引起了苏联社会及国际共产主义阵营的迷惘和疑惑，甚至大混乱。

在国际，匈牙利发生了大规模的群众造反示威，一度推翻了政府；在国内，受匈牙利事件的影响，全国各地发生了数十起工人罢工、学生罢课等请愿事件，农村连续发生闹社风潮，数十万农民退社，城市手工业者也要求退社单干。用毛主席的话来说，1956年是多事之秋。

毛主席认为，"波兰、匈牙利事件发生的教训之一，除了工作中有缺点之外，就是他们在革命胜利之后，没有很好地发动群众，彻底肃清反革命份子，也就是说，没有认真地对反革命分子实行专政，以致反革命分子乘隙捣乱。"（八届二中全会文件）

毛主席提议，1957年展开一次大的整风运动。

从表面上看，这次整风运动是要整顿共产党内部的官僚主义、主观主义和宗派主义，正是这些工作中的缺点导致大量民怨，整顿作风可以给人民一个交待，这属于"人民内部矛盾"。

整风运动开始了。1957年5月是一个极其耐人寻味的特殊历史时期，在中国共产党的历史上，出现了前无古人，后无来者的对共产党的批评。所有的批评言论一字不改地见报，称为"大鸣大放"。"鸣"和"放"本是针对文学和艺术的专业词汇，是"百家争鸣"、"百花齐放"的简称，在这个特殊时期，成为专门用于政治性的词汇，泛指共产党邀请党外人士，主要是知识分子和民主党派广开言路对党进行批评，帮助党进行整风，以期摸清矛盾，解决矛盾。

党宣布狂风暴雨的阶级斗争时代已经过去了，整风要用和风细雨的方法，鼓励知识分子和民主党派"大胆地放"，"大胆地鸣"。毛主席这样说："不让百家争鸣，百花齐放，那就会使我们的民族不活泼，简单化，不讲理。至于马克思主义可不可以批评？人民政府可不可以批评？共产党可不可以批评？我看一样是可以批评的。"知识分子和民主党派似乎感觉到共产党勇于批评和自我批评的决心，但是他们已经被历次的肃反、整风和思想改造整怕了，因而顾虑重重，担心秋后算账。

共产党真诚地表示：

"共产党和民主党派要互相监督，长期共存"；

"让人民把心里话都讲出来"；

"知无不言，言无不尽；言者无罪，闻者足戒；有则改之，无则加勉"；

"收起'帽子'，放下'棍子'，大开言路"。

民主党派和知识分子终于被共产党一而再、再而三的真诚和承诺打动，被压抑的思想如洪水决堤般喷涌出来。从5月8日到6月3日，中央统战部邀请民主党派负责人举行座谈会13次，工商界座谈会25次，《人民日报》每日第一版或第二版都会刊登座谈会的盛况，每个人的发言，甚至他们之间的对话、争论，都一字不落地如实照登。

"共产党员有特权，有优越感，党群之间有一道墙，一条沟，非党员有自卑感"；

"有不少党员知识水平太低，不够他现在所担负的工作"；

"现在吃饭穿衣都要按计划供应，升学就业要统一安排，国家管得太死，不民主，不自由"；

"成绩是主要的，偏差错误是个别的，这种提法不科学。1%的错误案件，在全国不知道要造成多少家破人亡，流离失所。这种提法掩盖了错误"；

"知识分子思想改造时送去劳动教养的机关干部和知识分子，已经教养一年多了，他们够不上刑事犯罪，应该定一个解决办法"；

"新闻要为社会服务，消息是客观发生的，不是每一件事情都与阶级有关，可以放手让记者发表意见"。

……

所有的意见和建议都集中在国家的政治制度、法治、新闻自由、共产党执政以来历次政治运动（肃反，三反，五反）和经济运动（土改，合作化，公私合营）以及共产党和民主党派之间的关系等等一系列问题上。

全国各地，各级政府，各个机关单位，新闻界、文化界甚至志愿军都在整风，邀请党外人士给党提意见。在大鸣大放期间，学校的报栏早就不能满足需求了，大字报铺天盖地涌现出来，在食堂外的墙壁上从墙根一直贴到一人高以上，仰着头才能看到。人人说"鸣放"，家家谈"鸣放"，开会、学习、讨论成了我们的主要工作，各种信息前所未有地轰炸般地敲开了我的脑路，让我兴奋难耐，蠢蠢欲动，不吐不快。

"成绩是九个指头，缺点错误是一个指头，这样的说法太不科学了。"我的想法和曾经的桂系军阀高官、政协委员黄绍竑不谋而合；

"农村搞合作化并没有让农民的生活水平提高，他们还在受苦受累，还在吃窝窝头。"这些是我亲身经历的，我有发言权；

"斯大林搞肃反杀了那么多人，太残忍了，真是个暴君。赫鲁晓夫在他死后抛出了斯大林，他早干什么去了？这是政治投机"。

我跟所有"鸣放"的人一样，响应党的号召，给党提意见，真心实意希望能够帮助党整风，更好地带领中国人民建设社会主义。大部分同学对政治并不如我一样敏感，也不像我这样有热情，并勇于大声说出自己的看法。只有一个人例外，他是于秉钧，我叫他"拐子"。

于秉钧跟我一样是个留校生，他的腿有一些残疾，走路略跛，但不是非常严重，并不影响日常学习生活。他不如我高，但非常粗壮，脑袋很大，发际线比一般人靠上，因而他的头显得又光又大。虽同窗四年，他为人严谨，我喜欢开玩笑，所以我们之间的交集并不多，但我知道他是一个比我还敢说的人。那不是一般意义上的心直口快，而是他那颗大头有与众不同的思维和见识。严谨的人开起玩笑来会意外地令人捧腹：

"共产党是刀子，共青团是剪子，我妹妹是少先队，是锥子。"这……哈哈哈，这样描述党、团和少先队的先进性，也太形象生动了吧。

他的一个邻居是日本遗孤,常回日本探亲。我想他回日本时一定会有很多见闻和感想,可爱的拐子却独独抓住了一条他认为是最核心的:日本人上街游行纯属自愿;相比之下,咱们的所谓游行都是在节庆日被组织去的,只能歌颂不能抗议,这不是真正的民主。

《人民日报》的社论《关于无产阶级专政的历史经验》和《再论无产阶级专政的历史经验》,多年来被普遍认为具有卓越的政治智慧和理论力量,沉重回击了帝国主义掀起的反共浪潮,有力批判了正在泛滥的修正主义,深刻教育了共产党和广大人民,起到了巨大的永远不可磨灭的历史作用。但于秉钧却不以为然,在他看来,这两个社论没有涉及中国社会问题的核心,是"土哄哄"的论调,比起匈牙利共产党领导人卡达尔的见解和水平,根本不值一提。事实证明,卡达尔虽然是苏联武力镇压匈牙利后扶植起来的共产党的领导人,在其后30年,他用卓越的政治理念和智慧,不断调整路线,为"匈牙利事件"中的冤假错案平反,又机智地调解了社会各阶级之间的矛盾,及匈牙利与苏联和西方各国之间的矛盾,带领匈牙利发展经济,把匈牙利建成东欧的"消费者天堂",在匈牙利社会各阶层和国际社会赢得了广泛的爱戴和尊敬。仅此一项,就让我看到了于秉钧的非凡和远见。

发动群众历来是我党的工作作风,学校贴出了越来越多的大字报探讨学校的问题,比如知识分子要不要思想改造?学校管理是否已经流于机关化、衙门化?以行政命令领导科研是官僚主义的一种表现。还有很多大字报是针对学校的苏联专家,认为对他们太过盲目崇拜,他们的知识水平并不一定高过本校的留德、留美的兵器专家。"千人之诺诺不如一士之谔谔",知识分子的观点言论之尖锐令我折服。在他们身上,我看到了对自我尊严和精神的捍卫,一种对强权说"不"的勇气,我感受到了他们灵魂深处的自由。

站在今天的角度回望历史,"大鸣大放"就像一出具有浓厚悲剧色彩的演出,正在紧锣密鼓走向高潮。在演出的幕后,是所有善良单纯的人们挖空心思也想象不到的一波暗箱操作,"鼓励鸣放,引蛇出洞"是后台早已布下的一个圈套。

5月14日,中央发出指示,要求各地报纸充分报道党外人士的言论,"特别是对于右倾分子,反共分子的言论,必须原样的,不加粉饰地报道出来,使群众明了他们的面目。"(毛主席《关于党外人士对党政各方面工作的批评的指示》,见薄一波《若干重大决策与事件的回顾(下卷)》,中共中央党校出版社,1993,第613页)。

5月15日,毛主席写下了《事情正在起变化》一文,印发党内高级干部。文中指出:"现在右派的进攻还没有到达顶点,我们还要让他们猖狂一个时期,让他们走到顶点。他们越猖狂,对我们越有利。"

从五月中旬到六月初,中央接连发出指示,政治局和书记处多次开会,制定反右斗争的策略。中央当时强调,要让右派进一步暴露,越嚣张越好。中央反右领导小组组长、中央书记处总书记邓小平也督促下边抓紧时间搜集右派反党的证据。

5月21日,在统战部座谈会上,民盟副主席章伯钧建议实行"两院制";

5月22日,在统战部座谈会上,民盟副主席罗隆基建议成立一个委员会,检查肃反、三反、五反运动中的失误偏差;

6月1日,《光明日报》总编辑储安平批评政府已经成为一党天下,"党天下"的思想问题是一切宗派主义现象的最终根源,是党和非党之间矛盾的基本所在。

反右的大幕被毛主席亲手揭开。6月8日的社论《这是为什么》指出:"在帮助共产党整风的名义下,少数的右派分子正在向共产党和工人阶级的领导权挑战，甚至公然叫嚣要共产党下台。他们企图乘此时机把共产党和工人阶级打翻，把中国人民重新放在帝国主义及其走狗的反动统治之下。"同日，毛主席起草发给全党的《关于组织力量准备反击右派分子的猖狂进攻的指示》，郑重宣布：

"这是一场大战，战场既在党内，又在党外。不打胜这一仗，社会主义是建不成的，并且有出'匈牙利事件'的某些危险。"

这一社论和指示，标志着反右运动正式开始了。

当日，章伯钧成为头号右派，罪名是"政治设计院主张"；

二号右派罗隆基，罪名是"平反委员会"；

三号右派储安平，罪名是"党天下"。

随着右派分子的纷纷落网，毛主席在7月1日的社论中指出，"右派就是反共反人民反社会主义的资产阶级反动派，其方针是整垮共产党，造成天下大乱以便取而代之。"这篇社论将反右定为敌我矛盾，使反右斗争进一步升级。

当时全国有五百万知识分子，党公开承认的右派人数为55万人，占总人数的11%，他们是中国最精英的民主党派人士和知识分子，有商界精英，有科学家、文艺家、大学教授、新闻从业人员，凡是对苏联有过批评，对三反、五反、肃反有过质疑的，对党的政策有过批评的，以前是党的朋友，现在因言获罪，统统变成了阶级敌人。

这个变化来得太突然，我不禁愕然，如鲠在喉。

毛主席"引蛇出洞"以后，得意洋洋地说："让大家鸣放，有人说是阴谋。我们说，这是阳谋，因为事先告诉了敌人，牛鬼蛇神只有让他们出笼，才好歼灭他们；毒草只有让它出土，才便于锄掉。"（《毛泽东选集》第五卷第437页，《文汇报》的资产阶级方向应当批判），玩弄阳谋竟然如此理直气壮，就问你服不服？

庞大的组织机器开始疯狂地运转，像发动了绞肉机一样残忍。在这场堪比秦始皇"焚书坑儒"的浩劫中，可怜那些知识分子的精英，被政治的车轮碾压得体无完肤，粉身碎骨。

全国的每一个角落都要被狂风袭过。揪出阶级敌人的数量是有指标的。我们班下达了一个指标，也就是说，我们班必须产生一个右派。一直以来以为反党、反社会主义的阶级敌人离自己很远，没想到右派就要出在自己身边了。总得有一个不幸的人戴上"右派"这顶帽子，他会是谁呢？我们的目光不约而同地聚焦在于秉钧身上，因为他的"反动"言论最多。经历了全社会狂风暴雨式的反右，每个人都小心翼翼地夹紧了尾巴。但是已经说出去的话，就像泼出去的水，再也收不回来了。噤若寒蝉的我们，一想到他那些大逆不道的言论，那些针贬时弊的慷慨陈词，非但此刻产生不了共鸣，反而像寻获了宝贝一样，急急地挖掘出来，捧在手里，准备在关键的时刻把它奉献出去，赢得保护自己的政治资本。今天的班会就是要把这名右派分子选举揭发出来，剩下的人就可以平安无事了。

让人觉得蹊跷的是，今天他的座位一直空缺着，就像那个右派的位子一样虚位以待。他是不是听到什么风声先躲了起来？或者，还有一种可能，他是不是以另外一种方式主动出击了？想到这儿，我顿时冒了一头冷汗。全班同学都知道，除了他，言论最多的当属我了。在这个你死我活的关键时刻，难道他想孤注一掷把我扳倒以保全他自己吗？面对如此严峻的形势，采取什么样的方法手段都不为过，先下手为强更是制胜的法宝。主意已定，我立即把最好的哥们袁考验和韩茂叫到一起，告诉他们去校党委揭发于秉钧的计划。我们说干就干，班会也不参加了，马不停蹄地找到校领导，把他的反动言论如竹筒倒豆子一般倾倒了出来，心里这才松了一口气。

中午回到宿舍终于看到了于秉钧。我一边直愣愣地冲他走过去,一边不客气地问:"拐子,你今天上午到哪儿去了?"

他犹豫了一下没有说话,目光躲闪着不敢看我。

我直接了当地把我的疑虑和判断合盘端出:"你小子肯定是干坏事去了。你是不是揭发我去了?"

他像被捅了气的皮球一样一下泄了气,满怀歉意地跟我承认:"人家让我揭发的。"他说的"人家",就是指党组织。

我的猜疑得到了他的亲口证实。我气得火冒三丈,狠狠地推了他一把,怒气冲冲地喊道:"你想得美!你自己说过什么你会不知道?你的右派肯定要跑在我前面,咱们走着瞧。"

看着他蔫巴巴地一言不发地离开,我冲着他一跛一跛的背影恶狠狠地喊出憋在心里的一口闷气:"你就等着当右派吧,我已经揭发你了。"

他的右派结论第二天就在大字报上贴了出来,他果然跑在了我前面。他那颗又大又光的头难过得低了下来,一跛一跛地从我眼前走过,显得那样失意落寞。我盯着他踱过宿舍楼,踱向校园西北角的二龙山,他居然要跛着腿去爬二龙山!我的眼泪夺眶而出,跑过去拉住他,被他的胳膊用力甩开。那一刻,我站在原地,我恨死了自己。这是我平生第一次做害人的事,我的心像有蚂蚁在啃噬,我为自己感到羞愧。

我还没有来得及庆幸自己躲过一劫,我的右派结论隔了一天就贴出来了。我这个右派,是校长亲自点名揪出来的。至此,我们班超额完成了任务。这大概是于秉钧最想看到的吧?我愤愤地想,他的陷害终于达成了。

我呆呆地立在大字报前,一字一句细读我的右派罪状

1,污蔑学校领导(说校长说话不算数,跟放屁一样);

2，污蔑新中国青年（说大学落榜的师训班学员是残渣）；

3，反苏，污蔑伟大领袖斯大林和苏联领导人赫鲁晓夫（说斯大林残暴，赫鲁晓夫政治投机）；

4，否定党的领导（说九个指头和一个指头不科学）；

5，对合作化不满（说合作化还吃窝头）。

没错，括号里这些话都是我亲口说的。前面两条是我在私下里讲的一些牢骚话，后面三条是我的政治见解，是我放出来的毒，被革命群众检举揭发，一条一条对号入座。党组织对我的审判结论是"思想落后，对党不满"，这份大字报就是我的判决书。

我的心里如翻江倒海一般喧嚣，脑子里只有一个声音在咆哮中反复回荡："冤枉啊……"我就这样站到了人民的对立面，成为阶级敌人。这怎么可能？我是革命烈士的儿子，从小就热爱党，跟着党干革命，我怎么就成了反革命？就是打碎我的骨髓也找不到一点反革命的因子，我是冤枉的！

不知站了多久，突然感觉有些眩晕，头重脚轻踉跄了一下。一只有力的大手从后面扶在我的肩上，我定了定神，回过头去。是他，于秉钧，他的眼神里充满殷切的关心与同情。他没有说话，只是拉过我的手用力握着，那么温暖有力，那么安慰。这一刻，我原谅了他，同是天涯沦落人，我们默契地达成了和解。

学校里抓右派还在如火如荼地进行着，六个师训班中尚未完成指标的班级真是让所有的人都伤透了脑筋。怎么选呢？当右派总要有言论吧。如果大家都小心谨慎地沉默着，那么出身不好、背景不过硬或有历史问题的就不得不被深挖出来，罪名是"骨子里反党"。还有一些人，虽然嘴上不说，但政治态度却不小心暴露了出来，比如看后来成为右派的人写的大字报时点过头，或者看反击右派的大字报时摇了头，那政治立场也就不言自明了，这些人被深挖出来成为"点头右派"

和"摇头右派"。在残酷的政治斗争面前，很多人为求自保用尽恶劣手段栽赃陷害，把残忍、自私表演到了令人发指的程度。在我的问题上，于秉钧首先去检举揭发了我，在组织来调查核实时，墙倒众人推。但我不怨他们，我知道他们是被"循循善诱"或是被逼无奈才说了于我不利的话。我更想在蛛丝马迹中放大寻找并默默体验人性的温情，使我的精神不至于彻底坍塌。

我最后一次参加团组织活动，是讨论我和于秉钧的团籍问题。在开除我们团籍的表决中，没有一个同学举手支持。我在心里默默地感谢他们给我的温情挽留。团支部书记委婉地劝说大家："他们已经是阶级敌人了，这是阶级矛盾，怎么还能让他们继续当团员呢？"于是，我们俩的团籍也被开除了。

毕业在即，除了我们这几个右派分子，每个人都被通知了分配去向，他们将奔赴五湖四海，走上正式工作岗位成为人民教师。大家都在默默地忙碌，打包行李，相互道别。我和于秉钧没有资格享受正常的大专毕业生待遇，怎样处理我们要看国家统一部署。

大家陆陆续续离开了学校，只有我们俩被困在这里，除了学习反右文件，就是向组织交代思想动态。面对狂风暴雨式的群众性斗争方式，我失去了所有的自尊，我的心仿佛掉进了冰窟窿里，万念俱灰。不到24岁的年纪，我成为阶级敌人，不但失去了政治生命，也失去了工作机会。我还没有走上社会，还没有来得及施展我的才华，一切都戛然而止画上了句号。我的人生除了一片黑暗，还会有别的颜色吗？我已经沦为阶下囚，没有资格了。

我的眼前出现了云仙那桃花一样明媚的欢颜。在我们俩朦朦胧胧互生情愫的花样年华，在我们每日中午甜蜜约会的日子里，她笑得那样开心。是我对不起她，这些年来，我一而再、再而三地遭受各种打击，开除党籍、退学、打成右派，又被开除了团籍，我再也没有给她带来过一丝欢笑。对于这个善良的好姑娘，我是该放手了，我根本没有资格再跟她谈情说爱、谈婚论嫁，我也不配去拖累她的人生。放开手让她离开，是我对她最负责任的安排，也是对她最好的祝福。

8月4日，《人民日报》公布了国务院《关于劳动教养问题的决定》，并同时发表社论："右派分子攻击我们实行劳动教养违反宪法，这是最露骨的一种恶意攻击。"所以，现在轮到右派体验劳动教养的滋味了。劳动教养不算逮捕，未经审判，没有刑期，是一种更可怕的无期徒刑。

学校里右派的处置大概有这样几类：

个别，升级为反革命分子，逮捕入狱；

少数，极右派，送农场集中劳改；

大多数，送农场劳教；

少数，罪行轻，认罪态度好，留校察看，以观后效；

……

我和于秉钧本来属于大多数，应该送农场劳教。幸运的是，我们已经毕业，所以农场劳教这件事就被改成单独劳教，我被发配至内蒙古包头市，那里有一所新建的兵工学校，于秉钧则去了东北沈阳一所兵工学校。我们俩带着右派帽子被单独劳动教养，不算国家工作人员，没有工资，只给微薄的生活补贴用于吃饭糊口。

时间已经进入九月份，是新开学的季节，我迈着沉重的步伐离开学校。这个记载着我的成长，扭转了我的命运，临毕业前又给了我致命一击的学校，这个让我又爱又恨的地方，再见了！

在我心里，有一个结是我久久不能解开的。为什么我们班只有一个右派名额，而校领导却执意要抓出两个。在我百思不得其解的困惑里，我跟厉校长那次颇为激烈的争吵从脑海里一再冒出来。这四年以来，他一直是我尊敬的老前辈、老革命、老领导，我不能说他公报私仇，但那次争吵，我却给他留下了自由涣散、思想落后的恶劣印象，我的命运似乎从那时就注定了。

1958年，"华二"更名为太原机械学院，后又更名为中北大学。多年以后，我的母校中北大学纪念厉瑞康校长诞辰100周年，他的夫人陈贵祥女士写了一篇《纪念我的爱人厉瑞康》，谈到这位呕心沥血为兵工教育事业贡献了毕生精力的老校长在50年代的经历。她写道：

50年代的时候，政治运动一个接着一个，而且每次运动对象都是有指标的，如三反、五反运动，上级指定任务是十个大老虎，若干个小老虎。虽然厉瑞康对待批评对象比较稳妥，但每次运动还是难免伤害一些好同志。他通过大会小会，甚至到人家家里，向斗争错了的干部和老师们道歉。他曾无奈地说："运动来了唱白脸，运动过去了唱红脸。三十年河东三十年河西，自己有时也弄得糊涂。"

他有他的难处，我懂。

我和于秉钧在1980年代后期曾专门结伴去看望厉瑞康。于秉钧在被打成右派的20多年以后才获得平反，正式安排了工作，可以想见他的人生因为"反右"变得多么凄惨。在我们被打成右派将近30年的时候去看望老校长，我们的心情还是特别复杂。我的心结既使没有打开也不重要了，我只是希望听到厉校长亲自跟我道一声歉。他那时已经老眼昏花，把我忘得一干二净了。于秉钧提醒他说："这是温相桓，当年被你亲手打成了右派。"他盯着我看了半天，脸上露出痛苦的神情，然后缓缓地说了一句话："过去的事不要提了。"

好吧，我再也不提了。

第十章 年轻的右派（之二）

坚持下去，并不是我们真的足够坚强，而是我们别无选择。

——题记

（一）走西口

1957年9月，头戴"反党反社会主义的右派分子"的帽子，我黯然神伤地告别母亲，离别故土，只身前往流放地包头。身上半旧的裤子上，屁股上补着厚厚的补丁，这是为迎接劳动改造所做的准备。随身携带的唯一家当是一支小小的纸烟包装箱，母亲为我准备的被褥满满地塞在里面。

绿皮火车一路向北，经过宁武关，雁门关，杀虎口，把我带到北同蒲铁路的最北端大同。从大同向西，转乘北京至兰州的火车，深入茫茫的西北大漠腹地。

火车隆隆地喘息着，无情地把充满生机的绿色越抛越远。我漠然注视着窗外光秃秃的山岗，凄楚悲凉的感觉涌上心头。我微微阖上眼睛，恍惚中，不知从什么时候开始，耳畔竟响起云仙那穿透时空的嘹亮的歌声，由远及近。

> 哥哥你走西口，
> 小妹妹我实在难留。
> 手拉着哥哥的手，
> 送哥送到大路口。

我吃了一惊，原来是个梦。我赶紧死死地闭上眼睛，害怕一睁开她就不见了。我看不清她的脸，但能听到她声音中的哽噎、哀怨和无助。

哥哥你走西口，
小妹妹我苦在心里头。
这一走要去多少时候，
盼你也要盼白了头。

她一遍一遍地唱着，如泣如诉。

哥哥你走西口，
千言万语难出口。
紧紧拉住哥哥的袖，
汪汪的泪水哗啦啦地流。
只恨妹妹我不能跟你一起走，
只盼你哥哥早回家门口。

歌声渐渐变得缥缈，被轰隆轰隆的火车声音吞没。我悄悄抹去眼角溢出的泪，睁开眼睛，看到车窗外最后一道绿色山梁远远地亘在天边。山的那边是我的故土，我的亲人。再见了我的姑娘，此去向西，权当是我踏着祖祖辈辈山西人的足迹走西口吧。

在历史上，从明清开始，当山西这方水土不足以养活一方人时，山西的青壮年选择出走。他们从自家荒芜的田间院落里走出来，忍着泪挥别亲人，历经漫长的跋涉，一步一步踏上西去的征程。这首叫《走西口》的民歌在村头、路边响了起来，唱着送别背井离乡的情郎。出走的汉子用汗水、泪水和血水在草原、荒漠中趟出一条生存之路，希冀着有一天再走回这片土地，给妻儿盖起结实的院落，给他们带回衣食无忧的生活。蒙古草原寄托着他们模糊的希望，为此他们可以忍受远离故土亲人的孤独寂寞和塞外风沙的无情抽打。

可是我的希望又在哪里？

窗外是越来越荒凉的景象，绵延的山丘无尽地起伏，大片大片裸露着光秃秃的山脊，寸草不生，荒无人烟。八十万禁军教头林冲发配的沧州大概还不如这里荒凉吧？我苦笑了一下，自嘲着，好在右派只是戴了个帽子，而不是像他一样在脸上刺青。但我怎么也没有想到，仅仅两个月的时间，我就变成一副灰头土脸被霜打了的样子，尽管我极力在人前把自己伪装成一个普通人，但极度压抑的表情和哀伤惶恐的眼神早已深深镌刻在我的脸上，把我的容貌彻底改写了。像我这样的人，仅凭一张脸，凭着脸上的表情和眼神，在人群中即具有极高的辨识度，这是右派分子日益明显的标配。如果不是政治生命被终结，哪个年轻人眼神里不洋溢着青春的光芒呢？

火车逢站必停，单线运行的火车要经常在一个不知名的小站等候很久，等对面的车通过再缓缓启动。人工扳道岔难免会有差池，两车迎头相撞的大事故也偶有发生，想想就害怕。列车驶入了深邃的夜色中，疲惫的旅客坐着坐着就东倒西歪了，无论何种身份，何等装扮，此时都屈从于睡眠这一最自然的生理需求，闭着眼，微张着嘴，打着鼾的，磨着牙的，流着口水的，全无一丝体面。只有我，头痛欲裂却睡意全无，不见一丝光的暗夜和窗缝里挤进的寒意，让我联想到沙皇时期地狱般的西伯利亚政治犯流放。在那座"没有屋顶的大监狱"，在自然条件极端恶劣的苦寒之地，我的遭遇是不是将与他们相似？不管怎样，我在心里已经做了最坏的打算和准备。

但是我不能沉沦下去。流放的是我的身体，饱受摧残的是我的心，磨练的应当是我的意志。我从来不承认自己是一个"思想落后，对党不满"的"反党反社会主义分子"，党误解了我，让我受了冤屈。我爱党，爱新中国，我是革命烈士的孩子，我一定要用实际行动向党证明这一点，让党相信并理解我。我默默地下了决心，我一定能够做到。

我在心里默默地安慰自己：人在绝境，只要不死，你就必然重生！如果不跌进深深的谷底，怎么能爬上对面那座高高的、从未登过的山峰呢？

（二）包头：两度穿越

火车终于在天亮时分驶入沼潭车站。这是一个为配合包兰线建设于1956年刚刚投入使用的枢纽车站，连结京包和包兰两条主线，并向南北两个方向辐射，连接煤都鄂尔多斯和边境城市二连浩特。荒芜的田地水塘间突兀地耸立着这样一个高高的站台，除了一个候车厅，没有任何其它配套设施。我拖着唯一的行李走出车站，顿了一下四处张望。这也叫城市？除了荒地还是荒地，目光所及，没有一棵树，一根电线杆，一处民居，一个商铺，什么都没有。站前空地上唯一一个醒目的标识是一个公共汽车站牌，公交2路，开往青山区。

我正犹豫着要不要去等公交车，突然耳边传来一声熟悉的呼唤"老温——"亲切的忻县口音，一听就是他，尉天元。"老尉——"我迎着他快步走过去，心里说不出有多意外和惊喜。

尉天元是我在"华二"同窗四年的同学，也是忻中比我低一年级的同学。他在忻中就入党了，在"华二"反右的那些日子里，作为一名党员，他参加我的批斗会，深知我的处境。他早已于七月份带领其他四名师训班的同学来到包头，开始了他们的教师生涯。我在买到赴包头的火车票时给他写了一封信，告诉他我要乘的车次和到达日期，没想到他向学校申请了一辆大货车，开了几十公里专程来接我。他扫了一眼我脚边无比寒酸的小纸箱，我们俩互相拍了一下肩膀，一起笑了。杀鸡焉用宰牛刀？这件唯一的行李奢侈地独占了大货车偌大的后车厢，我和老尉爬上高高的驾驶室并排坐在司机身边。司机是一个年龄和我们相仿的年轻人，戴一顶劳动布工作帽，着深蓝色劳动布工作服，面带微笑，让人倍感亲切。

这是一个阳光晴好的秋日，天空湛蓝，大朵大朵的白云在离地面很近的空中舞动翻飞。我长这么大还是第一次见到云这么白，这么灵动。如果白云下是青青的牧场，那也不失为人间天堂了。

我们的大货车在轰隆隆的噪声陪伴下，在空无一人的街道上飞驰。坐在高高的驾驶室里，从城南的沼潭车站，一眼就能望到城北的大青山。我惊讶地发现自己"穿越"了历史：这明明就是一个被遗留在几百年前的镇子。所谓城市，汽车跑了半天，才勉强看到一点人烟的痕迹。路边偶尔有电线杆和红绿灯，没有树，没有花，没有公园，竖着的都是烟囱，散布在稀稀落落的民房和商铺屋顶上。

这么单调的景致看了一路，实在有些倦怠。阳光有些刺眼，长途旅行的困倦袭来，我迷迷糊糊地合上了沉沉的眼皮。等我再一睁眼时，却意外地看见大货车开进一群崭新的高楼大厦中间。迎面最高的是五层教学大楼，仅一楼大堂就在十几级台阶上，气派非凡；左边是四层的实验楼，右边是三层的宿舍楼，不远处还有很多不知道是什么的楼群，组合在一起，蔚为壮观。这些散发着簇新光泽的建筑群，让古老的水旱码头包头再次横空穿越，直接到了未来，实现了现代化，更让刚刚穿越回几百年前的我惊掉了下巴。

包头机校是与"一五计划"中新建的大型军工企业一机厂（生产坦克）、二机厂（生产火炮）一起伴生的新型军工学校，由苏联援建，1956年投入使用。

尉天元陪着我办理了所有的报到手续，帮我安顿好宿舍，领了新员工派发的文具、家俱。他逢人就说我是他的朋友，一点都不避嫌。他明明知道我是右派啊！我有点受宠若惊，也在心里为他捏一把汗。

没有人宣布我是右派，也没有人宣布我要接受劳动改造，周围平静得像水一样，没有歧视，也没有异样的目光。这反而令我忐忑起来，因为一切太好了，好得有点不真实。

科主任陈烈代表学校通知我：马上准备教案，一个星期以后上课，顶替一位被学生轰下台的金工老师的空缺。感谢老天，一切都很顺利，我一炮打响，成了深受学生欢迎和追捧的教师中的新星。

像乌云压顶的天边划开一道亮色，初来乍到十几天，包头让我心里充满了意外和感激。

（三）透风的墙

十月初，第一场秋冬的风沙带着西伯利亚的严寒呼啸而至，气温骤降20℃。在漆黑的夜里，狂风怒号，飞沙走石，那阵势比鬼哭狼嚎还恐怖。窗户劈里啪啦不停作响，门缝里隔几分钟就发出哨子一般的尖叫，空气中弥漫着浓浓的灰尘，让呼吸都有些堵塞。单身宿舍已经供暖，但母亲带来的被褥却难以抵挡突如其来的严寒，我把白天穿的衣服都压在被子上，沉甸甸的，这样才稍稍有了一点安宁。

天渐渐亮了，我揉揉惺忪的睡眼，发现眼角堆满了细细的沙子；嘴里也是沙子，牙齿被沙子磨得没法合拢。再摸摸脸和耳朵，竟没有一处没有被细沙堆积填塞。床角的深蓝色塑料布，原本白天用于铺床，晚上卷至床脚，现在黄黄的沙已经将蓝色完全覆盖。我赶紧爬下床，把暖瓶里仅剩的半瓶水依次倒满喝水杯、刷牙杯，剩下的都倒进盆架上的脸盆里，然后倒序先洗脸，再刷牙，最后喝水。次序不能乱，因为刷牙水是要吐进洗脸盆里，最后一起端到筒子楼尽头的公共水房倒掉。等我感觉自己神清气爽的时候，脸盆里本来不多的洗脸水变成了泛着白沫的黄泥汤。即便是苏联人设计建造的新楼房，尽管外观坚实致密，强风也是无孔不入。看来天下就没有不透风的墙。

随着身体一起被唤醒的还有我的肠胃。洗脸刷牙之后，肠胃开始剧烈蠕动，催促我该进食了。我把那一大杯水大口大口灌下，赶紧躺回到床上。我不能在七、八点就起床，上午没有课，我必须躺着。

昨天是发工资的日子，我领到的不是工资，而是被称作"生活补助"的23元，从今以后，这将是我全部的生活来源。初到包头时被缕缕温情感化的一点错觉，在残酷的现实面前被打回原形。一个内心清高骄傲的人，如果连最基本的温饱都不能达到，自尊心将要忍受多么残忍的挑战和折磨。

我脑子里的小算盘开始拨动起来。第一件要务，是必须赶紧去做一身棉衣棉裤，否则我会冻死在这个冬天；第二件事，来年一、二月份寒假，我要回家探亲，家庭温暖是我能坚持下来的唯一动力。来回路费23元，我必须在今后的四个月内存出这笔钱。再算算我的收入，每月扣除吸烟2元，买一点牙膏、牙刷、毛巾、肥皂等日用品，所剩无几。我的伙食费不能超过12元，也就是说，必须控制在每日四毛钱。吸烟是不能省的，自从被打成右派，我就养成了吸烟的习惯，每日一包烟成为我的精神寄托，袅袅轻烟让我暂时忘却孤独和苦闷，给我一些精神上的缓冲和麻痹。想到这儿，我点燃一支烟，吸了几口，接着算我的帐：早餐我不能去吃，那样会超支的。我可以躺到11点起床，中餐吃三个馒头9分钱，一份素菜1毛1，再喝点免费的高汤，正好两毛钱。我必须精打细算，每一分钱都不能浪费。希望我还能再省下一点，可以给母亲买一点探亲的礼物。

我一动不动地半躺着，看完了该看的书，备完了该备的课。时间差不多了，我可以起床去吃午饭了。我一边穿着衣服，一边习惯性地望望窗外。我住一楼，窗户外正对着大街。楼房到马路隔着十几米远，春天刚刚栽种的小树苗在狂风中弯着腰，几乎要被沙堆吞没。再看看我的窗台外面，波浪形的沙丘一夜之间几乎要爬上窗台。难道西伯利亚的寒流把沙漠也搬来了？自然的力量真是不可思议。

我拿出所有的御寒衣物，从头到脚把自己包裹起来。食堂位于教学区至家属院之间，五分钟就到了。我冲出楼外，大风好像瞬间就剥光了我里三层外三层的装甲，刺骨的寒冷让我觉得自己根本就是在裸奔。

热气腾腾的食堂永远是最热闹喧嚣的地方。但不知道为什么，一见到人群，我的心就变得沉甸甸的，寒酸抽打着我的自尊心，让我这个政治上被判死刑的人更觉低人一等。我尽量躲避开所有的人，匆匆地端着一盘素炒白菜和三个馒头，找到一个角落面朝墙壁坐了下来。刚吃了几口，猛一抬头，对面竟站着朱汉育。他是我在华二的同学，比我早一年来包头，在金工实验室工作。他已经见习期满转正了，工资是49.5元，比我的两倍还多。他端着饭菜冲我笑了一下，然后坐下，把一碗红烧肉放到桌子上，朝我这边推了一大截，豪爽地说："老温，吃。"肉菜2毛钱一份，每次他一买了肉菜就来找我，故意装作漫不经心的样子让我分享。他的眼光中每每流露出深切的同情，让我心怀感念。

我不是愚人，我也不冷漠，我不是不想与他们畅快交谈，然后一起放声大笑。我只是压抑、自卑，觉得自己没有资格。别的年轻人在追求进步，在谈恋爱，我则心如死灰，什么都不敢想。

午饭过后，风沙似乎小了一点，我提着暖水瓶，路过锅炉房时进去打一瓶开水。很多学生在那里排队，头和脸用各种围巾帽子包裹得严严实实，根本不知道谁是谁。他们也没有看清我是谁，所以我才在无意中听到他们的交谈。

"听说温老师是个右派。"

"啊？怎么回事？你怎么知道？"

"据说是从会计科传出来的。他的工资根本就不是正常工资，而是右派分子的生活补贴，才23块钱。"

我的心"咯噔"沉了一下，我在学生中树立起来的形象从今天开始就要崩塌了。无论我怎样感激学校没有把我是戴帽右派的事透露出来，是出于保护我的动机，还是害怕影响学校声望，我不得而知，但是天下没有不透风的墙，这个道理让我在一天之内深刻地领悟了两次。天要刮风，娘要嫁人，随它去吧。

（四）包头：撞击与融合

包头是这样一座布局奇特的城市，三个城区东河、青山和昆区各自独立偏居城市一隅，通过三条长长的公路彼此相连，公路两旁是大片大片的荒地，水塘和苗圃，鲜有人烟的空旷让三个城区的距离显得更加遥远。三条公路的交汇处本应是城市最繁忙的交通枢纽，却因为地广人稀沦落得无比荒凉冷清，中心是一个空荡荡的转盘，旁边是一座孤零零的建筑——第一工人文化宫。仅此而已，别无他物。一宫在机校正南不到两公里处，但给人的感觉却是非常遥远，更不用说另外两条长长的公路尽头的昆区和东河了，那根本就是另外一个世界。加上交通不便，去一次昆区和东河，就像出了一趟远门。

事实上包头的确就是三个世界。东河基本上是老包头，有城墙，城门楼，还有大量操着晋北、陕北口音的走西口的移民后裔。1947年晋绥边区土改，极左路线让数不清的地主、富农不仅失去了所有的田产、工具，还失去安身立命的房产，被扫地出门。识时务的人拖家带口星夜逃跑，动作慢的也许第二天就会被满门灭绝，惨死于各种"磨羊"、"搬石头"等酷刑。这些满腹冤屈的"剥削阶级"构成了新一波的走西口，大量定居于东河区西脑包一带。他们的口音以山西话为基调，融合了蒙语和陕北方言，被称作土得掉渣的"此地话"。

包头是新中国"一五计划"中国家规划建设的八个重点新工业城市之一，在苏联援建的156个项目中，内蒙古的五个项目全部布局在包头，有包钢、一机厂、二机厂、一电厂和二电厂。这五个大型国家建设项目奠定了包头未来的城市格局，也促使包头变成一座让年轻人心潮澎湃、踊跃奔赴的草原钢城。来自五湖四海的大量人员参与建设，让包头的人口像变魔术一样快速膨胀。昆区是包钢所在地，来自东北鞍山钢铁公司的人员及其家属把东北话变成了昆区的官方语言；一机厂和二机厂都位于青山区，人员抽调自全国各地的兵工企业，南腔北调在青山区彼此撞击融合，煞是有趣。

与此同时，包头机校正在筹建，同样也需要来自五湖四海的兵工人才。

副校长王林是创建这支教工队伍的元老。他是辽宁沈阳人，最早是沈阳兵工厂的工人。他热爱学习，肯钻研，有能力，有魄力，对苏联教育学钻研颇深，逐渐成为二机部兵工教育领域的专家。1956年，包头机校的基础设施建成在即，王林受二机部委托，面向全社会公开招募人才。此时的他刚刚完成无锡工业学校的筹建，马不停蹄开始为包头机校工作。

在北京二机部部委大栅栏附近的一家简易旅馆里，王林铺开办公桌，开始了夜以继日的忙碌，认真翻阅审核每一位应聘者的履历。对于他来说，从兵工厂技术人员和兵工学校应届毕业生中选拔优秀人才并不是太大的难事，最难的是选拔出类拔萃的学科带头人。在审阅了大量申请材料后，他睿智的目光锁定在两个年轻人身上，一个叫陈烈，一个叫张继志。

陈烈毕业于北京工业学院热加工专业专修科，1954年毕业分配至重庆497厂。他作为技术员协助驻厂苏联专家工作两年，以出色的成绩获得二机部"社会主义建设积极分子"奖章，并受二机部推荐，经国家层层选拔，即将派驻苏联实习进修，是国家重点培养的后备干部人才。

他的问题出在出国前组织部门对其家庭和社会关系的背景调查中。作为一名党重点选拔培养的年轻技术骨干，调查人员意外发现，他出身于地主家庭，其兄在解放初"镇压反革命"中被枪决，而其本人从未跟组织上交待过此事。家乡村干部甚至出具书面材料，揭发他曾伙同其兄密谋杀害共产党干部。

这份莫须有的揭发材料一经披露，陈烈立即被终止在苏联专家办公室的工作，停职反省，交待个人问题。他毫无悬念地撞在如火如荼的"肃反运动"的枪口上，成为"暗藏在革命队伍中的反革命分子"和肃反对象，上报到以贺龙为首的西南地区肃反领导小组，只待领导小组批示后执行枪决。

贺龙不愧是有头脑有经验的高级领导，在人命关天的关键时刻，他切中要害，就陈烈的处决提出两点意见：

1.陈烈不是我们共产党培养的干部吗？说他是暗藏的阶敌人，证据不充分；

2.陈烈年轻有为，才干突出，我们党培养这样一名技术人才着实不易，不要动不动就杀。他不去苏联进修实习，不在兵工厂，还可以做其他工作嘛。

处决陈烈的材料被驳回后，497厂也着实犯了难。虽然没有被枪决，这样有争议的人物他们也绝不敢再用。于是把他退回二机部，请组织重新考虑如何安置这只"烫手的山芋"。

张继志的情况也同样复杂。他毕业于北京大学动力机械专业，是一名理论基础扎实、专业知识过硬的高材生，毕业后曾任东北一个矿山的工程师。他出身于一个大地主家庭，"镇反"时被查出曾经参加过国民党青年组织三青团，因而被当成有历史问题的反革命遭到镇压，被判刑入狱。现在刚刚刑满释放回到北京，无业。

王林在二机部是一个著名的伯乐，他负责一个又一个军工学校的筹建，经验丰富，眼光犀利独到，有真才实学的人即便是一枚璞玉也能被他发掘，打磨出宝石的光彩。

此刻，面对这两个难啃的硬骨头，他在一堆一堆政审资料的背后，看到两个年轻人的冤屈和无辜。他们不仅有无可挑剔的学业背景和专业知识，还有丰富的实践经验，又都经历过曲折和磨难，一定会分外珍惜来之不易的工作机会。他决定排除一切困难大胆启用这两个年轻人。他深深吸了一口烟，把剩下的烧得通红的烟蒂狠狠地在烟灰缸里捻灭。他的这个动作常常是在深思熟虑之后、下定决心时才标志性地出现，既表明他的决心之坚定，又表明他同时掐断了自己的退路，只能担着风险，一往无前。

王林跟他们签订了极其优厚的招聘协议。陈烈被聘为7级教师，工资待遇是87.5元/月；张继志被聘为6级教师，工资是109元/月。他们感念王林的知遇之恩，满怀虔诚郑重签下自己的大名，随即投入忘我的工作。他们扒在旅馆简陋的办公桌上写写画画，不出两个星期的时间，就具体而详尽地设计了学校实习工厂和教学实验室的方案，并列出所需设备和材料清单。果然是高屋建瓴出手不凡，他们不辱使命的设计，成为指导学校教学实践的建设蓝本。

王林欣慰地笑了，这两个踏实肯干、才华横溢的年轻人没有让他失望。他不失时机地与他们交谈，了解得越多，心里不由生出更多的怜惜和疼爱。他为他们的不幸遭遇感到痛心，并希望在自己力所能及的范围内给他们安全的庇护，扶上马，再送一程。以他们的才干和学识，一定会在兵工教育这个大舞台上干出一番辉煌的事业，对此他深信不疑。

（五）形形色色的右派

跟其他同类相比，我大概是史上最幸运的右派。在我做好准备被揪出来批斗的时候，才发现我的右派帽子像一顶安全帽一样扣在头上把我保护起来。此时"反右"的目标是抓出右派，完成指标，而不是如何处置右派。抓右派是群众要做的事，如何处置是上级领导的事，包头机校的反右斗争暂时还没有进行到那个阶段。

1957年10月15日，中央发文《划分右派分子的标准》的通知，并进一步下达了右派指标，敦促各单位尽快落实。在包头机校这样一个全新的机关，按预定指标抓出右派并不是一件容易的事，因为绝大部分教职工都是年轻人，每个人都是新来乍到，彼此之间不够熟知，很少有人说出格的话，办出格的事。但抓右派是政治任务，不完成是要犯大错误的，怎么办？只能靠发动群众，彼此之间互相检举揭发。批判别人是唯一的自保求生之路。于是在原本充满人性温暖、彼此彬彬有礼的新建学校，不留情面的相互倾轧开始轮番上演。我是最新来的人，也最没资格发言，只能坐在角落里，怀着极其复杂的心情审视每一个发言的人，为被检举出来的人捏一把汗。一经检举，不需要核实就直接认定，所以每个人都是如履薄冰。

周学武是第一个被检举揭发出来的。他是归国华侨，毕业于重庆机校，教授"机械制图"，他的罪状是给民盟写过一封信。要知道，民盟是右派分子猖狂向党进攻的司令部，民盟副主席章伯钧和罗隆基是全国头号和二号右派。尽管没有人亲眼见过他在信中究竟写了什么内容，但他用写信的方式给右派"司令部"出谋划策，学校第一顶"右派"的帽子非他莫属。

来自重庆497厂的李定国和邢铭都是化学老师，他们因家庭出身等历史问题与陈烈一起被退回二机部。在招聘到包头机校后，他们还被派到太原"华二"去进修。可能是因为二人之间彼此熟知并相互信任，他们发了一些关于时局的牢骚，不巧隔墙有耳被听到，第二顶和第三顶右派帽子随即双双扣在他们头上。

如果你认为反右只是人与人之间为求自保的相互倾轧，那你的想法就太过单纯了。事实上，反右不光对准了民主党派和党外知识分子，共产党内部也揪出了不少右派，这其中涉及的人事和利害关系就相对复杂多了。

王林一直忙于帮助机校走上正轨。他被二机部临时任命为副校长，全面负责教学工作。他的行政级别是十二级，比校长还要高。大家都认为他是部里的人，迟早有一天要远走高飞的。但是在1957年，他赶上了"下马"风潮，二机部没有再新建学校，他也没有走成。齐齐哈尔工业学校被"下马"，整体合并进入包头机校。1956年"上马"的项目太多，出现冒进，国家针对性地进行宏观调控、缩减，齐齐哈尔工业学校的并入就是这一整顿的结果。

本校还没有完全步入正轨，来自东北的几百多名行政人员、教师和学生乌央乌央地涌来，鸠占鹊巢，其间发生的矛盾与磨合可想而知。王林是一个爽直的粗人，单枪匹马，敌不过东北帮的抱团排挤，使本来属于工作中的矛盾升级为你死我活的权力斗争。王林成了东北帮的眼中钉，肉中刺，必须拔除方能一解心头之恨。

政治斗争讲究的是策略，谁擅长谋略，谁会借势，谁就会毫无悬念地成为赢家。这场斗争不用打，胜败已有定局。

东北帮分析局势，认定敌人的敌人就是朋友，可以充分利用。这位敌人的敌人，就是被二机部任命的校长耿新。虽然贵为老大，但论级别，他不如王林，只有十三级；论能力，他只是行政干部，对教学和科技一窍不通；论威望，他更是望尘莫及。王林偏偏生性豪爽不拘小节，经常让他在人前不爽，正欲除之而后快。两厢人马一拍即合，结成同盟，共同出击，王林纵有招架之功，也绝无还手之力。

这个时候,"反右"就是你正昏昏欲睡时,别人恰巧递上来的那个枕头。把王林抓出来是易如反掌的事,分分钟就可以搞定。各种针对他的举报重拳出击,一招比一招狠。王林应声倒下,如长鹰折了翅膀。

"王林散布谣言,说苏联红军在沈阳强奸妇女",有人举报。王林抬起头辩解:"这是我在家乡沈阳亲眼目睹的。"谁管你说的是否属实,攻击污蔑苏联老大哥就是右派言论,只需要这一条,右派的帽子就稳稳地戴在了他的头上。

这些还远远不够,王林还遭到更多举报,说他借招聘之机招兵买马,重用有历史问题的反革命分子,培植自己的亲信,组成反党反社会主义小集团。他的"罪行"完美地契合了极右分子的标准,他也顺理成章地成为反党集团的头子。

这位工人出身的老革命、老八路倒在了别人给他挖的坑里,再也没有爬上来。

他在挨批斗时反反复复只说这样一句话:"我带路带错了,是我的问题,我负责。"他在身陷囹圄自身难保的危难之时,恪守了自己的诺言,只身迎接风暴,把对年轻知识分子的爱护高高举过头顶。他的遭遇和他所表现出的高风亮节,让人唏嘘并肃然起敬。

耿新校长并未因扳倒王林而得利。学校领导层内讧,并出了反党集团,他是负有领导责任的。不久,二机部就把他调离岗位,不知所终。东北帮也遭到不同程度的打击,在后来越来越复杂、越来越扑朔迷离的政治斗争中分崩离析。这是后话。

（六）反右补课

继王林反党集团被揪出以后，反右斗争进入了实质性的胜利阶段。按全校教职员工100人计算，已经揪出四个右派，再揪出一个右派兼反党集团成员，就能圆满完成5％的右派指标。校领导已经稳操胜券了。

王林最重用的学术带头人是陈烈和张继志，他们二人不光是学科主任，更是将来一旦他调走以后，主持全面教学工作的副校长人选。他已经在一步一步培养他们，给他们压担子，让他们经受更多的锻炼，得到更多的成长。相比之下，陈烈的历史问题是莫须有的，而张继志则是铁板钉钉的。张继志是最后一个右派名额的最佳候选人。

该走的程序还是要走一遍的。党委派人去找张继志谈心，"向党交心"是党的政策，与"反右运动"穿插在一起，所有的人都必须参加，包括民主党派和无党派人士。他们之间的对话是这样的：

问："张继志，你对储安平提出的党天下怎么看？"

答："嗯……我想……"，他吞吞吐吐想了半天，终于觉得"向党交心"就是要交出心里话，"国务院十二个副总理里面没有一个党外人士，这也就是跟党天下是一样的。"

有这一句话就足够了。

俗话说吃一堑长一智，他实在是让人费解，已经是蹲过一次监狱的人了，还老实到如此程度，愣是把自己"想"成一个右派。不过，欲加之罪何患无辞？他命中有劫，无论"想"或者"不想"，他都是在劫难逃。右派、历史反革命和反党集团成员，三顶帽子同时扣在他头上，这是要判刑的重罪。

1958年寒假春节过后，响应党的号召下放劳动的教职工都回到学校。知识分子参加劳动锻炼，他们抢了头功，黝黑粗糙的面庞和皴裂变形的双手是他们在郊区农村劳动半年、彻底改造思想的有力见证。

朱效人站在他们中间咧嘴一笑，露出洁白整齐的牙齿。他是1956年毕业于西北大学历史系的高材生，在包机校教授政治课。他的回归让停滞不前的反右"补课"出现了新的曙光。

所谓"补课"，就是日理万机的毛主席老人家深夜无眠忧国忧民，担心"反右"不够彻底，右派迟早有一天会暴露出来兴风作浪，因而把5%的指标提高到7%，并连夜敦促下达指标，命令各单位尽快执行。

学校教职员工中，那些先天不足的人，包括海外归来的、出身不好的、有历史问题的、有过激言论的，已经筛过一遍又一遍，没有更合适的人选了。朱效人的一笑，洁白的牙齿晃了人眼，随即让人眼前一亮，豁然开朗：就是他了。

朱效人的一切皆拜他的父亲朱崇廉所赐。朱崇廉是当年地位显赫的阎锡山的十三盖世太保之一，官至太原绥靖公署军务处处长，军衔为中将，抗战期间曾任第35集团军副总司令。他最著名的传奇故事见诸于文字的，是当年在太原城被解放军攻破之时，他手执阎锡山仓皇逃离时留给五百基干舍身成仁的氰化钾，问秘书长吴绍之如何应付。吴绍之在桌子下面做了个泼洒的动作，再端起来做了个喝的动作，两人会心一笑。朱崇廉在太原城破之时举白旗投降，被解放军俘虏。他是所有高干战俘中最幸运的一个，早年在国共合作抗日期间曾数次出手相救共产党的干部，也因此被免于战犯的判刑和劳教。他光荣地出任国民党革命委员会（简称民革）太原秘书长，成为党外民主人士拥护共产党领导的一面旗帜。

朱崇廉已经用光了所有的好运气。反右一开始，大鸣大放期间，他被鼓励给党提意见，结果很快就戴上了右派的帽子，回到反动派那一边去了。这棵参天大树轰然倒下，再也不能给子女提供荫凉的庇护，子女也只能自求多福，好自为之。朱效人响应党的号召，不失时机地主动申请下放农村劳动，以此表明要用"劳其筋骨，苦其心智，饿其体肤，空乏其身"的体力劳动改造旧思想的决心，以脱胎换骨，修炼无产阶级世界观。可惜的是他躲过了初一，没有躲过十五，谁也没有想到"反右"还有"补课"一说，只能叹服毛主席他老人家真是"魔高一尺，道高一丈"。

至此，这场在共产党内部整风运动中伴生的另外一场声势浩大的反右运动，在包头机校胜利结束。

（七）二十一年：回看血泪相和流

毛主席在1957年7月就为"反右"定下了基调。他说："资产阶级的右派是反动派、反革命派，他们和人民的矛盾是敌我矛盾，是对抗的、不可调和的你死我活的矛盾。"一个人因为思想或言论"右倾"，就因言获罪，因思想获罪。他们有违反宪法和民法、刑法的行动吗？没有。

在被认定有罪以后，他们的罪行又是如何审判的？是依法审判吗？

对不起，没有法。凡是提出过"司法独立"、"审判独立"的立法、司法人员早已被打成右派，罪名是反对党的领导，污蔑党委不懂法律，闹独立王国。

1957年底，中央批转最高法院和司法部的报告，指示全国：全部审判活动都必须坚持服从党委的领导和监督，党委有权过问一切案件。案件在审理后，宣判前报请党委审批。

至于审判的依据是什么，毛主席也早已给出了答案："我们每个决议都是法，开会也是法。"（《百年潮》1999年7期21页）

于是，这样一个混乱的、根本不知法为何物的司法系统，冠冕堂皇地在1957年底开始对右派进行"依法处理"，简称"法办"。处理的准则就是《人民日报》社论中称的："右派分子不是自封为落水狗吗？一点不错，我们正是要打落水狗，不但要打，而且要狠狠地打。"

事实上，对右派分子的惩处相当混乱，既有"法办"，又有行政处分。标准不一，更印证了党委领导下的人治掌握着右派分子的生杀予夺大权。

副校长王林，这个"极右分子"和"反党集团头子"被撤销了副校长职务，开除党籍，行政级别由12级降为17级。他被学校扫地出门，发配至二机厂当了一名工具保管员。这个倔强的老八路从来没有屈服过，往后历次政治斗争他都是首当其冲的受害者。据说毛主席去世以后，他拒不佩戴黑纱，说自己家没有布票。而彼时他已经饱受摧残，风烛残年，再无其他还手之力。

张继志这个极右分子、反党集团成员和历史反革命被判处有期徒刑五年，在包头以西的巴彦淖尔市乌特拉前旗监狱里度过满满五年铁窗生涯。刑满后，包头机校表示不能接受他恢复职位，于是他被当作无生活出路者留在当地，开始漫长且没有出头之日的劳动教养。

乌拉特前旗有一片面积逾300平方公里的广袤水域，它是干旱草原及荒漠地区极为罕见的湖泊，叫乌梁素海。乌梁素海是黄河改道后形成的河迹湖，接纳农村、城市生活污水排放和农业灌溉退水，经自然生态调整后排入黄河。富含营养的泥沙淤积是乌梁素海最致命的生态隐患。

张继志白天在湖边劳动。冰融了，芦苇生出来了，美丽优雅的疣鼻天鹅成双成对回到这里，谈情说爱，繁衍生息，享受自然及天伦之乐；深秋，芦苇黄了，天鹅抖动着优雅的翅膀飞上天空，去南方寻找另一个栖息地。这纯洁自由的精灵每每让他看得热泪盈眶。他要为它们打造一个更美好的家园，他要让自由和美好生生不息。

他忘却了一切烦扰，在夜晚就着昏暗的灯光设计挖泥船。工程力学的知识虽然已荒废多年，但它们却早已储存在他的大脑记忆深处，从来不敢忘记。他没有任何参考资料，没有任何辅助计算工具，仅凭自己的记忆，仅凭一双手，把包括公差配合这样的细节都计算出来。完美的设计，卓越的性能让他的船漂浮在"海上"，用一腔执着守候着天鹅们的家园。

你纵然虐我千百遍，我仍待你如初恋。

张继志是1979年随着胡耀邦主持全国右派"改正"工作而回到学校的。他设计的挖泥船在改革开放以后荣获内蒙古科技进步三等奖。

朱效人也是1979年以后回来的。他从来没有被判刑，但却在包头劳动教养所度过了非人的妻离子散的21年光阴。关于劳动教养，官方的解释是：凡不务正业，违反治安管理，拒绝劳动或者破坏纪律，不服从工作分配，不断无理取闹的，都可送劳动教养。此外，罪行轻微，不追究刑事责任的反革命分子，反社会主义的反动分子，收到机关、团体、企业、学校等单位开除处分，无生活出路的，也可送劳教。劳教所是改造犯人，造就新人的特殊学校，也是特殊事业单位。……

朱效人从来没有屈服于别人强加给他的罪名，他骨子里的骄傲来自于他从小的生长环境，就像他那一口无可挑剔的雪白整齐的牙齿，那是在他一无所有的贫贱岁月里唯一拥有的珠宝。他的父亲朱崇廉也是在1979年被释放回家，已近70高龄。父子时隔21年团聚，历尽沧桑，老泪纵横。

另外三个右派周学武、李定国和邢铭，在1958年都被戴着帽子踢出学校，因为包机校是军工单位，阶级敌人不允许留在国家机密单位。非常讽刺的是，1979年机校在纠正当年划分右派错误时，赫然发现，李定国和邢铭的右派身份，根本就是子虚乌有，包头市委从来没有正式批准过。也就是说，他们枉戴了21年右派帽子，为此失去工作，失去宝贵的时间，失去做人的尊严，原来都是一场空。

包机校只是全国一个小小的缩影。这在这场针对民主党派和知识分子长达21年的集体政治迫害中，又有多少个王林、张继志、朱效人？他们被肆意剥夺了话语权、人身自由权甚至生存权，他们的尊严被恶意践踏，遭受了永无止境的身心摧残，粉碎了仰望星空的梦想和追求。这是一道滴着血和泪的、永远不能愈合的巨大的社会创伤。

中国从此万马齐喑，中国人民从此只能发出一种声音，连保持沉默的权力都没有了。

（八）初恋：完结篇

我的故事在如此多的人间悲剧面前显得太渺小了，不值一提。但是对我来说，它却是我的人生，我的全部。跟他们相比，我会宽慰自己还不是最惨的。

机校所有的右派分子都清理了，除我之外。"天网恢恢疏而不漏"有时候并不准确，我就是那个漏网之鱼。我是右派的传闻已经传了很久，但是并没有人真心跟我过不去，我也就乐得在侥幸中苟且偷生。我把自己藏得深深的，头不敢抬，大气不敢出，生怕灾祸会措不及防从天而降。后来才慢慢知道，"革命烈士子弟"这块红色招牌护佑了我，让我免于更大的灾祸和不幸。

是时候跟云仙再联系一下了。我总是自顾不暇地舔舐自己的伤口，终究不知道受到失恋打击的她到底怎么样了。《走西口》那魂牵梦绕的歌声经常在梦里想起，挥之不去，那是她的呼唤吗？

她的回信到了，信很短，只说她无从知道我去了哪，也不知道怎样找我，只能夜夜守着我们一起看过书的书桌，回想着两个人头碰到一起时羞红了脸的甜蜜时光，小声唱着《走西口》，思念着我这个不知下落的负心郎。然后，她在万般无奈之下，随便找了个人结婚了。

薄薄的一张信纸，被泪水浸湿又干了，字迹显得模糊不清。我捧着它，手有些颤抖，眼泪开始吧嗒吧嗒落在上面，直至什么也看不见。天下真的有这样心意相通的奇迹，她的声音越过千山万水夜夜陪伴着我，叫我怎能不感伤？

她在最后嘱咐我，一定要好好工作，好好改造，争取获得党和组织的谅解。

我的初恋，从1952年春天到1958年春天，整整走过六个年头，划上了句号。我庆幸自己没有把她拖进万劫不复的深渊，却也从来没有料到过，我对她的绝情的"保护"，导致她无奈草率地走进一段不幸的婚姻。对她的歉疚是我今生今世都偿还不尽的债。

第十一章 共产主义

我们称之为道路的，其实不过是彷徨。

——题记

（一）乌托邦梦想

在毛主席和所有坚定的共产党人心里，都有一个终极理想挥之不去，那就是共产主义。它发端于十九世纪中期德国犹太学者卡尔·马克思，是对当时面对工业文明蓬勃兴起而带来各种各样社会危机的思考和探索，是五花八门的激进思潮中的一种。马克思和他的亲密战友恩格斯把人类古老的伟大梦想乌托邦，用历史唯物主义的方法从理论上升到了实践。他们在《共产党宣言》中指出：共产党员要用暴力手段推翻一切现存制度，与传统观念实现最彻底的决裂，才能实现共产主义的伟大目标。

列宁领导的"十月革命"是马克思主义在俄国的实践。列宁的不同凡响之处，是他创造性地把亚非国家的民族解放运动纳入共产主义运动当中，他提出的口号是"全世界无产阶级和被压迫的民族联合起来"，从而掀起了世界范围的"红色浪潮"，也使苏联成为当之无愧的国际共产主义阵营的先驱和领导者。

马恩所指的"暴力手段"在列宁看来就是他推行的"红色恐怖"。在彻底消灭私有制的道路上，充斥着暴力、镇压、流血和牺牲。尽管手段暴力，结果却是美好的。所谓的"剥夺剥夺者"，在共产主义运动当中是光明正大的，共产党人对此安之若素。

共产主义消灭了私有制，消灭了国家，人民当家做主，物质极大丰富，人人各取所需；社会主义是人类通往共产主义的必经之路，毛主席正率领全国人民走在这条康庄大道上。

这是苏联隆重纪念十月革命胜利40周年的系列庆祝活动之一。苏联最高领导人赫鲁晓夫站在发言席前，面对来自全世界68个国家的几千名共产党员代表郑重宣布：他所倡导的经济改革是成功的，经过统计学家们测算，在未来15年内，苏联不仅能够赶上，而且将超过目前美国重要产品的产量。未来数年内，苏联在肉类、奶类和黄油方面的人均产量将赶上美国。

毛主席代表拥有全世界四分之一的人口大国出席这次庆典。他鼓着掌，向发言席上那尊健硕的身躯投以意味深长的微笑。周遭狂热而崇拜的掌声一浪高过一浪，全世界共产主义阵营在为苏联已经取得的和预计将要取得的伟大成就而欢呼。

赫鲁晓夫在经久不衰的掌声中离开发言席。现在，表态的机会终于来了。毛主席打破会议惯例，以身体不好为理由，坐着在他的座位上发表了在国际舞台上亮相的最重要的讲话。坐着发言是一种身体语言，更是一种姿态。他说："我们这么多人在这里，有这么多政党，我们必须有一个头。如果苏联不是头，那么是谁呢？难道以字母顺序进行排列？阿尔巴尼亚霍查同志？越南胡志明同志？还是别的国家？南斯拉夫铁托同志？中国没有资格当头，我们经验不足。我们懂革命，但不懂社会主义建设。人口上我们是大国，经济上我们是小国。"

台下出现了一阵骚动，很多代表目光中透出疑惑，他们似乎还没有理解毛主席那充满中国人语言智慧的含蓄的表达方式。他们半懂不懂地盯着台上的发言者，把同声翻译耳机微微扣紧，继续聆听，终于听到了那掷地有声、扣人心弦的重要声明："赫鲁晓夫同志告诉我们，十五年以后苏联可以超过美国。我可以讲，十五年以后，我们也可能赶上或超过英国。"

中国共产主义的远景蓝图就这样隐约可见地描绘出来了。让中国以跑步的速度进入共产主义；如果还不够快的话，那就要飞跃，跃入共产主义；让中国成为全世界的灯塔，照耀人类的前进方向；让全世界被帝国主义压迫的民族和人民都能得到来自东方大国的引领和援助，因为人类的终极目标共产主义是无国界的。

> 昔秦皇汉武，略输文采；
> 唐宗宋祖，稍逊风骚；
> 一代天骄，成吉思汗，
> 只识弯弓射大雕。
> 俱往矣，
> 数风流人物，
> 还看今朝。

如今这首豪迈大气的名篇有了通俗版和国际版，更彰显了最高领袖进行革命的气概之高，成就霸业的雄心之壮举世无双。中国共产党成立之初，它只是苏共布尔什维克在中国创立的一个党支部，是他领导中国人民夺取了政权，创造了奇迹，他有信心领导中国人民再创造一个奇迹，缔造一个令全人类瞩目的共产主义强国。

现在，他隐约描绘出的共产主义蓝图变得格外清晰起来：彻底消灭私有制，完全实现集体化和公有制；兴修水利，改造自然，让土地产出吃不完的粮食，让装满粮食和布匹的货船源源不断驶往亚非拉，让五星红旗在全世界飘扬；让工厂、矿山的现代化机器日夜不停地转动起来，让城市的烟囱冒出滚滚浓烟，生产出煤、钢材、汽车和数不清的消费品……

毛主席登上专机回国了，留给全世界一个强悍有力的巨人的背影；当飞机轰鸣着从高空降落时，何止他脚下这块土地，万里河山都为之震颤了。

（二）1958年

古人说要"乘长风破万里浪"，建成社会主义和共产主义，建成强大的现代工业、现代农业和先进的科学文化正是我们面前的万里浪，让我们乘压倒西风的东风前进，乘压倒右派、压倒官僚主义、压倒保守思想的共产主义风前进。这是《人民日报》在1958年元旦的社论。

1958年是"二五"计划的第一年，也注定作为极不平凡的一年被写入历史。对于没有亲身经历过的人来说，这一年是一出荒诞不经的闹剧；而对于亲身经历过的人来说，那些狂热、苦痛和彷徨是永远也说不清的。

你能想象在卫星实验田里粮食亩产几万斤吗？仅凭一些简单不过的"创新技术"，深挖、密植、施重肥，全国范围内的粮食亩产就不停地"放卫星"，几个小孩笑逐颜开坐在成熟的稻穗上掉不下来。

你如果不信，可以听听科学家怎么说。著名物理学家钱学森撰文称："土地所能给人们的粮食产量碰顶了吗？科学的计算告诉人们，还远得很。"他有根有据地科普道，"把每年射到一亩地上的太阳能的30%作为植物的可以利用的部分，而植物利用这些太阳光能把空气里的二氧化碳和水分制造成自己的养料，供给自己发育，生产结实，再把其中五分之一算是可以吃的粮食，那么稻麦每年的亩产量就不仅仅是现在的两千多斤或三千多斤，而是两千多斤的20多倍。"

你能想象全国人民同仇敌忾发出呼喊："让麻雀上天无路、老鼠入地无门、苍蝇蚊子断子绝孙"吗？在这场征服自然的历史性伟大战役中，全国城乡锣鼓喧天，鞭炮齐鸣，枪声轰响，彩旗摇动，房上、树上、院里、田里、山岗上处处是人，无论工人、农民、干部、学生、军人还是年迈的老人，人人手持长棍、弹弓、床单或锅碗瓢盆，织成一张噪声轰鸣的天罗地网，让天上飞的麻雀活活累死坠地。

中国科学院院长郭沫若作诗，把干部身上的"五气"全部按到麻雀身上予以无情抨击，并对打麻雀给予最高形式的讴歌赞美：

麻雀麻雀气太官，天塌下来你不管；
麻雀麻雀气太阔，吃起米来如风刮；
麻雀麻雀气太暮，光是偷懒没事做；
麻雀麻雀气太傲，既怕红来又怕闹；
麻雀麻雀气太娇，虽有翅膀飞不高。
你真是个混蛋鸟，五气俱全到处跳；
犯下罪恶几千年，今天和你总清算。
毒打轰掏齐进攻，最后方使烈火烘。
连同武器齐烧空，四害俱无天下同。

你能想象千百万农民放下手中的农具，被军事化集中管理，立志兴修气概冲天的水利工程吗？如果让北方的河流翻山越岭灌溉干旱的土地，如果把南方的洪水锁在水库大坝中，全国粮食产量就会猛增。如果大家努力，就能在几个月内愚公移山，实现祖祖辈辈几千年来一直梦想的事情。

十三陵水库是大跃进的一面旗帜，也是全国人民学习的榜样。所谓大跃进就是白天热火朝天，夜晚火把、灯笼照明，由镐头、铁锹、箩筐、扁担和人力大军交织而成的奏鸣曲，人力大军中有毛主席、周总理的身影，有各行各业，包括外交官都赶来参加义务劳动。

你能想象"共产主义是天堂，人民公社是桥梁"吗？把生产力水平低下的农民手中的土地、牲畜、农具及所有生产资料归公，组成完全公有制的人民公社，据说农民的食物、衣服、住房医疗及所有其他生活需要由人民公社免费提供，食堂、托儿所和养老院已实现了家庭社会化。全国迅速办起了340万个公共食堂。

《人民日报》9月1日宣布：在不太遥远的将来，人民公社将把社员领到人人各取所需的天堂，共产主义也即将到来。伟大领袖不无幽默地告诉人民公社社员："敞开肚皮吃饭，一天吃五顿。"

你能想象全国各地小高炉遍地开花吗？农民不去收获田里成熟的庄稼，任其烂掉，学生不再上课，干部不再进入办公室，全国人民一起投入到各种土法炼铁炼钢的洪流中，甚至包括前线的军人和监狱的犯人。上山砍柴，进山开铁矿，下窑挖煤，然后点火，不断地向毛主席老人家报告好消息："我们点火了！""我们炼铁了！"家里所有的铁器都献出来炼钢，铁锅、菜刀、门环、箱扣、女人的发卡，不一而足。小高炉的火光把天空照成红彤彤的一片，"1070万吨钢产量"这个数字以宗教般的狂热被传诵着。

中华人民共和国冶金部部长王鹤寿颇具权威性地向毛主席担保，1958年的钢产量比1957年能够增加一倍，即1070万吨，1959年提高到3000万吨，三年超英。

你能相信科研水平也乘着共产主义的东风大跃进吗？中国科学家制造了这样的奇迹。中国科学院5月报告，青年科学家研制的产品有7项达到国际先进水平，11项是首创；7月1日，中科院又宣布了300多项科研成果，其中超过或达到国际水平的共有25项；不到两个星期，中科院再次宣布完成1000项科研项目，其中一百多项达到或超过国际水平。北京大学半个月内完成680项科研项目，其中100多项是尖端科学技术，50多项达到国际先进水平。半个月之后，北大进一步宣布3406项科研成果，所有项目都是在40天之内完成的。

……

所有这些匪夷所思的事情都发生在1958年，发生在同一块土地上。科学家放下了孜孜以求的真理，艺术家放下了针砭时弊的犀利的笔，政治家对人间的疾苦视而不见、充耳不闻，你还会觉得共产主义是美好的乌托邦吗？

至于普罗大众，也就是人民群众，他们在这个错乱的世界里随着日复一日的单一意识形态的灌输，习惯了谎言，也习惯了荒唐，慢慢开始重复谎言、传递荒唐。

（三）和平楼——自由与禁锢

随着反右斗争的结束，学校迎来了短暂的风平浪静。

半年以来在工作和生活上的了解和默契配合，让我对科主任陈烈充满了亲切和尊敬的感情。在工作中，他总是不遗余力地给我提供最大可能的便利和支持，从来没有过问过我的政治问题，让我心生感激，无以为报。他虽然结婚并有一个五岁的女儿，但母女俩都在乡下老家，他跟我一样住单身宿舍，过单身汉的日子。我们渐渐成了无话不谈的莫逆之交，宿舍之间毫不设防，推门便进。我们喝着大瓷缸里沏得浓浓的砖茶，推心置腹聊一个晚上都未曾尽兴。

我很难想象，他虽然只长我两岁，却有那么多痛彻心扉的故事。在他的身上，不仅背负着对妻子和女儿，还有家乡的老母亲、寡嫂和两个十来岁的侄子的责任。他家是当地的大地主出身，所有财产在土改时早已被瓜分殆尽。他的兄长在国民党统治时期曾在基层政府机关里谋过职，于解放初期"镇反"运动时被当成反革命枪决了。陈烈从小孤身一人在北京读书，历尽贫困和坎坷，家乡对他来讲就是一切苦痛的渊源。每当命运对他微笑的时候，这个难堪的家庭背景就会像幽灵一样跑出来，把微笑打翻在地，徒留一道更深的致命伤口。当初在重庆，若不是因为贺龙阻拦，恐怕他早已成了枪下的冤魂，作为"肃反"的对象去追随他被"镇反"的兄长了。

我在他脸上从来没有看到过哀怨和忧伤，有的只是坚毅和义无反顾。他对家庭的道义和担当充满了人性的温暖和善良，让我肃然起敬。我不禁幻想，我也是个没有父亲的孤儿，如果我的二叔能像他一样，或者只及他的一半，我们全家的日子就不会那么凄苦艰难了。我们兄弟三人没有从二叔那里得到一丝一毫的关爱和保护，有的只是深深的伤害。

耿新校长调走以后，来了一位姓姚的新校长。他是云南光学仪器厂的领导，1957年反冒进时该厂停工，他被二机部临时安排来机校任职。他是12级高干，工资两百多元。因为没有带家眷，他跟我们一样住进单身宿舍楼，成了我们的邻居。

姚校长是一位资历颇深的老革命，抗战初期即加入了薄一波领导的山西青年抗敌决死总队。薄一波是我的同乡，他的故乡蒋村就是我祖父当年任职区长时的区公所所在地。对此我有一种特殊的亲切感，爱屋及乌地把姚校长当成父辈一样尊敬和爱戴。

姚校长把一个人的日子过得风生水起。他差不多每天晚上都去青山电影院看一场电影，他穿着干净整齐，居室也打扫得一尘不染。我们这些年轻的单身汉都喜欢去找他聊天，话题也总是无拘无束。有一次，不知是谁突然问他一个非常让人脸红的隐私问题："姚校长，你总是一个人待着，想不想你老婆？"姚校长哈哈大笑，爽快地回答："想，怎么不想？！这是人之常情。苏联卫国战争时期，在战场作战间隙，军人们都要拿出老婆的照片看看。"有人马上接着问："那你有你老婆的照片吗？"他笑得更加肆无忌惮了，说："怎么没有？我也天天拿出来看呢。"

夏天刚到的时候，总务科的范科长买了一颗大西瓜给姚校长送来，姚校长笑嘻嘻地请他进门。没想到范科长刚一落座，姚校长就走到门口大声喊了起来："老师们，范科长请大家吃西瓜，都到我这里来。"我们听到喊声都兴奋起来，无缘无故竟有这等好事上门？等我们来到姚校长房间，才饶有兴致地看到一脸尴尬的范科长，他正忙着切瓜递到每个人手上，我们不客气地吃了起来。姚校长的笑容里含有孩童般的戏谑和得意，再看看范科长的狼狈相，我不知道该说什么。

当筒子楼的公共空间——走廊、水房、公共厕所贴满了大跃进的诗歌和张贴画时，我嗅到了又一个政治运动来临的气息。与以往有所不同的是，它不是以打击批判一小撮人为目标，而是以调动广大人民群众高涨的热情为主。看，中国正在变成诗的国度，到处是诗的海洋。领袖倡导，人民群众人人参与创作来讴歌这场伟大的运动：

跃进歌声飞满天，
歌成海洋诗成山。
李白斗酒诗百篇，
农民只需半袋烟。

这么说来，李白跟农民比起来，恐怕只有羞愧的份了。

水房门口的墙壁上新帖了这首诗，我走过去时好几个人正围着看：

自古水往低处流，谁见河水翻山头；
人民智高力量大，指挥江河有自由。
龙王一见愁上愁，告老还乡去退休；
调动一切积极性，还是把它社里留。

我的眼睛没有看错吧，是让河水上山？这……怎么可能？难道牛顿发现的万有引力定律对中国人失灵了？我不知道是该相信牛顿呢，还是该相信中国人民的智慧和力量。脑子里闪过一丝困惑后，我又读到了这首：

> 月宫装上电话机，嫦娥悄声问织女：
> 听说人间大跃进，你可有心下凡去？
> 织女含笑把话提，我和牛郎早商议，
> 我进纱厂当女工，他去学开拖拉机。

据说这是革命的浪漫主义，想象力真是丰富。仙袂飘飘的织女换上工装，戴上工帽还会那么美丽动人吗？我正止不住遐想，忽然听到姚校长极其简短的评论："吹吧。"我看了他一眼，不禁哑然失笑。

姚校长身正不惧影子斜，是我心目中党的好干部的典范。但他说话这么不注意，连我这个右派都要替他担心了。有一次，我们在风沙弥漫的郊区义务劳动，挖坑植树。厚厚的沙土下，坑挖了一米多深都见不到丝毫水份的踪影，树种下去能活吗？我们大家都疑虑重重。大风刮来了，姚校长干脆带头跳进大坑躲避。消极怠工不说，他还大放厥词："这他妈的苦差事，要不是政治任务，给多少钱我也不来。"我真不敢相信自己的耳朵，他怎么敢这样说？

后来我想明白了，活得潇洒是一种姿态，并不是每个人都可以那么潇洒、随心所欲，你得清楚地知道你的界限在哪里。姚校长的界限是学校，在这个可控范围内，他可以随意表达自己的喜爱或憎恶。而我的界限在哪里？只能在心里，我是如此卑微地活在这个世界上。

在和平楼里那间空荡荡的单身宿舍，我常常听着窗外呼啸的寒风反思自己。我的所有被认定的"罪行"，皆出自我天马行空的思想和不受束缚的嘴。我如果管不住大脑的话，那么至少要管住嘴；如果我能够管住大脑，时时刻刻跟党保持一致，只说党让说的话，那么我会是最安全的。都言无知者无畏，现在我开始"知"了，所以我感到了害怕，我不想永远生活在这样的恐惧和不安中。

斯宾诺莎有一句至理名言："自由是对必然性的认识。"他所指的必然性是指自然规律和自然现象，人只有认识了自然现象，掌握了自然规律，才能获得在理性指导下的自由。我把这句哲学名言推而广之，把社会规律和社会现象也包括在"必然性"之中。我必须首先学会认清这些规律和现象，然后才能在被认可和允许的范围内获得自由。我的自由是什么呢？顺应潮流，努力工作，好好表现，争取得到党的谅解，早日摘掉右派帽子，回到人民中间。

狂热的大跃进、大炼钢铁恰恰给了我这样一个可遇而不可求的机会，让我有幸用自己最虔诚的心和最忘我的干劲洗刷昔日的冤屈。

（四）土法炼钢专家

白云鄂博是一座海拔1783米的圆型山，位于包头以北149公里处，地处阴山北麓敕勒之川的乌兰察布草原上，蒙语的意思是"富饶的神山"。1927年年轻的地质学家丁道衡首次发现了它的铁矿体。新中国成立以来，经数次地质勘探和考察，国家决定利用这一矿产资源建立大型钢铁企业——包头钢铁公司，并成为国家"一五"计划重点项目。包钢尚在建设中，还没有正式投产，白云鄂博的山头上则早已插满了红旗，开始了大跃进时期哄抢式的开发。

与此同时，挖煤也在紧锣密鼓中大干快上。在包头南端，隔黄河与之相望的是地处毛乌素沙漠的鄂尔多斯。在这个蒙语为"众多的官帐"的沙漠腹地及黄河冲积平原上，蕴藏着丰富的煤炭资源，70%的地表下埋藏着乌金。

包头得天独厚地齐集了大炼钢铁所需的全部外在条件。

8月17日，中央发出《全党全民为生产1070万吨钢而奋斗》的决议，要求以后各部门、各地方将钢、铁生产和建设放在首位，其他一切工业"为钢元帅让步"。与此同时，要求各级党委第一书记挂帅，大搞群众运动，大搞土高炉土法炼铁炼钢。

就在包头北部新城乡的前口子，在一块空旷的荒地上，几十万包头人在市委的统一组织和部署下，动用人海战术挖了一个硕大无比的巨型坑。那人山人海、车水马龙的场面着实让人震撼：先是将一车一车来自鄂尔多斯的煤，有几百吨之多，倒进大坑里垫底；然后把一车一车来自白云鄂博的铁矿石，有几百吨之多，也倒了进去。来自大青山上刚刚砍来的泛着青的松树也被当做燃料扔进坑里。

终于点火了，伴随着"轰"的一声巨响，火势升腾起来，越烧越旺，红透了天空。人群沸腾了，市领导激动万分地颤抖着声音在大喇叭里广播："我们点火了！我们炼铁了！我们要向毛主席报告这个好消息！"

这也叫炼铁？我简直要晕了。从古至今，自从有了铁的冶炼技术，人类进入铁器时代，人类的文明才大大向前进了一步。但冶炼是一个技术活，铁的熔点要超过1500℃，如果不分青红皂白用煤炭木材去烧，永远也达不到这个温度。我实在是不能理解，耗费了如此之多的人力、物力和财力，竟然如此没有章法、没有技术，令人汗颜。可是我什么都不能说，我的"界限"在哪里，我清楚。

几天以后，我们眼见着温度不够的铁渣混合物软塌塌黏乎乎地扒在大坑里，在炉火褪尽后渐渐变成一堆黑乎乎的矿渣。这些矿渣不得不废弃，后来被堆放在去一电厂、二电厂的大路两旁，像山一样绵延起伏，没有尽头。

稍有常识的人都不会对这种形式主义的大炼钢铁热衷追捧。党委副书记于峰和主持教学的副校长童昊天都认为，学校正常的教学秩序不能打乱，大炼钢铁这项政治任务可以在周末去做。他们实在是没有看清形势，低估了毛主席老人家对于钢铁的执着和痴迷。毛主席不是一个工业专家，但他能轻而易举地背出每一个国家的钢产量。他的脑子里全是钢铁，超过英国就意味着超过它的钢产量。8月下旬才提出1070万吨的目标，一年的时间已经过去大半，钢产量只完成了450万吨，不全民炼钢，1070怎么能实现？这是国家大计，谁敢质疑？

市委机关报《包头日报》对包头机校的冷淡予以点名批评。文章说，在全市轰轰烈烈的大炼钢铁运动中，包头机校领导不够重视，出现冷冷清清的局面，与全市和全国极不协调。市委对此提出批评，要求尽快改正。

面对突如其来从天而降的批评，校领导显然是慌了。那么亡羊补牢未为晚也，学校以最快的速度成立了大炼钢铁冶炼办公室，进行全面领导和协调调度。陈烈学的是热加工，我学过冶金，我们俩被任命为冶炼办公室正、副总指挥，负责从小高炉建设到炼铁炼钢的一切事宜。学生马上停课，大队人员马上开往白云鄂博去采矿；还有一部分人专门留在实习工厂，把运回来的大块矿石用小榔头敲碎。小高炉要马上垒起来，火要马上点起来，刻不容缓。

而此时，各行各业、各单位的小高炉已如雨后春笋般拔地而起。尽管我学过冶金，但对土法冶炼却没有一点把握，我提出要去兄弟单位参观学习，领导立刻批准，给我和另一位同事开了介绍信。我们选择了几家在报纸上连篇累牍介绍经验的单位，实地看过才知道那不过是骗人的谎言，没有谁能炼出真正的铁，更不要说钢了。

我和陈烈这对黄金搭档开启了我们俩一生中最默契、也是最完美的合作，我们决心用土洋结合的方法，用最科学、正规的方法搞一个小高炉，我设计炉体，他设计管道和线路。上面催得急迫，我们只能通宵达旦地工作，一个晚上就把设计图纸完成了。学校工作的重心全部围着小高炉转，我们需要什么，领导马上批，马上办，一路绿灯。不出几天，我们的小高炉就平地而起，屹立在后来统称为"小高炉"的那块荒地上。这个小高炉外部是用砖砌的，内部是耐火材料涂层。我们特意聘请了一个河北省的泥瓦匠来砌炉，他的活干得整齐漂亮；高炉所需的鼓风机和电机是直接从学校实习工厂的机床上拆下来的；校领导还动用了社会关系，从二机厂借来吊车用于往高炉中投料，并从他们的炼钢高炉处拉来一车焦炭。在我们看来，焦炭提供的高热值是炼铁能否成功的关键。

机校的小高炉终于在敲锣打鼓、红旗招展的喜庆气氛中，在众多的掌声和注视中点火了。对于校领导来说，点火的意义非同寻常，与其说它是一个"起点"，不如说它是一种姿态。在全国人民高举"总路线，大跃进，人民公社"三面红旗的形势下，如果没有这种姿态，那将是不可想象的；对于我来说，这是我将功补过、接受党和人民考验的关键时刻，我心里充满了"好好表现"的决心和动力。

时间已是秋后，天气越来越冷，学生们轮流上岗，我和陈烈几乎白天黑夜守在那里。这一天下来，不炼出红红的铁水，不完成当日指标，我们是不能回去睡觉的。高炉中焦炭噼里啪啦地燃烧着，源源不断地释放着巨大的热能；鼓风机呼呼地吹个不停，仿佛电光火石轰鸣作响，使人忘却饥饿和寒冷，长时间保持一种莫名的亢奋。

所谓炼铁，就是把金属铁从铁矿石中提炼出来，它是一个还原过程，即把铁矿石中的氧化铁还原成铁碳合金。在实际生产中，纯粹的铁是不存在的，炼铁得到的是铁碳合金。当炉腔的温度达到1300℃～1400℃时，铁矿石在熔剂的作用下逐渐发生熔解，矿渣等杂质的比重轻，漂浮在铁水上部。所以高炉炼铁首先要排掉炉渣，然后才能得到铁水。

我带头用铁锹捅开用耐火材料封堵的出渣口，液体的渣像一条小河一样流了出来。待炉渣流净后，再打开位置稍低的出铁口，红红的铁水也像小河一样流了出来。我们把它浇在模子里，铸成铁锭。这些极高危险的高温作业，都是我和陈烈带领学生用极其简陋的手工工具完成的，我们把毛主席的伟大指示"一不怕苦，二不怕死"的精神溶化到了血液中。

党委副书记于峰经常来我们的工地给我们加油鼓劲。他穿一件黄绿色的军大衣，蹲在地上一根接一根地吸烟。有一天晚上，他叫住挥汗如雨的我，说："小温，来歇一会儿，"并顺手递给我一支烟。

我赶紧双手接过这支烟，犹豫了一下没有点燃，就听到他开口说话了："小温啊，我就不明白你是怎么打成右派的。我看到你这么踏实、这么肯干，你是怎么打成右派的？啊？"他一连问了好几遍，也不听我回答，就连珠炮一样又问了起来："你们单位是怎么搞的？怎么把一个这么好的青年，一个烈士子弟打成了右派？"

这是我来到包头一年多以来第一次由党组织跟我提到这个问题，而且是非官方的谈话，用这样质疑的语气。他一下就戳痛了我的泪点，这一年多以来，我像一个鬼一样封闭在自己幽暗的心灵世界里，如今夜以继日奋不顾身地投入大炼钢铁，不就是为了让党看到吗？我终于按捺不住，任眼泪决堤，无声地滑落。

他吸了一口烟，盯着炉火，眼光似乎凝固在他的回忆中："你刚来的时候，我仔细看了你的档案，看了你打成右派的材料。我认为一个革命烈士后代怎么可能反党反社会主义？你们单位简直是胡闹，不应该打你右派。"

"他们说我忘本了，"我忍住啜泣小声咕哝着，我的冤屈终于有人理解了。我感激地望向他，任眼泪一泻千里。

"在你的工作安排上，党委进行了充分的讨论。我们虽然没有权利给你平反，但我们可以安排你上讲台，发挥你的专长。事实证明，你是一个好教师，我们的决定是正确的。"他顿了顿，接着说："为了不影响你好好工作，我们当时就决定为你这个右派保密，不让学生和教工知道。"

让我费尽心力猜测的真相原来是这样。虽然我的秘密通过别的渠道泄露出去不胫而走，但党委却从来没有因此歧视过我，他们对我的保护难以置信得像一个美好的童话。终究是因为我的父亲啊，他的在天之灵一直在默默看护着我。我突然觉我不再是个孤儿了。

于书记看着我笑了，他拉着我的手用力握住，说："你放心！好好干，今后只要有机会，我们一定会对你的问题进行甄别。千万不要背包袱。"

他放开那只温暖有力的手，消失在漆黑的夜色中。我望着他离去的方向，久违的欢喜和安全感将我包围。虽然天气寒冷，虽然极度疲劳，但我下定决心，要用更踏实、更拼命的干劲来回报于书记和党委为我所做的一切。

怎样把铁进一步炼成钢，在如此简陋的条件下，现代科学的"洋"办法施展不开了，周围也没有任何经验可以借鉴。怎么办？我一头扎进了图书馆研读，终于从老祖宗——明朝宋应星所著《天工开物》中找到灵感。俗话说百炼成钢，炒钢是老祖宗让我脑洞大开的好办法。在高温高压下，生铁再次熔解成糊状金属，利用罗茨鼓风机吹风，经反复搅拌，令生铁中所含硅、磷、碳等杂质氧化，从而把碳含量降低到钢的成份范围。在冶炼过程中要不断搅拌好像炒菜一样，"炒钢"因而得名。

我凭着一腔热血和激情再次设计炉体，把炒钢这件事变成了现实。炼钢的过程纯手工操作，肉眼观察，没有任何仪器设备，仅凭经验和估计判断，我们把含碳量高于2.3%的生铁硬是铸成了钢。看着那红红的一大块在铁砧板上被学生们抡起斧头千锤百炼，心中充满了成功的喜悦。

包头机校不仅炼出了铁，而且炼出了钢，这个消息像长了翅膀一样飞远，让我一夜之间成为星光熠熠的名人，一个既有理论知识、又有实践经验、还有创新技能的土法炼钢专家，在大跃进中成为炙手可热的香饽饽。哪个单位炼铁炼钢出了技术问题，就会派领导的专车接我去做技术指导，单位领导往往以最高的礼遇招待我吃一顿食堂的小炒。我这个右派就这样红了起来。

这个过程持续到12月初，冬日的严寒让遍地开花的小高炉不得不偃旗息鼓。12月22日，《人民日报》头版头条宣布："一年之间钢产量翻番，在世界钢铁史上写下辉煌的一章：1070万吨钢——党的伟大号召胜利实现。"

我心里一直纠结于炼铁过程中巨大的浪费，也不知道自己炼出的钢到底碳含量是多少，能用做什么。既然1070万吨已经实现了，那么我所纠结的东西也就变得不再重要了。

（五）反右倾

1959年，大跃进的号角依然响彻天际。

五一前夕，学校党委决定摘掉我的右派帽子，并且恢复团籍。我成为另外一种身份特殊的人——摘帽右派，据说帽子仍然拿在人民群众手中，如果胆敢乱说乱动，这顶帽子可以随时再戴到头上。摘帽右派是一个非常微妙的政治用语，表示之前是右派，之后不再是，但并不恢复名誉，也不表明打成右派是一个错误，应该道歉。右派和摘帽右派之间最大的不同，右派是阶级敌人，摘帽右派回到了人民中间，和人民群众的关系也由"敌我矛盾"变成"人民内部矛盾"。虽然在一般民众意识里"摘帽右派"仍然是一顶政治帽子，仍然属于低人一等的贱民，但我已经相当满意了。我兴冲冲地跑到百货大楼，买了一顶崭新的列宁帽戴在头上，对着镜子左看右看，掩饰不住内心的欢喜，这表明我把那顶右派帽子扔得远远的，戴着新帽子回到了人民中

摘帽右派

间。我不用再当鬼了，可以堂堂正正地做人了。

做人不是一件容易的事，在被赋予了阶级观念后，做人就是要做劳动人民。所谓劳动人民，是指一切体力劳动者，如工人、农民、手工业者等，以及和体力劳动者相近的受人剥削的脑力劳动者。劳动是推动历史前进的动力，知识分子只有走出书斋，认同于劳动人民，才能得到真正的思想改造，成为劳动人民的一部分。

劳动人民战天斗地的雄心和壮志常常让我觉得自己落后于时代，是自己的思想又出了问题？

后来发生的事情让我越发不能理解，彭大将军出身于劳动人民，他对革命和劳动人民怀有深厚的感情，他怎么也出了问题？而且是阶级斗争的问题，他居然代表了社会主义革命过程中的资产阶级，他的右倾机会主义是在向党、向党的领导机关猖狂进攻。

"彭黄张周"反党集团被揪出来批斗，大跃进的步伐丝毫没有放慢，而是继续一路高歌，所向披靡。

运动又来了。跟两年前反右类似，从中央到地方抓出无数个"右倾机会主义分子"，凡是在大跃进中没有紧紧跟随党中央步伐的领导干部，这个时候被拉出来一个一个清算。因为刊登在《包头日报》上的那篇批评包头机校的文章，党委副书记于峰和副校长童昊天顺理成章地被双双拿下，连降两级，于峰被降为实习工厂厂长，教务科长，童昊天降为机校附中校长，行政级别都降为科级。

仅仅是因为觉得学生不应该停课去大炼钢铁，他们就被认为反党反社会主义。到底什么是反党反社会主义？什么是右倾？两年前曾经把王林搞成"极右分子"、"反党集团"的童昊天，现在成了反党反社会主义的右倾机会主义分子，颇有些螳螂捕蝉，黄雀在后的苍凉味道。于峰是我的恩人，他们俩同时以同一个罪名被抓，让我的情感变得非常复杂，难以厘清。昨天还是领导、同事、恩人，今天就要与他们鸿沟相对，这太可怕了。我不能去向我尊敬和感恩的于峰表达我的同情和关心，他们至少还是"人民内部矛盾"，我这个曾经的阶级敌人躲得远一点，对当事人无疑是一件好事。

林劼是从二机厂派来的新晋党委书记，与他同时到任的是党委组织部长戴恒和宣传部长蒋莉君两员女将，她们俩分别是二机厂厂长和党委书记的夫人，夫贵妻荣。林劼书记据说11岁就参加革命，11岁就入了党，父亲是革命烈士。机校领导班子大换血，从此在极左的道路上一路狂飙。每个人都看清楚了，无论是"右派"还是"右倾"，凡是"右"的一律没有好下场，而"左"则永远不会出错，只会越来越红。

党中央都明确指示了，打倒"彭黄张周"反党集团，反击右倾机会主义，关系到"三面红旗"这一引领中国人民进行社会主义建设的指导思想，总路线、大跃进和人民公社这三面红旗是绝对不能动摇的。新任书记林劼眼里容不得半点沙子，他带领的这支军工队伍，必须在政治上过硬，绝对不能允许再有人走资本主义道路，连这个思想苗头都不能有，必须把它们扼杀在萌芽状态里。所以，在清理于峰和童昊天余孽的同时，他把这只阶级队伍又重新清理了一遍。在他看来，这个世界充满了阴谋诡计，凡是社会上出现的任何问题，比如越来越突出的饥饿问题，都是阶级敌人在利用右倾机会主义掌权进行的阶级报复。

我的好朋友陈烈被排挤走了。他终于因为家庭出身问题被军工行业彻底扫地出门，去了一所地方院校；

会计科的郝梦龙被揪出来，重新打成历史反革命并开除公职。他曾经在阎锡山的兵工厂工作过，加入过三青团。他的问题在解放初期就早已做过结论，如今翻出旧账，再重新审查一遍；

我的好朋友朱汉育也成了搞破坏的阶级敌人被开除公职。他在做实验时不小心烧断一根碳晶棒，正常情况下这只是一个一般性的事故，但在阶级斗争的岁月里，这个事故被解读成充满了仇恨的你死我活阶级报复。

那是一个无比凄凉的冬天早上，被开除公职的朱汉育默默清理打包自己的行李，准备乘火车回老家。除了我，没有一个人前来告别，更不用说来送行了。他的背包里塞满了各种小工具：电烙铁、克丝钳、小榔头、钢锯，等等，他是一个无线电爱好者。当我们提着行李准备出发时，保卫科干事推门进来，命他打开行李，搜查以后才能放行。

"这个险恶薄凉的世界"，我心里恨恨地骂，"草菅人命还不够，还要如此羞辱。"

文革以后我才知道，这些保卫干事，以及那些极左的积极分子们，每逢节假日都有一项特殊的任务，即秘密监视我的行踪。阶级斗争这根弦崩得如此之紧，远远超出了我的想象。

这些还远远不够。其他出身不好的、没有被特别单独处理过的人，统统被集中起来，押往乌拉特前旗校办农场进行劳动改造。他们当中有右派朱效仁、上海资本家的阔少爷骆辛平、江苏宿迁县地主的儿子周贤章等十几个人。骆辛平和周贤章跟我同在一个教研组，他们俩走后，我一个人承担了三个人的教学量。林劼书记对我这个烈士子弟格外开恩，他是一个"唯成分论"者，还曾经一度鼓励我重新入党。

这一行十几个人像劳改犯一样被监管起来，在冰天雪地狂风肆虐的不毛之地，他们徒手搭建简易窝棚供自己容身，只身上山砍柴生火取暖。这些都还不是最虐的，因为他们白天黑夜都被佩戴手枪的农场书记吴良斥骂、体罚，被吊、被打、被绳子捆都是家常便饭，完不成指标被罚饭饿肚子更是不在话下。

吴良是一个年纪和我们相仿的年轻人，来自东北，他最大的特点是嘴上高呼口号，行动起来心狠手辣。善于整人的人在极左年代往往是最吃得开的，他深得林劫的赏识，成为他的左膀右臂。

境遇和劳改犯相差无几的不幸的同侪们，用滴着血和汗的身躯承受着从天而降的暴戾和侮辱，在生存和死亡的边缘苦苦挣扎，没有尊严地苟延残喘于这个荒谬的世界。活着，那就一定要有信仰，信仰万事万物普遍存在的合理的内在联系，用内心的信仰支撑表面的屈从，用屈从化解咄咄逼人的进攻。

人只有经历自己的渺小，才能达到心灵的广阔。

而我，却再也不肯相信"历史是人民群众创造的"。真正影响历史的，绝不是这些保持沉默，默默忍受命运不公的普通人，更不是那些闭着眼睛跟着跑的乌合之众。"人民群众创造历史"是一个彻头彻尾的谎言。

（六）大饥荒

"饿死人"、"人相食"是只有高层才能掌握的国家机密。报刊、广播和单位领导所做的报告口径高度一致：国民经济遇到暂时困难，原因是连续三年遭受百年不遇的特大自然灾害，再加上苏修逼债，撕毁合同。全国人民要勒紧裤腰带还债，毛主席老人家已经带头不吃肉了。

饱受大食堂之苦的家乡亲人们早已各自分了一点剩余的粮食自己回家做饭去了。母亲曾经告诉过我，他们吃野菜，吃糠，吃高粱秆上没有结成果实的霉变的胎芽。年迈的祖母在上厕所时因为头晕一头栽进了粪坑里，险些丧命。未经证实的饥荒终于蔓延到了政策性倾斜保护的工业城市，比农村的饥荒晚了将近一年。眼见城市的供给越来越匮乏，粮店、菜店、副食店、百货店的货架越来越空，购物的长队越排越长，人们脸上的气色也越来越蜡黄。街上再没有气宇轩昂的人流和呐喊，人们都在缓慢地行走，肥大的衣裤在1960年春天的风中荡来荡去。

我一个人兼三个人的课，忙得团团转。偏偏这个时候粮食开始定量供应，每天只供应一个馒头，再加稀得见底的玉米面糊糊，各种副食，菜、肉、油也都不翼而飞没了踪影。我平日的饭量是每天六个馒头，一下子缩减了80%多。我每天上那么多课，课上尽量让自己看起来精神饱满一些。可是一下课，人就几乎虚脱了。饥饿是一种漫长而痛苦的肉体和精神双重折磨，残忍无比。

和平楼里安静得像无人居住一样。劳教的人走了，排挤的人也走了，剩下的人小心翼翼地活着，只是喘口气，哪里还有说说笑笑、高谈阔论的力气？再说，也没那个胆了。每个人都蔫巴巴地捂着被子靠在暖气边坐着，除了看书备课，就是躺倒保存体力。那种虚弱无力感，连一本厚一点的书都拿不动。到了晚上，饿得心慌睡不着觉，只能起来，兑点酱油喝一碗水，欺骗一下自己的肠胃。

民间传说"男怕穿鞋女怕戴帽"，我很哀伤地看到自己的小腿以下部分浮肿了起来，沉得狠，走不动路，按下一个坑半天都起不来。人人都知道浮肿是由于饥饿和营养不良导致，但是没有人敢公开这样说。浮肿的人越来越多，严重的会破皮、组织液渗出，破皮处相互粘连。学校不得已成立了医院，专门收治"肿病"。官方的说法是肿病流行，这是一种瘟疫，因为大家吃了不卫生的替代食物，因此更要大搞爱国卫生运动，制止肿病蔓延。

骆辛平和周贤章都是被抬着进来的。也许只有这样，他们才能摆脱无尽的折磨吧。

不是说我们正在奔向共产主义的人间天堂吗？为什么我的眼里却看见了地狱？饥荒、迫害、生死边缘的挣扎、内心的恐惧，没有一样不触目惊心，也没有一样不令人胆寒。在我小时候，在战乱年代，我们虽然很贫困，但孤儿寡母却没有饿过肚子，没有吃过糠，我们内心总是燃着希望；如今不是太平盛世吗，为什么我看到的景象如此灰暗，如此凄惨，如此令我忧心忡忡？

小幸福偶尔来一次，那就是人人盼望的轮流去食堂帮厨，这一天可以吃两顿饱饭。学校想尽办法给职工谋福利，去糖厂买来一些榨过糖的甜菜渣煮在玉米面糊糊中。这种东西吃到嘴里又干又糙像柴草一样。在正常年景，甜菜渣用于喂牛，其粗纤维是人体极难吸收的，但现在却恰到好处地给人以饱胀感，对胃是一种安慰；但它对于肠道却是一种磨难，因为它太过粗糙，在肠道里蠕动困难，以致无法排泄。

人们想尽各种各样的办法填肚子：挖野菜，捉蚂蚱，把吃剩的萝卜、白菜头种在盆里，长出"再生菜"；把池子里的绿色漂浮物捞起来培养，叫"小秋藻"，据说有蛋白质。朱汉育回到太原以后没有工作，在街道小厂专门培育"小秋藻"，也算勉强混了一口饭吃。

饥饿长时间持续，摧毁的不光是人的身体，人的精神也会溃败。当生存的本能压倒一切时，什么匪夷所思的事情都有可能发生，良知、尊严甚至人伦都有可能弃之不顾。这个时候，该责怪谁呢？

政治课老师张耀亭实在没能耐住饥饿的考验，没能经受住食物的诱惑。当他得知有学生假期从家乡带回一些炒面时，竟趁学生上课偷偷潜入学生宿舍偷吃。他的运气不好被人撞见，小偷小摸带来了灭顶之灾。林勘书记为他深感羞愤难当，当即决定将他开除，扫地出门，以此为戒纯洁教师队伍。

君子固穷，这是鲁迅笔下寒酸潦倒的文人孔乙己都知道的道理，也是文人最基本的道德操守。但在饥饿面前，它没有让张耀亭守住节操。他是一个政治老师，不会没有政治觉悟，但政治和生存本能比起来，本能却占了上风。

古人云"仓廪实而知礼节，衣食足而知荣辱，民不足而可治者，自古至今，未之尝闻"。很明显，今天的人已经不像古人那样有血性了，衣食不足照样"可治"，而且治得服服贴贴。自从反右以后，党外再没有人敢于批评共产党；反右倾机会主义以后，党内也不敢批评领导人和党的政策。对党的政策有丝毫怀疑，都会被认为是背叛，是右倾机会主义分子，会遭到批斗。这种恐惧已经浸满了全身每一个毛孔，千方百计避开这种政治危险成为一种生存本能。

在我面临饥饿浮肿快要支撑不下去的时候，好朋友陈烈向我伸出了援手。他的新学校有一个校办农场可以买到土豆。他把自己买到的一麻袋土豆分给我和同宿舍难友许德章一半。我们弄来一个简易煤油炉，买了一口小铝锅，每天煮几个土豆，剥掉皮蘸着盐吃。谢天谢地，浮肿渐渐消退了，我的命被这些土豆救回来了。

随着1961年的到来，随着"调整，巩固，充实，提高"政策的推行，粮食短缺渐渐缓解，城市的大饥荒终于熬过去了。

（七）大戏落幕

当年周幽王烽火戏诸侯以博美人一笑，他图的是好看热闹，殊不知每一次好看热闹都是他在自我毁灭的道路上更进了一步；如今，台上也是好戏连连，放卫星、打麻雀、赛诗歌、人民公社、大炼钢铁，你方唱罢我登场，一出比一出好看热闹。观众只有一人，那就是本剧的总策划兼总导演，人民的伟大领袖。他把他的思想变成了全国人民的思想和行动，于是台上的演出精彩纷呈，甚至一次次超越了他的想象。戏好看不好看，除了剧目本身，演员的高涨热情是至关重要的。他很满意。

有时戏演得过份了，他也糊涂，难辨真假。他自己是农民出身，一亩地能打多少粮食，他能没有这个常识吗？但是，当他是这个国家唯一的思想者，当他的思想作为唯一的思想行走在这个舞台上时，他所听到的声音都是他自己声音的回声；以及，虽然从别人的嘴里说出，但却是他心里最想听到的声音，所以他掉进了谎言的怪圈。

聚光灯仍然明晃晃地照在舞台上，在灯光照不到的暗处，无数瘦骨嶙峋的农民睁着凸出的眼睛倒在坑头、路边或兴修水利的工地上，超过两千万条生命无声无息地消失了。

戏还接着演吗？他心里也挣扎。但是他是在战争的大风大浪里胜出的硬汉，他深知共产主义是一场人民战争。谁都知道打仗就要付出代价，就要有牺牲和伤亡，这没什么值得大惊小怪的。"戏不能停，还要演下去"，他说。

但是幕后的真实状况是什么呢？

当灯光照到高产卫星田时，幕后是其它被拔掉庄稼运来凑数的光秃秃的田地；

当灯光照到水库工地时，幕后是千疮百孔的山；

当灯光照到小高炉时，幕后是被扒倒的城墙，被伐光的森林和被毁掉的矿山；

当灯光照到小麻雀时，幕后是失去平衡的生物链；

当灯光照到一张张幸福的笑脸时，幕后是无数被捆绑的手脚和贴了封条的嘴。

越过森森白骨，在那几千万瘦骨嶙峋的身躯无声倒下的背后，是多少绝望的悲鸣和痛哭？是多少撕心裂肺的天问和控诉？前台的戏虽让他陶醉，但他终于看见了后台，他突然想起了周幽王的惨痛代价。结束吧，他得承认，戏不能再演下去了。

大幕徐徐拉上，他精心编导的大戏终止了，从1958年到1962年，历时五年。令他不能理解和接受的是，中国的工业、农业全面倒退到解放初的水平，他的国家和苏联及共产主义阵营也渐行渐远、直至决裂。他梦想的大跃进、共产主义似乎越来越遥远。

历史将怎样评价他所发动的这场"大跃进"、这场带领亿万中国人民奔向共产主义的伟大战斗？与天斗、与地斗、与人斗，它无疑是人类历史上最狂热、最荒唐、最血腥的乌托邦实验，也无疑是人类历史上最空前的劫难和悲剧，它是对大自然、对人性、对人类历史和文明的挑战和否定，结局必然是一败涂地。它不是真正的乌托邦，因为乌托邦是人类美好的梦想，是建立在对人类的信心、对人性的悲悯、对人所能达到的思想道德境界的认可上。而这样一个充满暴力、镇压、流血、牺牲的共产主义，有可能是人类最终的目标和理想吗？

第十二章 执子之手

时间决定你会在生命中遇见谁，你的心决定你想要谁出现在你的生命里，而你的行为决定最后谁能留下。

——题记

（一）缘起缘落

摘掉右派帽子对我是心理压力的巨大释放，它意味着我重新成为一个普通人，可以过不受歧视的正常人的生活。环顾四周，跟我一样的单身汉陆陆续续成双成对谈起了恋爱，和平楼一楼也一间一间被年轻的小夫妻侵蚀占据，锅碗瓢勺交响曲伴着氤氲的烟火气升腾在筒子楼的走廊里，撩拨着我的心。对家的渴望、对爱情的向往成了萦绕在心头挥之不去的惆怅。

我除了一颗沧桑的心一无所有，谁会嫁给我呢？

女学生中有几双热切的眼睛，但我没有勇气去迎接，师道尊严让我不允许自己有这样的非分之举。还是回老家找一个姑娘吧，乡里乡亲的，老话不是说亲不亲故乡人嘛。我虽然已经在外求学工作多年，但是一提起故乡，仿佛周身的血液开始流动起来，给冰冷麻木的心注入一股苏醒的力量，灰暗的世界中又有了庄稼地里的油油绿色和滹沱河的咆哮奔腾。亲切的乡音、温暖的问候、可口的饭菜香味在梦中远远地向我招手，呼唤游子归来。

1961年春节前夕，刚一放寒假，我就迫不及待地奔向故乡，一秒钟都没有耽搁。为了赶上第二天凌晨的火车，我和邸铁敖、王计牛三人作伴，半夜就步行出发直奔沼潭车站。黑漆漆的夜里，肚子里空空如也，身上只有一套初来包头时量身定制的棉袄棉裤，配上一双棉鞋和棉帽，无论裹得怎样紧，走得怎样气喘吁吁，都不足以抵抗零下三、四十度的严寒。十多公里的距离，为了抄近路，我们深一脚浅一脚地走在冻得硬梆梆的田埂上，旷野的风从四面八方刮来，不分青红皂白地往骨头缝里钻，比刀子割还要疼。幸好是三个人互相拉着，否则不一定被刮到哪里去了。人在冻透之后开始失温，身体变得麻木，失去一切肢体感觉；再后来，除了大脑还有往前走的意识之外，身体竟然感觉在发热发胀，没有任何知觉地不停抖动。

终于赶上了火车，坐在温暖的车厢里许久，身体的感觉才一点点恢复，冻伤的痛像刀子又割了回来一样。耳朵硬得像个铁壳，却在一滴一滴顺着耳垂往下滴着黄黄的液体。钻心的疼痛告诉我耳朵冻伤不轻，但我不敢碰它，因为听说冻伤的耳朵轻轻一碰就会掉下来，那岂不是更大的灾难？

从昨天晚上出发前吃了几个煮土豆，到冻僵、再到体温恢复，十几个小时过去了，人已经快要虚脱，但我们手里没有一星半点可以吃的东西，火车上也没有食物售卖。在这个饥荒的年代，食物是如此匮乏，如此罕有，也是如此霸道：当它不能占据你的肠胃时，它就会霸占其他地方——你的头脑，你的心情，和你的一切思想意识。

火车慢吞吞地行驶了一天一夜之后，终于抵达省城太原。三十多个小时未曾进食的我虚弱无力地走出站台，在火车站广场买到热乎乎的发糕塞进嘴里。太原的冷比起包头来就是小巫见大巫，肚子里塞进食物后，周身生出些许温暖和力气。我环望四周熙熙攘攘川流不息的人流，脑子里突然闪现出五六年前那个夏日，同样的地方，同样的场景，可怜的云仙在这里望穿秋水空等了我一天。现在我站在这里，她却在哪里？她还好吗？这个深情的姑娘，与她错过一场约会，也许就预示着错失一生的姻缘，今天的我才会站在这里，想起她，想起那些让我愧疚和伤痛的往事。

半年前经人介绍，我认识了一个聂姓姑娘，她在太原卫校读书，现在是山大二院的一名实习护士，我来太原是专程见她的。

聂姑娘比我小六岁，生得美丽端庄。她的外祖母家就在宏道西街，与我是近邻。我们去年夏天在宏道见过一面，半年来互有书信往来，她还寄过粮票给我。虽是农村出身的孩子，但这样的个人条件，如果肯嫁我，我也是没什么可以挑剔的。

这场约会谈得像白开水一样。聂姑娘美丽端庄的脸上少有表情，身体的姿态也拒人于千里之外。坦白说，我这半年，想馒头的时间比想她多了不知多少倍，见到她也忍不住要想馒头，想母亲蒸的豆涵窝窝和酸菜包子，想流脓的耳朵何时才能好起来不再疼痛。谈恋爱不是应该有激情和化学反应吗？我怎么什么都没有？

两天之后，她把我送上回故乡的火车。我还是一边想着馒头，一边发出貌似热情的邀请："你也回你姥姥家来吧，咱们年后把婚结了。"她礼貌地笑了一下，冲我挥手再见。

回到故乡没几天，我就收到她寄来的一个包裹，她把我委托二弟从天津买来送给她的一双平底皮鞋原封不动退了回来，没有只言片语。我端详着那双精致的皮鞋突然大笑起来，骂着自己："傻×哄哄地邀请人家回来结婚，人家凭什么嫁给你？要是我，我也不嫁！"在心有灵犀这件事上，背道而驰的两个人也是有共鸣的，只不过方向相反而已。

后来听介绍人说，聂姑娘不知从哪里得知我是个右派，尽管已经摘帽，但她不愿意受到任何牵连。一想起她那礼貌的微笑，我就从头寒到脚，原来摘掉的右派帽子仍然像一个无形的枷锁。也罢！从此，你有你的路，我有我的路；至于什么是正确的路、恰当的路，我不清楚，它也许并不存在。

（二）生婵

在宏道以北六公里的水果之乡同川，有一个依山傍水的小小村落磨湾村，几十户人家都是远近不同的亲戚，村民居住在滹沱河的支流同河的冲击扇上，村前村后都是高高耸立的黄土岗，岗上长满枣树和梨树，那是祖祖辈辈传下来的珍宝，自然得跟野生天赐的一样。耕读传家的李氏一门过着稳定富足的生活，山岗上有数不清的玛瑙似的红枣，河对岸的岗上长满水晶一样的鸭梨，河套里大片大片种植着红红的高粱和黄黄的玉米；家家户户的羊被村里的牧羊人集中照管起来，吆喝着小调把羊群赶上青草丰美的坡地去放牧，日子平静美好得像清清流淌的同河。

同川地区没有遭受过日军铁蹄的践踏，一直在共产党领导的晋绥边区治下安享太平。晋绥边区的土改来得早，也来势汹汹，李家的田地、财产被收走了大半，只留下一顶地主的帽子戴在头上；解放初期，在乡间曾经盛行十多年的一贯道被定性为反动会道门，身为地主兼一贯道堂主的李进财遭受到毁灭性打击，不仅自己落得永世不得翻身的下场，还殃及子孙后代。寄居在李家的续弦妻子带来的"拖油瓶"继子是同川大区的一贯道领袖，被活活打成重伤，不治而亡。

小小的生婵是在父亲李进财50岁时降临到这个世界的。她没有见过家世兴盛，母亲以20岁的年龄差距再嫁父亲，是被赌徒前夫逼得没有活路，才把自己和13岁的儿子卖身给李家。儿子成了李家的长工，她则还没过几天丰衣足食的日子，就在土改中成为穷得叮当响的"地主婆"，受尽磨难和凌辱。生婵上有早已成年的同父异母哥哥姐姐多人，按照家族传统她在本村小学读书识字，不曾想她聪明伶俐，一路就读了下去。在邻村读完小时，她的数学成绩总是班里最

小小的生婵

好的那一个，身兼各门功课的老师如此偏爱她，想当然地认定她的语文也好过其他人。她果然不负重望，以优异的成绩考上了县城的崞县中学。

那时的生婵，雪白的面颊上一双乌黑闪亮的大眼睛透着机敏和娇俏，脸蛋总是红扑扑的，头上冒着蒸汽。她最爱的游戏是踢毽子，毽子在她脚边上下左右舞动翻飞，她闪转腾挪跳跃，一连贯动作一气呵成。她的上衣口袋里总是装着满满两兜红枣，一个下午的游戏过后，红枣吃完了，她还不知倦怠。

1955年，生婵16岁，父亲垂垂老矣，家中空空如也。母亲在无奈地接受了丧子之痛后，坚定了让生婵继续读书的信念。她失去了儿子，将来养老送终也许就要靠这个女儿了，她必须想尽一切办法让女儿读成，找到工作，挣到工资。上学的费用是她靠变卖家里维持生计的日用品一点一滴凑出来的。

从家到学校的路60里远，生婵不能经常回家。每逢寒暑假开学，母亲总会凑钱雇个小驴让生婵骑着，她自己跟在旁边走。到了学校后，母亲就骑着小驴回来。这样一来一回，一走就是一整天。

位于原平镇的崞县中学继承了早期坐落于崞阳镇的崞县中学的名号，实际上是一所全新的学校。彼时的崞县政府已经从崞阳镇搬迁至原平镇，原平成为崞县县城。

新的崞县中学位于原平镇班村红部，曾是日军占领期间的日军驻扎地，据说驻扎军是臭名昭著的搞细菌人体实验的七三一部队的一个分部。学校的建校几乎是靠师生一砖一瓦完成的。挖开一个地基大坑，学生们用小小的箩筐一筐一筐把土运出去，再一块一块把建筑用砖料运到大坑旁。这些年轻孩子成天谈论的都是社会主义建设，战争的阴影在他们心中已日渐模糊。但是，当一块一块森森白骨被挖掘出来之时，他们还是免不了恐惧和疑惑。为什么有这么多人体骨骼？这些骨骼背后一定是被日军杀害并藏尸的冤魂。

生婵从小被村里老人讲的聊斋故事吓破了胆，天一黑就躲在房间不敢出来。但她此时浑身上下却充满了神奇的勇气和力量，充满了对日军的国仇家恨。她用手轻轻抚摸一块头颅骨，像是轻声安慰一个亡灵。她仿佛被神明感召了一样，心里涌出一股前所未有的宁静和安详，她的眼眶湿润了。

也许这就是缘分的开始。16岁的生婵从来不知道有一个年长自己近三十岁的表哥在这里死于日军刀下，他就是我的父亲。从那一刻开始，父亲便在冥冥之中把一根红丝线缠绕在生婵脚上，牵引着她一步步向我走来。

生婵并不是一个安分守己任人摆布的姑娘。初中毕业时，崞县中学改组成原平农校，所有的学生就地转换直接上了农校。生婵跟要好的朋友商量，偷偷从学校溜了出来，跑到太原这个大世界，考上了太原轻工业学校。

生婵给自己换了名字，她不喜欢充满女性柔媚气质的"生婵"二字，因为不符合时代气息。从此，她的名字刚硬得没了性别——俊荣。这是很时尚的两个字，也符合"妇女能顶半边天"的性别理念。她只是淳朴地想靠自己的肩头撑起一个家，老迈的父亲、孱弱的母亲和只有九岁的小妹妹。这个可怜的小妹妹，若不是她当初出手相救，在出生时就会被扔进便桶溺死。家里既穷又封建，根本不想再养一个赔钱的闺女。如今生计艰难，小妹妹只读了一两年小学就辍学了。

三年后，生婵从太原轻工业学校毕业，顺理成章地留在太原，得到了一份大城市的工作。母亲的愿望就这样实现了。

（三）一见钟情

李家的院落乍一看去仍颇具旧时遗存的风骨，青砖灰瓦，开阔气派。西堂屋曾是四十年代作为堂主之家的一贯道活动场地，1958年大办公社食堂又被征用，曾上演过一天五顿饭的喜气洋洋的闹剧和清水煮野菜的人间悲剧。喧嚣之后的沉寂，更突显一股难以言说的颓废和败落之象。

年老体衰的父亲没有撑过大饥荒，1960年饿死在自家炕上，皮肉浮肿粘连，惨像目不忍睹。母亲和妹妹借来公社食堂20斤莜面薄葬了父亲，也随即因预支了两个月的口粮而不得不靠树皮和草根糊口。俊荣在1961年夏天毕业工作，可以挣不到30元工资，这个家总算透进一丝阳光，可以存活下去了。

俊荣的母亲是我祖母的表妹，按辈份来说，她虽然小我五岁，却是我的姑姑，是刚出三代的旁系血亲。1962年大年初六，我打着走亲戚拜年的名义来相亲，她刚刚从省城太原放假回家过春节。

看到她的第一眼我便愣住了，小巧玲珑的她像一缕阳光一样明亮耀眼，细腻的脸颊白里透红，未经风霜。我的精神顿时亢奋了，满含笑意向她投去欣赏的目光。在与她对视的刹那，我看到一种掩饰不住的意外惊喜从她眼中流出。随即她羞红了脸，微微垂下眼帘，长长的睫毛在脸上投下一排阴影。我在心里欢快地叫了出来："就要她了。"

寒暄过后，她的母亲忙着去准备午饭，小妹妹去帮忙拉风箱。我按捺着心里的激动，不失时机地坦露了我的家底，这是相亲的规则。

"我是一个穷小子，每个月挣43块钱。"

她俏皮地乜了我一眼，笑着说："比我挣得多。"

"我的家庭条件很困难，孤儿寡母的，我是老大，要照顾母亲。"

她同情地看着我，嚅嚅地应着："我家也是孤儿寡母，可能比你家还要困难。"

"我在包头工作，要是以后结婚了，恐怕要两地分居一段时间，还得慢慢解决。"

她若有所思地点点头，没有吭声。

还要不要再说下去？曾经是右派这件事还是暂时不要说了，它会搅黄我的好事；再说，我不是已经摘帽了吗？隐瞒这件事也不能算不诚实吧。

我们开始东拉西扯地聊了起来，聊我们亲戚关系的渊源，聊各自的家事，聊未来的打算，那是一种"欢笑情如旧"的慰贴感，无比舒适温暖。她突然止住笑，不无严肃地对我说："我有一个同父异母的大哥，你不知道吧？"

"好像没有听说过，"我十分疑惑。

"我大哥在五七年被打成右派，从工作的河南水库工地打发回了老家，已经四年多了。他的家人都在南京。"

我的天呐，怎么绕来绕去还是绕不开右派这个话题，她想说什么呢？我紧张地把手攥成拳头，手心里都攥出汗。

"我大哥已经50多岁了，在这里一个人，没有工作，没有家庭，非常可怜。"

"那他现在怎么样？"我急切地想知道这个"同是天涯沦落人"的现状。没有工作、没有家庭都是既成事实，没有未来才是最可怕的。不是所有的右派都有我这样的好运气，没有受过皮肉之苦，还在两年之内摘了帽。

她眯着眼睛看向不知哪里，悠悠地说："他在大跃进时被公社弄去修水库，现在还没有回来，不知道在干什么。"她回过神来，深深地看了我一眼,并没有打算停下来:"我觉得右派都是好人。首先,他有独立的思想和见解,不人云亦云;第二,他坚持自己的立场,是一个有人格的人;第三,他受到打击,说明他不会溜须拍马……"

她还在"一、二、三"地说着,数学逻辑果然了得。我却什么也听不进去,内心涌起感动的热潮,想紧紧拥抱这个善解人意的可爱姑娘。

自古以来,美人往往都有出手搭救落魄书生的情怀,以身相许的故事更是让人对尘世的幸福充斥着不切实际的幻想。难道我是从小听《聊斋》故事听多了?我真的会遇到现实版的聊斋?我被这猝不及防的感动和幸福冲昏了头。

午饭是农家春节期间最爱的年糕和白馍。俊荣显然是少有家乡生活经验,她把红糖沏成糖水让我蘸着年糕吃,笨得可爱,超出了我的想象。我真想端起那碗糖水当成酒一样一饮而尽,这才是"人生得意须尽欢,莫使金樽空对月。"

午饭过后,略坐片刻我便要启程离开。她送我出来,跟我并肩走到巷口。她的个头刚刚够到我的下巴,显得那么娇小,让我生出保护她的强烈愿望。我不停地吩咐她要考虑好两地分居的客观困难,心里却对她的选择有八、九分的把握。默契都是藏在心底的,说出来就不珍贵了。

回家的路上,我撩开大步,45分钟就走到了。虽是万木凋零的冬季,我却感受到了春天即将到来的气息。生命中所有的美好都源自最纯净的灵魂,春有百花秋有月,夏有凉风冬有雪,若无心欣赏,一切美都与你无关。她的理解和接纳,仿佛拥有救赎的力量,让我的眼睛看到了世间的美好,看到了万物复苏的勃勃生机。

（四）闪婚和裸婚

"闪婚"和"裸婚"都是现代词汇，权且借用来描述我的婚姻，是再合适不过了。

婚姻就像一个人的"二次投胎"，其重要性不言而喻。

对于一个23岁的年轻女孩来说，选择闪婚意味着极大风险；选择裸婚则更是选择了困难模式，意味着要用多年的努力也未必能换来最基本的生活；而选择了我，不光意味着贫穷，还有动荡。

俊荣的母亲劝她慎重考虑，她倔强地说："我愿意。"爱情来临的时候，它就是那根被轻轻拨动的心弦发出的震颤。她说喜欢我的样子，也喜欢我的憨直，更心疼我所遭受的苦难。她向往与我一起的未来，虽然她不知道是什么。

当介绍人把俊荣的决定告诉我时，我一点都不觉得意外，我好像熟知她已经很久了。

第二次见到俊荣是在相隔几天以后，她来宏道跟我去村委会办结婚登记。这是我们第一次也是唯一一次以恋人的身份并排走在一起。我多希望这条路长一些，我们可以谈一点恋爱，可以让彼此更熟知，让感情逐渐升温，但我又清楚地知道这些都是不切实际的幻想。

从村委会出来，俊荣成了我的合法妻子，我成了她的丈夫。这个变化比闪电还要快，还要晃眼！她落落大方地靠近我的胳膊，我没有片刻犹豫牵起了她的手。她的手又小又柔软，温暖直达我心。这一刻，我们对视着，没有誓言，但却郑重地把自己交到对方手上，决不会再让彼此遗落在天涯。缘分就是这样，它有很多巧合，很多阴错阳差，很多突然，也有一些偶然和必然。我们来到这世上，无非就是为了寻找命中注定的有缘人。感谢上天给了我们这样的缘分，与你相遇是我生命中最幸运的事。因为你，所有的哭和

闪婚

笑，所有的等待都有了意义。

婚礼定在正月二十一，在我们相识仅仅半个月之后。我和母亲凑了100元钱交给俊荣，让她给自己买一点新娘子的装扮。她去了一趟太原的工厂请婚假，回来时给我们的新家买了一只暖水瓶和一个洗脸盆。暖水瓶要20多元，绝对是生活中的奢侈品。我和母亲简单打扫布置了东厢房，窗上贴上大红喜字。这真是彻彻底底的裸婚，我们一无所有，连被褥都是旧的。

但贫穷并没有妨碍新婚的喜庆和欢乐。沉寂多年的八音会恰巧在这个正月重组了班子，我们有幸在这个大喜的日子里有八音会助兴，听到久违的唢呐响彻天际的嘹亮声音，一切都变得那么美好。

在娶亲的马车上，我穿着一条借来的毛料裤和一双旧皮鞋，头发梳得一丝不乱。俊荣的右派大哥来送亲，他瘦长的面颊上露出难得一见的笑容。我的新娘！我盯着她看了良久，她粉白的脸上绽放着笑容，红底大花棉袄衬托出她的娇媚，让我心里美得飘飘然。包头机校那么多同事，没有一个人的媳妇比我的漂亮。

我家小院和小场里挤满了欢乐的人潮，坐席的安享坐着的诸多乐趣，边吃、边看、边聊；不坐席的挤进来看新娘子，听欢快的唢呐。母亲和祖母高兴得乱了方寸，忘了应酬客人，不停地逢人便夸新媳妇乖巧懂事、识大体，是温家修来的造化。小孩子们手里拿着吃食满院跑，大声尖叫嬉闹。席上最奢华的菜是豆腐，最稀罕的主食是炸糕。大饥荒的阴霾尚未走远，吃肉还是一个美好的梦想。虽是素席，大家也吃得肠圆肚饱心满意足。婚礼变成了宏道西街的狂欢节。

（五）劳燕分飞

新婚燕尔的蜜月温柔眨眼就到了尽头，十来天以后，我和俊荣不得不分手。在忻县火车站，我把她送上南下太原的火车，我则乘北上的列车远赴包头。依依惜别之际，我们相约，半年之后暑假再见。

俊荣回到她的太原陶瓷厂。她是于半年前1961年夏天毕业分配到那里工作的。这是一个解放初期公私合营的轻工小厂，生产傻大粗笨的陶瓷用品，又粗又厚的碗端在手里都嫌沉，粗糙的碗底圆圈可以用来当磨刀石，色彩造型更是沉闷得毫无美感。工人们穿着脏兮兮的工作服捏陶、烧窑，在光线暗淡的半地下车间忙碌，分不清男女。她初来乍到，虽是中专毕业，还是被分配当做工人，挣不到30元的微薄见习工资，上班时间三班倒，基本上就是在暗无天日中生活。她住的宿舍跟劳改犯营差不多，十几个人一个大通铺，外面下大雨时屋里下小雨，脸盆里的水在冬天能结冰。

她只是跟我讲述这样的条件，但我没有听过她抱怨，反而听到她的感恩，因为母亲和妹妹因着她的工作让生活有了指望。她省吃俭用把存下来的粮票寄给我，怕我挨饿。

我的情况要好得多。粮食供应虽然没有恢复到大饥荒前的水平，但是粗粮可以吃饱，不再挨饿浮肿了。好运气渐渐开始光顾我，我成了金工教研组组长；并且，"右派"被彻底平反了！太原机械学院承认，把我划为反党反社会主义右派分子是一个错误，应予以彻底纠正。我被补发了工资，恢复团籍。

我已经超过28岁，可以选择退团了。我毫不犹豫在第一时间退了团，因为我不想再交团费。我是有家的人了，钱要用来精打细算过日子。从1957年到1962年的补发工资累积起来将近300元。这是一笔巨款，十元一张的大红票子拿到手里厚厚的一沓，沉甸甸的。虽然每一分钱都浸润着我的辛酸，但这一篇终于彻底翻过去了，我不想再回头，只想往前看。我在日夜盼望着暑假快快到来，早已归心似箭。

美好的夏天在我的期盼中款款而至，我怀着无比期待的心情兴冲冲地回到太原，回到她的身边。在太原东北方向名叫尖草坪的地方，我找到了大东关，也找到了陶瓷厂。这个地方远远超出了我的想象，"尖草坪"是这样一个诗情画意的名字，"大东关"也充满历史韵味，怎么能和眼前浸到骨髓里的无可救药的脏、乱和破旧相提并论呢？我的妻子，脸蛋白里透红的美丽姑娘，第一眼看见她就让我的心紧紧地揪了一下，她就像一颗在颜色暗淡的破布里裹着的珍珠，让人看着心酸。

她住十几个人的大通铺，那么我住哪儿？我回到了她身边，但我们连个窝都没有。我呆呆地站在她面前，心疼地替她抚弄跑到工作帽外面的头发，不知道该怎么办。她仰起头看着我，眼里渐渐噙满泪水。久别重逢，多少思念，多少委屈，多少盼望，都在不言中化作眼泪，一滴一滴掉了下来。

细心的俊荣早已为我做了安排。工会主席的办公室里有一张小床，他上班路远，中午休息时用来躺一下。俊荣跟他说好，这间办公室、这张小床在下班以后借给我们使用，早上我们早早起来，把夜里用过的痕迹打扫干净交还给他。"这个聪明的小脑袋"，我不禁赞许道，也为我们能够临时拥有一个独立空间感到开心。

但是问题很快就来了。俊荣的工作三班倒，她去上白班，我就得出去四处闲逛，因为我在厂里无处容身；她要上夜班，白天则需要在集体宿舍睡觉休息，我更是白天晚上一整天见不到她，无所事事。这哪是长久之计？一个星期以后，我纠结着跟她说："我还是回老家吧。你要是能请到探亲假，你也回来跟我团聚几天。"国家对于夫妻两地分居的情况是有政策的，每年有两周探亲假，让牛郎织女能够鹊桥相会。

临走前的星期天，我们专程去五一百货大楼，我决定用右派补发的工资近200元给俊荣买一块手表。这么昂贵的天价奢侈品是我们以前从来不敢想的。我很希望她在三班倒的混乱节奏里能清楚地知道时间，同时也代表我这个无能为力的丈夫对她的爱和陪伴。

我们选中了一块苏联产基洛夫手表，这是我们的小家庭第一次拥有称得上是财产的物件。我们无比自豪地捧着这块珍贵的闪闪发亮的手表，看着它的指针不知疲倦地一圈一圈绕行，侧耳倾听指针滴答滴答清脆的声响，仿佛听到时间在流逝。是啊，时间在分秒不停地流逝，任谁也不能把它留住。我们的团聚是这样短暂，这样充满遗憾，我们要走的路还很长很长，充满崎岖和艰辛。婚姻的份量是不能仅用时间长短来衡量的。在同甘共苦的日子里，有沉甸甸的爱在，即便是短暂，亦或是刹那，都会闪烁着永恒的光芒。

（六）温柔了时光

俊荣在暑假期间怀孕了，她的身体非常虚弱，刚刚经历过大饥荒，因为工作的原因生活作息极不规律，又在工厂食堂上大灶，能够吃到的食物品质可想而知。不到三个月时间胎儿流产了，她经历着身心双重打击，一个人默默承受着。等我收到她的信得知这些情况时，她已经被我的母亲接到忻县去养病坐小月子。母亲听说她小产，神经顿时高度紧张；流掉的是一个男胎，这更让母亲痛惜不已。

母亲从乡下搬去忻县居住是因为二弟。三弟参军以后，母亲本来一个人在乡下生活。二弟从天津医学院毕业后分配至忻县工作，他在县城租了一间小屋把母亲接来，二人作伴。俊荣来了以后，他只能临时找个住处偏安。

母亲还不到50岁，正是年富力强的好时候，有她照顾俊荣我是一百个放心，也一百个安心。在困难时期亲人们聚在一起互相帮助，让人心里不知道有多踏实。想想她们在一起念叨着远方的我，不由得生出被牵挂的幸福感。自从有了家、有了妻子，我这个像风筝一样的男人时时感受到被牵的滋味，心里的方向和喜怒哀乐也随着她手里的线时上时下，时紧时松，身不由己。

母亲真是调理高手，她做的汤汤水水营养丰富、滋味无穷，俊荣也受补，很快就恢复到了从前的体能，回去上班了。1963年寒假，我们全家再次回到故乡宏道团聚，欢庆新年的到来。久别胜新婚，俊荣再次怀孕。

对于有丈夫呵护的新婚妻子，这个时候正是恃宠而骄的最佳时机，孕育新生命让一个家庭充满甜蜜和憧憬，是人生最幸福快乐的时光。但是对于孤身一人的俊荣来说，她的孕期充满苦涩和磨难，剧烈的妊娠反应和越来越不便的身体，三班倒的不规律作息，以及大食堂难以下咽的饭菜，再加上孤独寂寞无依无靠，无不摧残着她的身心。但即将成为人母的盼望让她战胜了一切困难，成为一个温柔坚定的女人。一个人知道自己为什么而活，便可以忍受任何一种磨难。

我能做到的就是向学校申请一间单身宿舍，尽早把备产的她接来照顾。都说陪伴是最长情的告白，日日厮守的夫妻很容易把陪伴看得跟空气一样自然，很难意识到它的份量；对于我们这样的牛郎织女，陪伴不仅是空气，而且是弥足珍贵的阳光，有了它生活才会灿烂。

和平楼一楼一间18平米的屋子成为我们未来的家。我向学校申请领到三张单人床，其中两张并在一起成为一张大床，供我们夫妻和小宝宝使用，另外一张呈丁字排放在大床脚下，为母亲照顾月子时期临时使用。简单的衣物放在床下的纸箱里，床下还塞着一个大大的木盆，既可以洗衣服又可以给宝宝洗澡。我还特意准备了一个小尿盆，这样大家夜里不必跑去公共厕所。靠近门口的地方摆了一张我一直使用的课桌，桌上桌下堆满了油盐酱醋和锅碗瓢勺。斜对门那间屋子是四家公用厨房，我提前用砖和耐火材料砌好炉灶，安装了烟囱和风箱，并买来烧火做饭的煤。对于砌过小高炉炼钢炼铁的人来说，砌个烧火做饭的小炉子，那是轻松愉快手到擒来的小事。我唯一花钱买来的家俱是一个高度不到一尺的小饭桌，配四个小板凳。家人守在一起吃饭，这才是家的样子。小饭桌平时立起来放在墙边，不占地方，这样家人就可以在房间里走动。

一切都准备就绪了，我疲惫地坐下来，一遍一遍审视自己的劳动成果，心里荡漾着无限满足。年近三十的我终于要有自己的孩子了，我的妻子就要给我带来一个小天使，这是多么令人欣喜的成就！虽然生活贫困举步维艰，但我们有什么理由不在阳光照进心田的时候为它的灿烂而欢呼呢？有什么理由不为浸润了温柔的日子而歌唱呢？这个小天使，如果是男孩，我就叫他阳光；如果是女孩，我就叫她温柔。我会给他（她）打牛奶、洗尿布，我要当他（她）的奴隶。想着想着我把自己逗笑了。

妻子和母亲相继到来。临产的俊荣瘦削疲惫却笑意盈盈；母亲开始中年发福，即将抱孙子的她颇有意得志满的意味。又过了十几天，我的小天使安然降临到这个世界。她是个皱巴巴的小女孩，顶着一头黄黄的稀疏的汗毛，没有头发，我们叫她小柔柔。别看她瘦小，这个小东西却具有神奇的力量。她一落地，只发出几声气息微弱的哭喊，就改变了我们三个人的身份和生活方式，给我们带来巨大的喜悦和挑战。

（七）世界的样子

小柔柔是一个弱小的孩子，因为母亲在孕期身体不够强壮，她也生得弱小可怜。还没出满月她的后脑勺就出现大片枕秃，头型渐渐变得两头尖中间扁，小黄毛也愈加稀疏，明显是缺钙。母亲对我取的名字极不满意，一边夸张地揉搓着她的小身体，一边阴阳怪调地说："揉揉，揉揉，越揉越软。"母亲建议说："不如叫丽丽吧，叫着叫着就美丽了。"为了让她美丽结实，长满一头秀发，我只好同意了。

俊荣40天的产假一晃就要到了，她必须如期回去上班。临行前，望着泪水涟涟的她，我心如刀绞。天气已进入隆冬，俊荣带着襁褓中的孩子住在冰窟窿一样的大通铺上，她自己奶水不足，还要三班倒，他们娘俩该怎样应付？我不敢想。母亲说她可以带孩子，可那至少要等到孩子断了奶吧？俊荣悄悄冲着我摇头，我知道她是舍不得孩子既没爹又没娘独自一人跟着祖母。

我把她们祖孙三代送上火车。俊荣手里有一罐炼乳可以在途中给孩子添加辅食，母亲也可以在大同转车时帮她拿拿行李。母亲在忻县下车以后，剩下的就全靠她自己了……我不能想下去。只怪自己无能，让她跟着我遭这样的罪，过这样的日子。几天前还热热闹闹的小家，如今空荡荡的，寂静得让我害怕。我没有吃饭，也没有开灯，一个人和衣躺在床上，凝视着黑洞洞的夜，仿佛凝视着不见底的深渊。

我对自己产生了深深的怀疑。为什么我活得如此卑微、如此无力？生为男儿，我连保护自己妻子孩子的能力都没有，还有什么脸面奢谈其它？可是放眼望去，像我一样的年轻人，哪一个不是整日灰头土脸、低眉顺眼呢？我突然想起了年少时的意气风发，想起了那时对未来的无限憧憬，现在的我们不就是生活在当年憧憬中的新中国吗？那个"在我们的国土上建筑起一个自由、快乐、文明、进步、庄严、华丽的世界"的豪言壮语又在耳边回响起来，我不禁想问：父亲及先辈们抛洒热血孜孜以求的自由、进步在哪里？在我们饥饿、贫穷和困顿的生活中，华丽和快乐在哪里？当我们言不由衷或小心翼翼地闭上嘴巴时，我们生而为人的庄严、文明又在哪里？

难道当初的梦想都是错的吗？

当我凝视着黑洞洞的深渊时，深渊也在凝视着我。我摇摇头，不去想那些，还是想想眼前的际遇吧。

去年夏天在太原无所事事的一个星期，我不是没有考虑过调回太原的可能性。太原是一个省会大城市，各个单位都有名额限制，国家统得太死。唯一的可能就是自己找一个人对调，他想从太原调到包头，我则方向相反。这一年多来我试过，可是它比大海捞针还不靠谱。再说，太原好是好，俊荣的工作并不好，不如想办法把她调到包头，既解决了两地分居，又改善了工作，岂不是一举两得？我一骨碌从床上爬起来，给学校领导起草报告，要求学校帮助我解决两地分居的困难。包头地广人稀，这个机会还是会慢慢等到的。

俊荣所遭受的磨难并没有把她击垮，同宿舍的姐妹们伸出了温暖的友爱之手，跟她患难与共。她被调去检验科当质检员，不用倒三班，中午还能回宿舍看看孩子。她去上班时，上夜班轮休的书娥和改枝轮流替她无偿看护孩子，小丽丽成了大家的宝贝。她身上的衣服是大家凑钱凑布票买来花布一针一线缝制的，她生病时大家喂水喂药悉心照料。后来俊荣的小妹妹专程从老家赶来，小姑娘只有十四、五岁，却像个大人一样隐忍懂事，心甘情愿守着寂寞一心一意帮助姐姐。

小丽丽细细的小腿终于能把她大大的脑袋和身子稳稳地支撑住了，她学会了走路。如果不看到她羞怯的眼神，你真的认不出她是个小女孩，因为她的头发还是没有如愿长出来。照看她的人有事没事手里都拿着一块去皮的生姜在她的头顶肆意涂抹。据说这是个偏方，持之以恒一定会见效。小姨把她带回老家，在姥姥家住几天，奶奶就会跑来接；好不容易在奶奶家住熟了，姥姥又来接。两个老人争执不下还会生出口角，让细致敏感的小丽丽不知所措。

团聚在包头

在小丽丽一岁半的那个暑假，1965年夏天，我终于拿到了俊荣的一纸调令。在经历一家三地骨肉分离的痛楚之后，我们三人终于团圆了。小丽丽用怯生生的大眼睛盯着我，大脑袋摆来摆去，生怕陌生的我把她带走。俊荣高兴地抱起她，一遍一遍教她"叫爸爸""叫爸爸"。她变戏法一样拿出一个红红的苹果，一切两半，又一切四半，把其中一块递到小丽丽手上，另外三块放进抽屉里。孩子小口咬了一下，香甜的滋味即刻让她眉开眼笑，兴奋地在大床上转圈圈。俊荣依偎着我，笑眯眯地说："我们一家终于在一起了！我们的孩子也能吃上苹果了！我觉得很满足。"

看着眼前这幸福的一幕，享受着妻儿绕膝的天伦之乐，我想我跟这个世界应该和解了。世界的样子没有因为我的声音而变好，也没有因为我的沉默而变坏，我们依然不知道自己的命运、乃至国家的命运掌握在谁的手里，会走向何方。但不管有什么大风大浪，我们两人在一起同舟共济，同甘共苦，这就是婚姻的意义。

第十三章 砸烂旧世界

> 当过去不再照亮将来时，人心将在黑暗里徘徊。
> ——题记

（一）祸起萧墙

1962年1月，隆冬的北京。面对全国各地粮食频频告急，中央紧急召集全国县委书记以上的领导干部进京共商国事，以解决粮食严重紧缺和征购困难等问题。大跃进和人民公社的失败、严重的自然灾害使国家面临全面断粮的困境。对于一个农业大国来说，断粮意味着社会基础动摇，随之而来将是工业停顿和社会动荡，与会代表心情的压抑和沉重是可想而知的。

二十多天的大会，开了不到一半时间就逐渐脱离原定议程，开成了总结大跃进经验教训的大会。国家主席刘少奇在做不带讲稿的口头报告时，说出了让代表们惊骇的一段话：

"过去我们经常把缺点、错误和成绩，比之于一个指头和九个指头的关系，现在恐怕不能到处这样套。全国总起讲，缺点和成绩的关系，就不能说一个指头和九个指头的关系，恐怕是三个指头和七个指头的关系，还有些地区，缺点和错误不仅三个指头……我到湖南一个地方，农民说是'三分天灾，七分人祸'，你不承认，人家就不服。全国有一部分地区可以说缺点和错误是主要的，成绩不是主要的。"

刘少奇的「人祸」一词出口，令全场震惊。刚刚经历过"反右"

和"反右倾"的领导干部们都深知，在不断强调全党统一思想、统一认识、统一行动的会议当下，敢于说出这样冒天下之大不韪的话，需要多大的勇气；更为重要的是，与过去很多领导一贯说的假大空的虚话相比，这又是多么的切中要害、振聋发聩。他既找到问题的要害，又敢于大声说出来，这种实事求是的精神，在与会代表心中产生了强烈的共鸣。顷刻间，激动的掌声如雷鸣般响起，长达五分钟之久。在大家心目中，刘少奇在此刻所表现出来的绝不是一般的勇气，而是一个政治家在无形的政治压力下对历史负责的卓越胆识，令人敬佩。

半年前，刘少奇有过一个为期四十四天、并让他痛心疾首的返乡之行。在亲眼看到乡亲们凄惨的生活状况后，他动情地说："我一走40年，今天回来不是衣锦还乡，而是给父老乡亲赔礼来了。我们的工作没有做好，让老百姓吃苦了。我一定想办法扭转这个困难局面。请父老乡亲们给我两年时间。两年以后，如果大家还像今天一样饿肚子，你们就扒我的祖坟。"他的痛彻心扉，他的肺腑之言，用毫不掩饰的真心实意袒露了一个政治家对人间疾苦的悲悯和对广大民众的责任。

刘少奇是毛主席相隔三十里的同乡，在几十年的革命生涯中他们默契配合，亦步亦趋。毛主席曾多次公开夸奖刘少奇，并亲自指定刘少奇为自己的接班人，令他在党内的地位扶摇直上；而刘少奇则投桃报李，亲手把毛主席和毛泽东思想捧成凌驾一切的绝对权威。但在此时，如何看待大跃进的成败，如何评价大跃进，却让两人之间生出巨大的分歧和嫌隙。刘少奇公然否定毛主席对大跃进的成绩和错误是九个指头和一个指头的说法，让毛主席感到极其不爽；对于毛亲手创建的总路线、大跃进和人民公社三面红旗，刘少奇居然说："我们不取消三面红旗，还要为它奋斗，但是再过五年、十年，可能会看得更清楚。"这个说法太勉强了，难道说三面红旗以后有可能会取消？毛主席陷入深深的忧虑中。

毛主席是一个坚定的共产主义者，他对生产资料公有制和社会主义计划经济优于资本主义自由经济有着无比坚定的信心，他的信心来源于他过往的伟大功绩。社会主义建设怎么搞，他承认自己没有经验，要不断摸索。大跃进是从社会主义跑步进入共产主义的实验，也是他的信念，他绝不能承认信念的失败。如果说大跃进的后果让他成为国际共产主义运动领袖的壮志难酬，那么退一万步说，大跃进的真相则永远不能曝光，永远不能承认饿死几千万人，因为承认了真相就等于承认了失败，也就等于承认了自己的愚蠢和错误；而且更为危险的是，知道了真相的民众会醒悟，即便是愚钝无知的人，看到了灾难和血泪也会明白。水可载舟亦可覆舟，这个道理家喻户晓。他清楚地知道，自己不是从大跃进的梦想中醒不来，而是不想醒、不敢醒、不能醒，三面红旗一定要扛到底。

刘少奇挽救大跃进后果的言行赢得了很多党内干部的支持，也赢得了相当的威望，而这个时期是毛主席作为伟大、光荣、正确的领袖人物光辉形象最暗淡的时刻。七千人大会上，虽然刘少奇给大跃进定了调，但如果毛主席不说话表态，那就不会是一个真正的结论。结论必须是从毛主席口中说出来的，他有这个权威，这是勿庸置疑的，是历史形成的。

在相隔一天的全体会议上，毛主席放下了凝重的神态，换上了和蔼可亲的笑容，像一名普通的党员一样跟与会代表交流思想："要使中国强大起来，是一个长期的任务，性急是解决不了问题的。要赶上和超过世界上最先进的资本主义国家，没有一百多年的时间我看是不行的。"

代表们深感意外，不是说超英赶美在三五年之间吗？毛主席也降温了？！

"大跃进造成的错误和责任，我也有份，因为我是中央主席。"

仅仅是这样一句话就让很多人感激涕零，仿佛那个英明伟大的领袖又回来了。有人当场表示，我们做错了事，为什么要让老人家检讨？我们是歪嘴和尚念错了经，跟毛主席无关。

毛主席会心地笑了。他的政治智慧果然了得，几句话就扭转了会议凝重的气氛和方向。而且，更为重要的是，对于大跃进的错误到底是什么，他却一个字也没有说。而这，就是他的表态和结论。

所以，全中国人民都知道的是，吃不饱饭饿肚子，是连续三年严重的自然灾害引起的，是苏联修正主义背信弃义、撕毁合同逼我们还债造成的。至于饿死人、人相食，那是党和国家的最高机密，没有人知道。全国人民在伟大领袖毛主席的英明领导下，正在度过难关走向胜利。七千人大会开了28天，媒体无一字报道，相关文件在时隔四年之后的1966年才正式出版面市，而且做了大量删减和修改。为了维护毛主席一贯正确、至高无上的神的形象，他所说的"我们缺乏社会主义建设的经验"等话都删掉了。

比起灾难本身，对灾难的欺骗和粉饰更可怕、更贻害无穷，因为在欺骗和粉饰中，谎言又一次占了上风，弄虚作假和逢迎唯上成为唯一的社会风气，顺之者昌，逆之者亡。文革，这个令中华民族世代蒙羞的耻辱，就起源于七千人大会上刘少奇对大跃进经验教训的总结，及由此引发的对毛主席的冒犯与大不敬。毛主席有理由认为自己就是无产阶级革命的化身，无论谁对自己的权威有丝毫质疑，都直接威胁了无产阶级专政。他更担心自己跟斯大林会有同样的下场，在死后遭到赫鲁晓夫的否定和鞭挞。而即将成为中国赫鲁晓夫的那个人，会不会就是这个公然挑战他的接班人刘少奇？

正如哈耶克在《通往奴役之路》中所言，"用更大的错误掩盖先前的错误，用更大的罪恶保护先前的罪恶"，文革的错误发动即是如此。这是一个值得中国人世世代代研究下去的历史课题。

(二)做党的驯服工具

机校党委书记林劼是一个紧跟形势的领导干部,他的极左路线让学校数不清的教职员工吃尽了苦,受尽了虐待和折磨。在大跃进中被打成"右倾机会主义分子"的童昊天和于峰在他手下小心翼翼地活着,如履薄冰。全国有365万右倾机会主义分子,除了"彭黄张周"反党集团被罗织了"里通外国"的新罪,其他人都在1962年七千人大会后获得了平反,官复原职。林劼代表党委跟他们俩谈话,传达了毛主席老人家对受到错误处理的干部的殷切嘱托:在人生逆境中要正确对待,奋发图强。从1959年到1962年,将近三年时间的打压和歧视就这样轻轻一笔带过。由于他们原来的位置上已有新的人选,所以他们被迫调离机校。

于峰是我的恩人,我永远也忘不了他在我人生低谷时给予我的理解和帮助,对摘掉我的右派帽子所做的一切努力。同林劼相比,虽然他们同是身居要职的领导,都在执行党的政策,但他们表现出来的风范和人格却截然相反。在我心里,我更愿意用"君子"和"小人"来区分他们。很显然,林劼是一个毫无价值担当的政客,他没有自己的理念,只一味地顺应潮流,甚至推波助澜,为了所谓政治正确,为了保自己的位置用尽手段,任用奸佞小人,残忍冷酷没有底限。他是一个唯成份论者,虽然我的红色家庭背景让我安稳无虞,但我实在不能认同他的作风,我亲眼见到太多的苦难和迫害都是他们比政策还左的添油加醋一手炮制的。

在刘少奇主导的纠正大跃进错误的几年间,包头机校迎来了在"调整、整顿、充实、提高"政策鼓励下的和平发展。没有达到大学本科学历的老师们脱产学习半年,有的还派去大专院校进修一年。学校升格成为"包头机械工业专科学校"，开始招收大学专科生。这是文革前一段难得的岁月静好的日子。

在黄沙弥漫的包头，校墙外还是数尺高的沙堆，一进校门则仿佛换了天地，进入无处不飞花的春城。桃红梨白在春天盛开，风中摇曳着槐花和榆钱的清香；教学大楼前通往实习工厂和生活区不同方向的两条小路浓荫覆盖，楼后是生长了七八年的业已成林的"小树林"，它比一个标准尺寸的大操场还要大，林间树木繁茂、杂草丛生，野趣盎然。教职工家养的鸡在树林中自由自在地捉虫觅食，也练就了一双跟野鸡一样会飞的翅膀。林中弯弯曲曲的小路通向荷花池，那是夏日避暑消闲的天堂。

在教学之外我们有两件事要做：一是做卫生，每个星期大扫除、擦玻璃，一阵狂风过后再扫、再擦，循环不止。因为机校要参加全国卫生学校评比，林劼书记要求我们要像对待政治任务一样对待做卫生；第二件事是政治学习，学习《毛泽东选集》和刘少奇的《论共产党员的修养》。很多党政干部一上班就先在办公桌上摊开"毛选"或"修养"，然后去劳动，蹭一身泥土或油污回来，既表明自己在政治上积极进步，又表现出深入实际吃苦耐劳的工作作风，方方面面做到完美无可挑剔。

学习毛选是"长流水不断线"的，而学习《共产党员修养》则是近年来随着刘少奇在国家主席位置上的曝光率和影响力逐步兴起的。刘少奇的巨幅肖像经常和毛主席的肖像并列出现在重大群众集会场合，成为指日可待的"红太阳"第二。林劼书记在全校大会上侃侃而谈，大赞国家主席刘少奇天才的光辉论点：共产党员要做党的驯服工具。

这个论点的确是新颖。从前只听说过做螺丝钉，党把我拧到哪里我就在哪里发挥作用，发光发热。现在党告诉我们，康有为的戊戌政变，孙中山的辛亥革命，以及无数仁人志士孜孜以求的工业救国、实业救国、教育救国都试过了，都失败了，只有共产党救了中国。共产党掌握了社会发展方向，是唯一正确的；只有跟着党走，摒弃自己的个人意愿，做党的驯服工具，才能在党的不朽的事业中获得个人的成就。同时，更为重要的是，"一个共产党员能不能做党的驯服工具，是考验他的党性是否完全的一个标志。一个真正的共产党员，他必然是党的顺手的驯服的工具，无条件地服从党的决议，勤勤恳恳地为党工作"。从此，驯服工具成为一个广为人知的影响并塑造亿万党员和民众的信条。

我好像渐渐明白了其中的道理：凡是个人的意愿，个人的需求，个人的思想，个人的看法，统统是不对的，刘少奇明确指出："个人主义是资产阶级范畴的，在社会主义时代是反动的。"那么什么是正确的意识呢？共产主义的无私。共产党就是要改造人性，把共产主义的意识形态灌输给每一个人，通过教科书、报纸、会议等一切形式，日复一日，年复一年，不同的思想要不停地受到批判，让党的意识形态渗透到每个人的灵魂，成为一种信仰。让每个人对党心悦诚服，让千百万人愿意为了这个信仰赴汤蹈火，献出一切，包括生命。这是共产主义的道德魅力和美好前景对人性的成功改造。

没有人意识到这个群体的意识形态正在逐渐演变成一种宗教，其狂热甚至超过宗教。在绝对忠诚无私、绝对虔诚的道德情感支配下，它能够形成一股摧毁一切的力量。这就是文革广泛的群众基础。

包头机校在全国卫生学校评比中荣获"标兵"荣誉，林劼书记在"全国卫生学校群英会"上戴上了光荣的大红花。不久，他因政绩卓著喜迎升迁，成为包头医专党委书记。临行前，他还不忘再次巴结领导，用自己的座驾吉普车为主管教育的副市长、市委宣传部长李蓬跑了个私活，拉了一趟他从农场买的猪。这头猪没有眼色，竟然在林书记的吉普车上随意方便。就这样，林劼留给机校一个臭气熏天无法清洁的座驾，也留下了一个不那么光彩的任人评说的笑柄。

林劼调走后没多久，"四清"运动来了。这个运动是毛主席亲自倡导的社会主义教育运动，旨在整顿领导干部作风。机校进驻了五机部派来的"四清工作组"，林劼人走茶凉余威不再，成为大家最敢于说话和批评的对象，他屡次被工作组"请"回机校接受批判。

随着更大的政治风暴"文革"的到来，"四清"不了了之。

（三）横扫一切牛鬼蛇神

所谓阶级，本来是一种经济范畴。如果消灭了私有制，私人不掌握生产资料，就不应该再有阶级了。中国在1956年基本上完成了生产资料私有制改造，剥削阶级也已经不存在了，但是阶级斗争一直没有被放弃。革命队伍以外的敌人消灭了，就在革命队伍内找敌人；经济范畴的阶级消灭了，就在政治范畴和思想范畴划分敌我。文化大革命，就是无产阶级专政下的继续革命，即在党的政权之下，进行一个阶级推翻另一个阶级的大革命。

"五一六通知"是这样表述的：学术界、教育界、新闻界、文艺界、出版界等文化领域的领导权都不在无产阶级手里，从中央到各省市自治区有一批混进党里、政府里、军队里和各种文化界的资产阶级代表人物、反革命修正主义分子，一旦时机成熟，他们就会夺取政权，由无产阶级专政变成资产阶级专政。例如赫鲁晓夫那样的人物，他们正睡在我们的身旁，被培养为我们的接班人。所以文化革命的目的是对他们进行批判，清洗。

"五一六通知"在发布后的一年内都属于党内二级机密文件，只有17级以上的干部才能接触。对于绝大多数中国人来说，六月一日的《人民日报》社论《横扫一切牛鬼蛇神》，才是文革吹响的第一声号角。

"盘踞在思想文化阵地上的大量牛鬼蛇神，即所谓的资产阶级专家、学者、权威、祖师爷等等，他们具有剥削阶级的意识形态。剥削阶级的枪杆子被缴械了，印把子被人民夺过来了，但是他们脑袋里的反动思想还存在着。推翻他们的统治，没收他们的财产，并不等于没收了他们脑袋里的反动思想。所以，无产阶级文化大革命，就是要彻底破除几千年来一切剥削阶级所造成的毒害人民的旧思想、旧文化、旧风俗、旧习惯，在广大人民群众中创造和形成崭新的无产阶级新思想、新文化、新风俗、新习惯。这是人类历史上空前未有的移风易俗的伟大事业。"

这是一篇由陈伯达亲自授意、煽动性极强的社论，意欲在全国范围内掀起横扫一切思想文化战线上存在的大量牛鬼蛇神，其威力不啻于一枚原子弹。一时间全国上下人人争先阅读、揣摩，都在蠢蠢欲动。当天晚上，中央人民广播电台趁热打铁，播出了北大哲学系党支部书记聂元梓揭发北大党委的大字报。这份大字报是她在一周前写的，得到过毛主席的极高赞誉。只隔了一夜，第二天早上，数千篇类似的大字报就铺天盖地贴满了号称北大"民主之声"的三角地。北京所有的大学都开始停课闹革命。

包头机校也很快停课闹起了革命。不是要抓牛鬼蛇神吗？到底谁是牛鬼蛇神？这是一个相当模糊的概念。环顾左右，在我们这个历史只有十年的新学校里，根本不存在资产阶级专家、学者、权威或祖师爷，大家都是年轻人，履历差不多，怎么办？斗争怎么搞？这成为一个人人必须面对的难题。但无论怎样，大字报是必须写的，因为"大鸣、大放、大字报、大辩论"是运动的基本形式，关乎你是否积极投身政治运动，是一种姿态，每个人都不能置身事外。

"大鸣大放"我太熟悉了，1957年那场令我刻骨铭心的运动，不就是先"鸣放"，再"引蛇出洞"，然后一网打尽吗？凭直觉，这是"反右斗争"又来了一次。我这个经验丰富的老右派一定不能掉进这个坑里，一定要谨言慎行。

和我同在金工教研室的骆辛平、孙育芝决定一起商量讨论，贴出我们的第一张大字报。骆辛平在"反右倾"时吃尽了极左路线的苦头，再加上资本家的家庭背景，让他变得极其低调谨慎，不愿抛头露面引起关注；孙育芝是留校生，任金相实验室的实验员。她从学生时代就认准了我这个老师，愿意无条件地跟随我。我们三人一头埋进实验室。这个大字报写起来比备课、讲课难多了，因为我们既不想靠抨击无辜的人表现自己的先进性，又要提防别人揪我们的小辫子、甚至暗算，还要表态紧跟党中央，真是绞尽了脑汁。

金相实验室灯火通明，不知不觉已过深夜12点，这份凝聚着我们三人智慧的大字报即将完成，心里涌出莫名的兴奋，倦意全无。边写边聊中，三个人变成六个人，各自的家人见我们夜深未归都找上门。这样一来，相谈更欢了。

无独有偶，很多大字报都是在夜深人静的黑暗中完成的。第二天早上，随着旭日东升，这些酝酿于暗夜中的激越文字，背后糊满了用面粉熬制的浆糊贴到墙上，那些慷慨激昂的批判、揭发和口号，仿佛被瞬间镀了金光，成为革命的代号和化身。大字报时时新鲜出炉，其阵势像潮水一样，一浪高过一浪。

我们的大字报没有引起特别的关注，很好！

令我意外的事情突然发生了。朱国桓贴出了一张大字报，矛头直指我，说我开了"温家黑店"，他指的是俊荣调来包头前，我那间和平楼借来的屋子里经常聚集一些单身同事聊天、打牌，有时还一起做饭打打牙祭，喝喝小酒。他揭发我们的聚会是不健康的、不革命的，是资产阶级的腐朽思想和生活作风；李铁军也贴出了大字报，说他发现了隐藏在机校教师队伍中的"三家村"，我们三对夫妻深更半夜躲藏在金相实验室搞反革命串联和颠覆活动，性质极其恶劣。我们在搞黑串联时大张旗鼓地开着灯，让他这个革命群众发现了我们的罪恶行径。

打倒"xx黑店"、揪出全国各地的"三家村"是文革初起时最流行的，同时被我不幸赶上。只要有人揭发你，就可能有人来揪斗，不需要证据，也不需要理由。所幸"大辩论"是与大字报伴生的，我可以写大字报为自己辩解：说我是"温家黑店"，你朱国桓也是"温家黑店"的成员，你不是也经常光顾"温家黑店"吗？至于李铁军，你自己都承认不认识俊荣，你怎么就认定我们是"三家村"搞黑串联和颠覆活动呢？无凭无据不能信口开河。

这哪里是辩论？明明是打口水仗，是诽谤和人身攻击。

就这样，大字报越贴越多，一层覆盖一层，火药味也越来越重。

市委派来了工作组指导文革，这是以前运动惯用的做法，大家并没有觉得有什么特别之处。工作组是高于党委的领导运动专门机构，不是北大、清华等首都高校也都有工作组进驻吗？刘少奇派他的夫人王光美亲自出任清华工作组组长，工作组一进校就罢免了全校五百多名干部的职务，那可是全国人民开展运动的风向标。在工作组的指导下，随着一波一波大辩论的深入开展，你死我活的仇恨气氛被激发出来，"牛鬼蛇神"的身影也一个一个显现出来：

周贤章：他的问题是写大字报攻击党委，揭发党委打击群众运动，罪名是"反党"。想想真是后怕，他的大字报标题"与北大陆平的做法有何不同"还是我的主意。他邀请我一同署名被我拒绝。大字报贴出的第二天，他就被党委和工作组揪了出来，成为黑帮分子、现行反革命和牛鬼蛇神；

滕树柱：他是北京工业学院毕业的高材生，教力学。这个河南小伙子个子高高的，一边上厕所小便，一边调侃说："这也是长流水不断线。"全中国人民都知道，只有学毛选才能称作"长流水不断线"。这是一个政治口号，怎么能如此污蔑伟大领袖毛主席？太猖狂了！他被人告发，成为现行反革命；

娄礼群：他是开封师范学院毕业的语文老师，地主出身。学生抄了他的家，抄出了地主阶级的"瓜壳帽"和绸缎连襟大褂。他保留这些东西，难道不是为了有朝一日复辟吗？这个地主阶级的孝子贤孙，没有跟他的地主家庭划清界限，他就是革命的敌人，是革命群众的斗争对象。他被套上抄出来的地主的行头，推到了被斗争的行列；

梁玉太：他是学校保卫科科长，复员军人，早年曾任内蒙古共产党的高级干部奎璧的警卫员。乌兰夫是文革初期最早被刘少奇和邓小平谈话并扳倒的内蒙古自治区党政军首脑，奎璧追随他多年，是他的左膀右臂，自然在劫难逃。梁玉太成为与乌兰夫、奎璧在一条黑线上的反革命分子，搞民族独立的黑帮成员；

吴至新：化学老师。这个年轻人不知是因为激动还是深夜困倦，在写大字报时出现了不可饶恕的笔误，把毛主席语录"千万不要忘记阶级斗争"的"忘"字写成了"妄"。一字之差谬以千里，这种篡改的背后是不可告人的罪恶动机，充分暴露了资产阶级对无产阶级的仇恨；

……

这十几个牛鬼蛇神被集中看管起来，白天被押出来游校示众，晚上关进教学楼五楼，那里被戏称为"牛棚"，由学生看守，失去人身自由。他们被剃了阴阳头，头上的纸帽子越来越高，脖子上挂的书写他们罪名的大牌子越来越重，被人推搡着、批斗着，还被要求自己骂自己："我是黑帮分子"，"我是地主阶级的孝子贤孙"。有些少数的积极分子，为了表现自己的革命性和对阶级敌人的仇恨，跑到跟前去敲打他们几下，朝他们吐口水。大多数人只是走形式一样喊喊口号，因为心里都明白，每个人都有可能一不小心就变成了黑帮分子的一员。而且，就凭这几个黑帮分子，看起来人畜无害的样子，怎么可能颠覆无产阶级政权？我战战兢兢地躲避着眼前的疯狂，心里不免疑惑：这种拿地富反坏右开刀的老生常谈的斗争，跟以往有什么不同？

学生们不上课，天天学毛选，唱革命歌曲，进行思想大辩论，并且天天监督那十几个牛鬼蛇神在烈日下扫地、搬砖。文革工作组也没了方向，一会鼓励横扫牛鬼蛇神，一会打压学生中冒出的右派激进分子，完全没了章法。清华的学生蒯大富公开质疑"工作组手中的权力是否代表我们"，以王光美为代表的工作组则宣告他为右派和反革命分子，并一举抓出了七百多名蒯大富式的反革命和右派分子。清华的经验又被推广到北京乃至全国，抓了无数学生、教师反革命，全国上下完全乱了套。

每天斗那十几个人，越来越显出闹剧的真面目，日子久了，也都乏了。闹剧总是要落幕的，这些牛鬼蛇神被斗成了死老虎，除了喘口气，已了无生息。运动渐渐呈现出冷冷清清之态。

（四）造反有理

伟大领袖毛主席完成了畅游武汉长江的壮举，带着"不怕风吹浪打，胜似闲庭信步"的自信返回北京时，看到刘少奇领导的文革如此萧条，造反派被工作组镇压，感到无比痛心。他不再冷眼旁观，而是怒不可遏地发出了自己的声音：《炮打司令部——我的一张大字报》，不点名地批评了刘少奇等"某些领导同志"，提出中共中央存在一个"资产阶级司令部"，这张大字报就是宣告要炮打刘少奇这个资产阶级司令部。毛主席老人家亲手揭开了以斗争各级当权的走资派为焦点的无产阶级专政下继续革命的序幕，把业已偃旗息鼓的文革重新掀动起来。

经过建国17年以来政治宣传的灌输，毛主席的丰功伟绩早已深入人心。在亿万人民心中，毛主席就是革命的化身，是英明伟大的领袖，是真理，是神一样的存在。任何人出现了路线错误问题，只要毛主席在，党就在，毛主席和党中央的威信就不会受到质疑和损伤。毛主席是全国人民的依靠，是人民的大救星，跟着毛主席干革命是永远不会错的。而刘少奇就完全不同了，虽然他是一人之下、亿万人之上。

毛主席坚定地站到造反派一边，他说："马克思主义的道理千头万绪，归根到底就是一句话：造反有理。"一夜之间，一度被工作组关押的蒯大富、聂元梓被解放而成了英雄，刘少奇则成了受人唾弃的失势的前领导人。

造反派革命小将穿起绿军装，手臂上佩戴金色"红卫兵"字样的红袖章，腰系皮带，成为无限忠于毛主席、誓死保卫毛主席的战士，坚定地执行毛主席的最高指示——造反。他们理直气壮地宣称：红卫兵就是要抡大棒、显神通、施法力，把旧世界打个天翻地覆，打个人仰马翻，打个落花流水，搞一场无产阶级的大闹天宫，杀出一个无产阶级的新世界。

红卫兵小将在北京掀起了红八月，开始暴力攻击老师和校长并打死人，北京弥漫着暴力的恐怖。

8月18日这天，毛主席在天安门广场接见了数百万革命群众和红卫兵小将。金水桥前，毛主席径直走进群众队伍当中，同周围的许多人紧紧握手，并向全场革命群众招手致意。这时，广场上沸腾起来，人人双手高举过头顶，向着毛主席跳跃着，欢呼着，拍着手，许多人把手掌心都拍红了，许多人流下了激动的眼泪，他们欢喜地说："毛主席来了！毛主席到我们中间来了！"广场上，万众放声高呼："毛主席万岁！万岁！万万岁！"欢呼声一阵高过一阵，震荡着首都的上空。（新华社十八日讯）

我们在稍晚的时间从广播里得到这个消息，在来自北京串联的红卫兵小将的倡导和帮助下，新近从市委派来的第二个文革工作组决定，今晚要与北京遥相呼应，召开全校庆祝文化大革命胜利暨批斗走资派大会，大会主席台已在学生宿舍八字楼前搭好。谁将成为今天被斗的主角？我的好奇心被撩拨起来。早早吃过晚饭，怀着唯恐天下不乱的兴奋等待着这一时刻。

市委派出的第一个工作组因为犯了方向路线错误被撤回了，新来的第二个工作组组长叫安银章，是青山区法院院长，青山区副区长。我在之前就认识他，是五台老乡。我曾经怀着忐忑的心情跟他说起过"温家黑店"和"三家村"，很担心自己被打成黑帮分子和牛鬼蛇神，我当时还不知道自己被第一个工作组划为"中间偏右"，并不是运动的目标。他大大咧咧地宽慰我说："老温，没事！你们学校前一段是群众斗群众，犯了方向路线错误；现在要斗领导了，你放心吧。"

要斗领导？怎么可能？他见我一脸狐疑，便补充了一句："毛主席都说了，要警惕睡在我们身边的赫鲁晓夫。"他的话我一时还理解不了，但心里还是觉得安稳了很多，斗领导是今后的大方向，那么我就安全了。

今天，谁将被拉上台批斗呢？是林劼调走之后来接任的党委书记李云波吗？这个来自甘肃的政工干部，刚来机校走马上任就赶上了文革，刚刚接手"横扫一切牛鬼蛇神"，就犯了路线方针错误，成为走资本主义反动路线的当权派。我只能暗叹他"生不逢时"，成了替罪羊。

临出门时，妻子俊荣突然很严肃地对我说："我觉得你还是不要去了，乱哄哄的太危险，万一有谁看见你喊一声，你就会被揪上去挨斗。"她一贯比我小心谨慎，也一直摆脱不了"温家黑店"和"三家村"的阴影。她不容我分辨，更不理会我想去看热闹的迫切心情，把大门的铁将军挂上，把我和世界的喧嚣隔开了。

会场距和平楼并不远，我隐隐地听着那边传来山呼海啸般的声浪，猜测会场上发生着什么。这个庆祝胜利的大会似乎开了很久，人群才潮水般地涌上大街，举行庆祝大游行。我的窗户面对劳动大街，我熄了灯，躲在窗帘后面从缝隙中悄悄观察。人潮涌过时我清晰地听到他们在喊："打倒林劼！""打倒汪焰！""打倒李蓬！"

今天斗的是林劼，这太意外了。不过仔细想想，林劼从1959年来到机校，到1964年离开，他执行了五年资产阶级反动教育路线。与他相比，李云波就是小巫见大巫，不值一提。斗倒林劼才是溯本清源，刨到了正根。

今天的大会规格的确是高，陪林劼一起挨斗的汪焰是包头市委文联主席，李蓬是市委宣传部部长。看来安银章说得对，斗领导将是今后的大方向。

"打倒林劼！""打倒林劼！"这句口号反反复复在我耳边重复，心里竟感到无比畅快。林劼也有今天！他整过多少人？他永远端着一副高高在上的架子，让人觉得假；他对领导的巴结让人反感，他任用的人为非作歹制造校园恐怖。今天终于轮到他自食其果，太解气了！从前谁敢批评领导？无论是我个人还是我所处的被压制的群体，与单位领导之间，多年长期积压着如此巨大的矛盾，现在终于得以宣泄出来，太畅快了！

毛主席也像我一样不满现行官僚体制。他主张人人平等，而官僚却享有特供和特权；他说卫生部是城市老爷卫生部，因为卫生部的工作只给全国人口的15%服务，广大农民得不到医疗；他说文化部是帝王将相部。他痛恨这个官僚体系，想借群众运动推翻它，重新建立起他的无产阶级专政。他自己作为底层群众的代表，直接发动群众，指挥群众，砸烂旧的国家机器，通过天下大乱达到天下大治。

我突然发现，毛主席的支持，让造反成为一件合理合法的事，成为一个堂而皇之的革命举动，同时又能表达我内心反对官僚的诉求。我为什么不造反呢？

说来这个转变有点戏剧性，有点突然，大概是因为我心里住着一个不安分的灵魂吧，"造反有理"把它释放出来了。文革看起来像一场属于人民的革命，像我这样的人，要想改善自己的命运，不再当一个任人摆布的可怜虫，我就必须发出内心的声音，让自己的灵魂在这场运动中得到彻底的解放。

我的心里升腾起一种兴奋和期望，对我来说，造反就是为了求解放，我已经被压抑得太久了。

毛主席给了我挺身反抗红色权贵的勇气。

（五）激情似火

每天清晨六点，无处不在的大喇叭以大分贝的音量开始播音，开播曲《东方红》以旭日喷薄而出的磅礴气势把人们从睡眠中唤醒。"东方红，太阳升，中国出了个毛泽东。他为人民谋幸福，他是人民大救星。"辉煌壮美的音乐序曲开启了一个又一个新的不同凡响的革命篇章。

大喇叭是政治宣传活动中最常用的扩音装置，无论走到哪里，都会被它巨大的音量覆盖和笼罩，从早到晚，没有死角，没有间歇。毛主席的最新指示、毛主席语录、中共中央关于文革的决定（16条）被一遍一遍反复播诵，直至深入人心，耳熟能详；革命歌曲一首接着一首播放，《万岁！毛主席》《无产阶级文化大革命就是好》《祝福毛主席万寿无疆》《造反有理》……歌中描绘出一个理想的世界，莺歌燕舞，世界大同，人民幸福；大字报像一篇篇战斗檄文，铿锵有力的播音声调渲染出斗争的意志和决心，也牵动着无数人的心。直到晚上11点，才在《国际歌》悲健雄壮的歌声中结束精疲力尽的一天。但是还没有完，因为在地球的另一边，无数无产阶级还在战斗中，无产阶级革命是没有国界的。

《国际歌》是这样唱的："从来就没有什么救世主，也不靠神仙皇帝，要创造人类的幸福，全靠我们自己。"我在黑暗中小声问俊荣："你想过没有，早上的《东方红》刚刚说毛主席是大救星，晚上的《国际歌》就唱没有'救世主'，这不是自相矛盾吗？"她扑哧一下笑出了声，说："好吧，明天我就去揭发你。"我赶紧闭上嘴。

人们的日常活动几乎处于癫狂中，儿子出卖父亲，夫妻互相揭发是常有的事，学生打老师也是天经地义，因为人和人之间不能谈感情和理性，只能谈阶级情分。大义灭亲是无比光荣的，可以用来炫耀自己的阶级觉悟。革命成了凌驾一切的共同目标，人们争先恐后地做出种种荒唐事，一张嘴就血口喷人，动不动就挖思想深处的"罪恶"，随心所欲滥杀无辜等等，更是不一而足。毛主席说："人民，只有人民才是创造历史的动力"，每个人便都觉得自己是书写历史中不可或缺的一笔，都要登台表现一下。

尽管人们对待彼此野蛮暴戾，但在伟大领袖毛主席面前却无比恭顺、谦卑、虔诚，就像教徒匍匐在教宗脚下。每个人的行头中有两件宝物必不可少，一是胸前佩戴的毛主席像章，二是放在口袋中随时可以拿出来诵读的红宝书。每间教室都成了敬拜毛主席的圣坛，大红纸剪成的"我们心中的红太阳"几个大字在毛主席的头像上方排成拱形，太阳的光芒从他的肖像绽放出来。人们见面时第一句话都是以"伟大领袖毛主席教导我们"开始，结束语都是"祝伟大领袖毛主席万岁"，"祝林副主席永远健康"。

我们真的以为自己是在创造历史，而没有察觉到，自己的头脑早已成为领袖思想的跑马场。

现在，毛主席要他的年轻战士将革命之火传到全国的每一个角落。打倒全国范围各级党委的当权派和牛鬼蛇神就要靠这些"娃娃们"

了，他们是新生的无产阶级革命力量。从北京方向来的红卫兵和被毛主席邀请去北京的红卫兵形成了大串联的两个不同方向。

包头机校无论老师还是学生，能走的都走了。我周围聚集的年轻同事多是挨过整的、不受重用的群体，求解放是我们共同的心态。我们虽然跃跃欲试，但却终究没有一个清晰的轮廓，不知道我们心中想要的文革到底是什么样。我们不要冲上街头毁灭文明的混乱，更不要"不打不相识"的武斗，那么触及灵魂的思想和文化的革命靠什么来实现？我们依然年轻的心被串联的热潮日渐撩拨起来，很希望借机去各处参观，学习运动经验。学校老师可以同学生一样享受免费的交通和食宿接待。

我和杨聚云、陶启录、孙育芝四人结伴上路了。车站月台人潮汹涌，大家的目的地首选是北京，其次是革命圣地延安。能去哪儿不是由个人意愿决定，而是凭体力和运气，看你能挤上哪辆车。准确说，不是挤上车，而是从车窗爬进去。我们左看看，右看看，只能无奈随机挤上开往银川的列车。火车上的拥挤超出想象，走道上都坐满了人，有人干脆爬上行李架躺着，有人挤进了臭气熏天的厕所。车上唯一可以提供的只有水，饿了只能忍着，上厕所成了最难解决的问题。厕所挤满了人不能使用，到站时也不能下车方便，因为挤不上车的风险太大。男孩子还可以脱了裤子往窗外尿，女孩子就惨了，尿湿裤子的尴尬时有发生。火车成了一个流动的垃圾车。

车到银川，我们挤下闷罐一样的车厢，大口呼吸着甘咧的新鲜空气，然后找到车站厕所给自己轻了装。大串联接待站就在车站门口，我们报上姓名和工作单位，就有人安排食宿。虽然条件简陋，吃大锅饭，住小学校，盖脏乎乎的棉絮筒子，但有人接待，还是给人"天下革命者是一家"的亲切感。

第二天，我们早早来到火车站，目的地是哪里仍然未知。目睹东去北京的列车满载一车嘹亮胜利的歌声缓缓驶出站台，我们又一次无奈地被迫西行。车将开往甘肃兰州，一路的艰辛自不必说。来到兰州，在参观过几处大字报之后，我们突然动了索性西去新疆的念头。既然是免费旅行，何乐而不为呢？饱览祖国的大好河山不也是一种爱国教育吗？

令人没有想到的是，来兰州聚集的串联者大部分人都把下一个目标锁定为新疆，我们完美地错过了去新疆的机会，被推挤着上了东去西安的火车。既然这样，那就去西安逛逛古城也不错。

车到西安，还没有走出月台，冷不丁发现同一月台对面的车空荡荡地停在那里还没有开始上乘客，这是即将开往四川成都的直达快车。我们四人快速合计了一下，干脆上这辆车去成都吧。就这样，我们稳稳地成了第一拨上车的人，抢了四个面对面的座位坐在了一起。结伴出门串联这么多天，这还是第一次可以坐着面对面从容舒服地聊聊天。每个人都是灰头土脸的样子，但难掩兴奋，一路上还在探讨我们的所见所闻，商量着串联回去以后怎样组织起我们自己的队伍，打出我们自己的旗号。都是三十出头的人了，比起同行的红卫兵小将我们几乎年长了一辈，但我们的热情和劲头却不输于他们。

火车带着我们朝刚刚驶来的方向又驶了回去。我们当初的目标是去北京，这一路却一直在西行，南辕北辙。坐稳后才发现，车厢里的人也都差不多像没头的苍蝇一样东闯西撞，快要迷失了方向。但正是这虚假的自由感和被捧上了天的崇高感给人制造了一种天降大任的假象。这是一个浩浩荡荡的洪流，造反派是主角正在登上历史舞台，打破修正主义的反动统治舍我其谁？

车过宝鸡之后，进入宝成铁路段南下入川。终于不再西行了，心里生出侥幸的快乐。

入川的大戏我们早就想好了，一是马不停蹄地赶去参加四川省委书记李井泉的批斗大会，二是去参观大地主刘文彩的庄园，去观看号称"中国美术界的原子弹"的收租院泥塑，去接受阶级斗争教育。在大地主刘文彩死后15年，他成为了全国最著名的恶霸地主，这个位于成都西南50公里处的小镇大邑也因此闻名。泥塑栩栩如生地再现了受恶霸地主盘剥的人间悲剧，刘文彩的残忍无度和奢靡堕落让整整一个时代的中国人为之愤慨，为之落泪。收租院里参观者人山人海，哭声连天动地，还有人昏倒。我们当时哪里知道，《收租院》里的泥塑故事并不是真实的，其中的人物只有刘文彩一个有据可查，他不是代表自己，而是代表着他的阶级。

成都之行之后，我们终于如愿以偿地踏上了进京的列车。时间已是1966年10月底，天气有了寒意，越往北走，我们的风发意气和昂扬斗志越在一点点消失。出门十多天了，浑身又脏又臭，只背了一个小挎包，连换洗的衣服都没有带，真不知道自己当初哪来的激情。北京的接待站人员并不显得十分热情友好，也许是他们太疲倦了。当我们提出想等待毛主席接见时，他们竟不耐烦地说："回去吧，毛主席不接见了。"于是，我们带着些许失落，更带着回家的渴望踏上了归途，结束了为期半个多月的大串联。

串联归来，属于我的文革才要徐徐拉开大幕。那些你死我活的斗争，惊心动魄，才开始一幕幕上演。

第十四章 建设新世界

> 白昼之光，岂知夜色之深。
> ——题记

（一）夺权 （1966.11～1967.1.22）

串联归来，我们浑身上下充满了新鲜血液和战斗激情。第二天我们四人即召集了久未谋面的革命战友，商讨成立我们自己的组织。朱堂玉、张景文、胡定辽、张树根、王振业等十几个志同道合的战友是从无数次论辩和斗争中自发凝聚起来的，背景相近，观点相同，诉求一致，我们都渴望用斗争改变自己的命运，不再被压迫，不再逆来顺受。我们给自己的造反派队伍起名为"东风战斗队"。由于我的大字报语言生动有趣，观点深入人心，文笔流畅自如，很快我就成为东风战斗队的笔杆子。

各种名目的群众组织山头林立，多如牛毛，既有教师组织，又有学生组织，名称都充满革命色彩：红旗战斗队、井冈山战斗队、毛泽东思想战斗队……虽然各自的主张和诉求不同，但在誓死保卫毛主席和揭批资产阶级反动路线这两个实质问题上却旗帜鲜明地一致。对于领导层，是打倒、夺权还是继续维持现状？不同的派别针锋相对，展开大辩论各抒己见，逐步形成后来称之为"造反派"和"保皇派"的两大阵营，两派之间颇有剑拔弩张之势。

这是新中国成立以来从未有过的自由和民主的狂欢，随便几个意见相同的人就可以成立一个党派，可以毫无顾忌地自由表达政治主张，自由拉起队伍上街游行。这样改天换地的革命，谁人能不激情澎湃？谁人能不卷入其中？至于台上的领导干部，都要自觉或被逼表态支持哪一个阵营，造反派还是保皇派？这是一个人人都必须回答的问题。

太多的派系并不利于造反夺权。毛主席和中央文革提倡无产阶级革命派大联合。早在一百多年前，马克思和恩格斯在《共产党宣言》中第一次提出了"全世界无产者联合起来"的战斗口号，为无产阶级第一次夺权擂响了战鼓，使旧世界的资产者吓得发抖。今天，只有无产阶级革命派大联合，才能夺走资本主义道路当权派的权。大联合预示着党内一小撮走资本主义道路的当权派和坚持资产阶级反动路线的顽固分子的末日即将到来。

为了响应号召，十多个造反派组织决定成立一个革命造反联合指挥部，简称"联指"。大联合必须旗帜鲜明，不仅要联合干部、教师和学生，还要同工人运动、农民运动相结合，使社会上的斗争同本单位的斗争结合起来，内外联合，两面夹击，彻底打碎旧的剥削制度、修正主义制度和官僚主义机构。因此，"联指"倡议："革命战友们，让我们在以毛主席为代表的无产阶级革命路线的指引下，动员起来实现大联合，同走资本主义道路的当权派和坚持资产阶级反动路线的顽固分子，展开全面的夺权斗争，胜利完成毛主席交给我们的伟大历史任务。"

在这个激动人心的时刻，我沉浸在革命的豪情壮志中，豁地一下站起来大声补充道："由广大工农群众、革命干部、知识分子和学生一起当家做主，建立全新的无产阶级新秩序！"这是我的政治理想，同时也道出了很多造反派的心声，赢得大家的一致叫好。

"联指"的下一个议题是民主选举总指挥。还沉浸在刚才兴奋和豪迈激情中的造反派各路将领，几乎不约而同地把手中的一票投给了我，有人开始试探性地磨合起"温总"这两个字，越叫越朗朗上口。这真是有点意外，我并不是一个处心积虑出人头地向上爬的人，我为我的理念而战，从来没有想过荣誉和地位。当我被人喊作"温总"时，才突然意识到，我走得太远了，这并不是我想要的。

所谓联合，其实是求大同存小异。我跟其他造反派之间，特别是臂缠"红卫兵"袖箍的年轻小将之间有太多的分歧。他们幼稚冲动，一言不合就撸袖子、挥拳头，甚至抡铁棒，冲出校外闹革命更是家常便饭。他们把中央文革江青的话奉为至理名言，"好人打坏人，活该；好人打好人，误会，不打不相识；坏人打好人，好人光荣"，这是我无论如何不能认同的。在这个随处可见的暴力世界里，善良是隐藏在我内心的冠冕和荣誉，是我的良知和人格。

推脱了半晌，实在拗不过，我只好退而求其次，自愿挂职副总指挥，推举革命小将杨根怀为总指挥。他兴高采烈地一口答应下来，我则暗自庆幸，不必大张旗鼓地抛头露面。我是有家有室的人，这个分寸我懂。

自从第二个工作组进驻后，斗争的方向日益向领导层集中，上至中央，中至各省、自治区、部委和市委，下至包头机校这样的基层，领导干部们的位置岌岌可危。在中央高层，政治局常委陶铸被中央文革小组定性为"中国最大的保皇派"遭到批斗，而在文革初起时刚刚打倒了"彭罗陆杨阴谋反党集团"和"乌兰夫反党叛国集团"的刘少奇和邓小平，因为镇压群众运动等路线错误成为"中国最大的走资派"，刘少奇更是被冠名"中国的赫鲁晓夫"、"党内最大的走资本主义道路的当权派"，被关闭批斗，失去人身自由，受尽非人道的侮辱和折磨。他在文革初评论"彭罗陆杨"事件时曾表态："我们用毛泽东思想战胜了一切反党分子，也能战胜一切国内反动派"，却没有料到自己成为反动派的这一天这样快就到来了。

包头市委第一书记范易、书记处书记王西和宫保禄因为路线方向错误而成为所有造反派攻击的目标。我费尽口舌劝阻造反派小将不要卷入校外我们不熟知的争斗，因为市委的领导谁支持造反派、谁支持保皇派都还没有搞清，谁走了资本主义道路也不能仅凭一家之言就武断。但他们哪里肯听？我这个"联指"领袖早就被他们一脚踢开了。他们高喊着"天下革命者是一家"冲出学校，如愤怒的洪水决堤，手持各种棍棒家伙誓与保皇派决一死战。市委门前一场大规模的武斗是不可避免了。

机校的状况是极其类似的。新来乍到，连教职工名字都认不全的党委书记李云波根基太浅，几乎没有人出面保他。他被各个派系轮流拉去批斗，斗争的级别也在节节攀升，从文斗变成武斗，从小打小闹变成变态施虐，最终他被打穿耳膜，落下听力严重受损的终身残疾。他的罪名也是"执行了资产阶级反动路线"，为期55天，即从文革开始到第二个工作组进驻之间。

在机校的其他领导班子成员中，校长薛振清因为说不清的历史问题被打成叛徒和反革命，副书记张素健没有任何历史问题，只是靠边站了。党组织停止了一切活动，机校的政权彻底瘫痪了。

夺权成了时下最流行的口号。在毛主席的伟大指示："将权力从资产阶级反动路线的人手中夺下"的鼓舞下，在全国各地此起彼伏的夺权声浪中，机校的党、政、财权统统被造反派夺了过来。

"权"被夺了，倒把我给"夺"困惑了。造反派把从党委、校长和财务处夺来的几枚大红"印把子"，交到一个他们最放心的造反派老工人张孝忠手里。他是山西武乡人，大字不识一个。他用印着红字"为人民服务"的白毛巾缝了一个口袋，把几枚沉甸甸的象征着政权的"印把子"挂在腰间。谁来找他盖章，他一不问二不看，掏出"印把子"直接交给来人，说："你盖吧。"他那一脸厚道样经常让我忍俊不禁。难道夺权就是夺印？这个虎头蛇尾的结局让我不停地反问。

政权本是国家机器，是人类社会性的产物，担负着管理公共事务的职能。它之所以必要，是因为相比起来，无政府状态会造成更大的社会混乱和破坏。今天街头巷尾暴力血腥的混乱、人心的险恶便说明了一切。

1967年1月22日，《人民日报》社论说："有了权，就有了一切；没有权，就没有一切。千重要，万重要，掌握大权最重要。"

读着这样无厘头的社论，我除了困惑，似乎还嗅出一丝别样的味道。夺权，到底改变了什么？哪里有什么路线之争，无非就是赤裸裸的你死我活的权力之争罢了。

（二）新政权 （1967.1～1967.4）

忧心忡忡的妻子俊荣见不能劝阻我过度高涨的革命热情，便写信给在内蒙古军区政治部服役的三弟，请他出面干预。三弟早年参军，参加过西藏平叛，负伤倒地后被疾驰的马蹄踏过头颅险些丧命，立了战功，现为营级指导员。他接到俊荣的信后一刻没敢怠慢，专程从呼和浩特乘火车来到包头。

多年未见的兄弟在百感交集中团聚了。在战火的硝烟中磨砺过的三弟沉稳冷静得让我惭愧，好像我倒成了应该受兄长教诲的毛躁的小弟。

他说："老大，别造反了，赶快退出来吧。"

被他教训，还戏谑地称我为"老大"，而不是大哥，让我感到有些脸红。我极不自然地急急争辩，说："革命尚未成功，同志仍需努力。"

他鄙夷地冷笑一下，说："温总当得还挺带劲儿。"

我照他的肩头推了一把，想努力恢复自己大哥的权威，"去你的。"

他板起面孔正视着我，一字一句地说："你就要当反革命了，你知道吗？公安局就要来抓你了。"

"吓唬谁呢？"我确实是被吓到了，但还想极力保持理智和冷静，赶紧接着问，"谁说的？"

他不慌不忙地看着身边玩耍的小丽丽，逗弄着她的小细辫，慢条斯理地说："军队不支持造反派，造反派快要被打成反革命被镇压了。"这真不啻是晴天霹雳。我心不在焉地盯着他们叔侄玩，再看看一旁忙着做饭的腹部高高隆起的俊荣，瞬间脑补了一下成为反革命被抓被斗的场面，愣着说不出话来。

短暂的打击过后，他的话让我清醒了。三弟带来的绝对是准确无误的内部消息。我不过就是一个小知识分子，敢于造反是因为当初明确地知道斗争的方向是斗领导、斗走资派，我是安全的；现在安全出了问题，谁还愿意提着脑袋干革命不成？至于我的理想，什么求解放、求自由，原本就是脆弱的，比起生命安全，理想毕竟是第二位的，不了了之又如何？

三弟走后，我如约写了一张大字报，宣布辞去"联指"副总指挥职务，并退出造反派，成为一名没有派系没有立场的逍遥派。造反派革命小将被我这一举动气疯了，他们说，革命刚刚遇到一点困难我就退缩，是典型的王明机会主义分子，可恶可恨不可原谅；保皇派在当前的形势下逐渐占了上风，不无得意地回击我："温总辞职意味着'联指'垮台"，"公安局的大门向你敞开"。老保们不仅一语击中我的痛处，还摆出一副小人得志的张狂样，让我恨得咬牙切齿。

军队明确表态支持保皇派，狠狠打击了造反派的势头。造反派小将们落寞地偃旗息鼓，不再揪斗校内校外的走资派，不再冲出校园与其他单位的造反组织联合，制造出更多更大声势的游行示威，他们甚至被迫准备返回课堂，重新拿起书本。但是教室的门坏了，窗户的玻璃碎了，黑板破裂，课桌椅残破不堪；更重要的是，他们的心是乱的、不安分的，内在的空虚失落烙在无数人脸上，他们表现出对时局的强烈关注，无时无刻不在准备着伺机重新投入如火如荼的战斗中。

我看不到自己的表情。一个偶然的机会促成了我和造反派的分道扬镳，但也没什么可遗憾的，我和他们本来就是渐行渐远。我们原本就是一群被日复一日灌输了太多东西的乌合之众，思想意识被囚禁在樊笼里太久了，失去了独立思考的能力；而没有独立思考，就是一切不幸的根源。我们自以为是的思想解放，我们对资产阶级反动路线的愤慨情绪是多么原始，和历史上义和团的愚昧并无差别。只是小将们崇尚暴力，而我则坚决反对。失之毫厘，谬以千里，仅此一点不同，我在他们眼里就变成了道不同不足与谋的另类，还是分开的好。

随着军队支左的深入，造反派组织受到普遍的打压，气势一天天低迷，最后呈树倒猢狲散之势，"联指"真的垮台了。

戏剧性的转变来了。1967年4月13日，中央发文《中共中央关于处理内蒙古问题的决定》。该决定简单明了，只有八条，第一条就宣布内蒙古军区在军队支左中犯了方向路线错误，严重打击了革命群众组织中的造反派；第四条是责令对被打击镇压的群众组织进行平反。

对于这两个多月以来备受压抑的造反派来说，这是久旱逢甘霖的大喜讯，他们奔走相告，传阅、复制、张贴中央文件，被解散的造反派组织又重新成立起来。他们拿出快要压箱底的红旗、标语和沉寂已久的锣鼓，冲上街头，欢呼"伟大领袖毛主席万岁"，"造反无罪"，"中央文革小组万岁"，欢呼他们并不知道是谁的高锦明受到中央文革小组的支持，组建内蒙古革命委员会，接管内蒙古党、政、军权。从1月22日夺权到今天，阴云密布的局势终于被党中央、毛主席拨开迷雾，让天日重现。

毛主席再次成为"大救星"拯救了造反派。所谓拯救，不仅从外在给你松绑、还你自由，还给你带来内心的力量和勇气，给你精神上的无限自由。毛主席再次成为造反派心中狂热崇拜的救世主，为保卫毛主席而献身成为他们最大的光荣。

内蒙古军区明明是响应并执行毛主席和中央军委、中央文革小组发布的关于军队支左的决定，为什么还选错了支持对象？军队是党的工具，当然支持那些主张维护现存秩序的保守派组织。保守派的成员大多出身好，对毛主席无限忠诚，他们的理念行为最接近军队的信念，因此军队把他们错认为是真正的革命左派。当造反派和保守派在夺权时，两边同时高呼"誓死保卫毛主席"，武力冲突爆发。军队自以为是的错误判断和介入让局势更加混乱，致使军民冲突不断升级，矛盾不断激化，甚至在混乱中还出了人命。

但是现在，这一页翻过去了，没有人还顾得上关心曾经的混乱因何而起。天下大乱，乱到以服从命令为天职的军队都不知所措，达到了旷古未闻的离奇境界。

新生政权就要产生了，这是毛泽东思想的伟大胜利，也是一个前无古人，后无来者的伟大创举：在自己的政权下，发动自己的人民群众，推翻自己一手创建并正在运作的组织机构，重建另一套全新系统。这个系统采用"三结合"的方法，即建立一个革命的、有代表性的、有无产阶级权威的临时权力机构。毛主席说，"这个机构的名称叫'革命委员会'好。"

包头机校的革命委员会的三结合是这样的：首先结合了支持造反派的原党委宣传部长刘志亮、造反派头目吴良和实习工厂造反派头目李德庆，他们三人代表的是革命力量；其次结合了原副校长吴治展，他是原校领导班子中唯一一个既没有历史问题，又没有走资本主义道路的可供人选；第三，结合了教师代表陆炳发和若干名革命小将。结合青年小将突显了学校"老中青三结合"的特征。

刘志亮成为新生政权革命委员会主任。他是一个相貌白净一表人才的年轻人，山西人，来自甘肃张掖的兵工厂。虽是17级科级干部，但他早年即被林劼重用提拔为机校党委委员，并担任党委宣传部部长。在林劼主政的几年间，他是林劼最得力的一名政治宣传干将，年轻有为，把林劼的极左路线以更左的方式宣传贯彻下去，是林劼的大脑和手臂的伸延；吴良成为革命委员会副主任。他的心狠手辣在反右倾时已是有目共睹，他暴力、嚣张、专横跋扈、冷酷无情，还擅长阴谋诡计，就像黑社会的打手。他时常让我怀疑上帝在造人时忘记把良心安在他身上。最匪夷所思的是，他的妻子尉云霞却是一个菩萨心肠的好人，他们俩因何走到一起成为一家人，着实令人困惑。

吴治展是原主管教学工作的副校长。他是一个不善言辞交际的书生，为人正直、自律，洁身自好，从不拉帮结派，整日不苟言笑伏案工作，貌似孤家寡人。他是所有被打倒的领导干部中第一个被解放出来的。

新生政权革命委员会将带领机校继续进行下一阶段的无产阶级文化大革命——斗、批、改。

（三）斗、批、改

在经历过"横扫一切牛鬼蛇神"和"斗垮走资本主义路线的当权派"两个阶段的斗争之后，"斗、批、改"成为下一个阶段的斗争目标，也可以称作是崭新的社会主义教育。

"斗、批、改"是"斗私、批修和改革"的简称。"斗私"就是斗掉自己头脑里的"私"字，"私"是一切修正主义毒菌繁殖的土壤，各种名利、金钱、物质等资产阶级货色，通通是"私"字在作怪，是资产阶级世界观，毒害了很多人。"斗、批、改"是无产阶级世界观同资产阶级世界观短兵相接的战斗，这场斗争直接触及每个人的灵魂。你是无产阶级的"公"字当头，还是资产阶级的"私"字当头，必然要在"斗、批、改"的过程中表现出来。无私才能无畏，"公"字当头，才敢于"斗、批、改"，才能批透修正主义，同旧思想、旧制度彻底决裂，按照毛泽东思想改造世界。

所以，"斗私"和"批修"是相互关联的，只有斗掉"私"字才能更好地"批修"，才能把中国赫鲁晓夫及其代理人斗倒批臭，把修正主义占领的一切阵地统统夺回来，插上毛泽东思想的伟大红旗。

这是《红旗》杂志下达的中央文革小组的通知，也是"斗、批、改"最权威的纲领性文件和解释。"无私才能无畏"的鼓励让"斗、批、改"披上了一层合法的外衣，使各种批斗在美丽外衣的掩盖下变得更加血腥和残暴。

绝对的权力导致绝对的腐败，权倾一方俯瞰众生的革委会主任刘志亮，本来就是靠政治起家、以整人过活的小人，一旦掌握了政权，那就是不可描述的腐败和灾难；"四一三"决定之后再次崛起的造反派命名为"红旗纵队"，经过军队支左的洗礼，变得越来越崇尚武力、杀气腾腾。革委会和造反派两厢结合，你侬我侬，你中有我，我中有你，把传播知识和文明的学校变成了残酷政治迫害的人间地狱，他们无端罗织罪名，阴谋陷害忠良，帽子满天飞，红色恐怖令人窒息。

最早被打成"牛鬼蛇神"的梁玉太因不堪忍受羞辱和折磨上吊自尽，他年仅十岁的儿子梁超英被造反派打断了腰椎，落下终生残疾。我的好朋友李福禄大骂刘志亮是个人面兽心的王八蛋，是暗中指使造反派下黑手的"老泥鳅"，被造反派打得头破血流。不仅如此，他们还参与了更多校外的迫害。当他们听说"中国的赫鲁晓夫"刘少奇的长子刘允斌就在包头郊区秘密核基地202厂工作时，联合起来把他押到市内游行批斗，揪住他的头发命他坐"喷气式"，逼他揭发刘少奇的罪行，并同他断绝父子关系。可怜这位中国第一代核材料专家，为了中国的核事业，抛开美满的异国姻缘回到祖国，却因为父亲的原因不得不面对无休止的羞辱和折磨，最终选择了卧轨自杀。他的颈部被车轮碾断，头颅被撞碎，年仅42岁。

革命的造反派理直气壮地评论道：在我们的时代，不管他是谁，不管他地位多高，只要他反对毛泽东思想，反对毛主席的无产阶级革命路线，我们就和他拼，让他被历史的车轮碾得粉碎。

但是"斗私、批修"，光斗别人还不行，还要斗自己，要斗自己头脑中的"私"字一闪念。林副统帅这样说："革命，也得革自己的命，不革自己的命，这个革命是搞不好的。"毛主席在解放前所著三篇短文被奉为《老三篇》，成为人人学习背诵的指导"斗、批、改"金句。我们的每一天都是从早请示开始的。清晨，大家拿着红宝书站在闪着金光的毛主席像前，大声朗读背诵：

"人固有一死，或重如泰山，或轻如鸿毛。为人民利益而死，就比泰山还重"；

"白求恩同志毫不利己，专门利人的精神，表现在他对工作的极端的负责任，对同志对人们的极端的热情，每个共产党员都要学习他"；

"我们都是来自五湖四海，为了一个共同的革命目标走到一起来了"；

"下定决心，不怕牺牲，排除万难，争取胜利"。

背诵完毕，我们会一边挥舞红宝书一边说："祝伟大领袖、导师、舵手毛主席万寿无疆！万寿无疆！万寿无疆！""祝林副主席永远健康！永远健康！永远健康！"

当人们对伟大领袖毛主席的崇拜达到无法用语言和歌曲表达的时候，"忠字舞"就应运而生。"永歌之不足，不知手之舞之，足之蹈之也"。"忠字舞"是"三忠于"和"四无限"最直白的表达方式，人人都要跳，都要用身体语言表达挚热的内心，即"忠于毛主席，忠于毛泽东思想，忠于毛主席的无产阶级革命路线"，及"对毛主席无限热爱、无限敬仰、无限崇拜和无限忠诚"。忠字舞的每一个动作都有意义：双手高举表示对红太阳的信仰和崇拜，斜出弓步表示永远跟随伟大导师，手怒指地面表示彻底砸烂资产阶级，双手握拳表示都将革命进行到底。每当音乐结束时，要高举红宝书上下挥舞，并再次山呼"万寿无疆"。

在火热的"斗、批、改"中，解放军毛泽东思想宣传队进驻学校，对学校进行军训和军管。军宣队的到来是"军队支左"的新阶段，一方面维护新生政权革命委员会，另一方面以军训、军管这样的特殊方式让大乱的社会秩序得以控制，这是"夺权"之后毛主席的战略布局。解放军是他亲手缔造的，军队干部全面进入党、政、教育各个领域、各个系统，掌握了行政实权。

军队本是保家卫国的武装力量，此时生硬地介入了地方政权，成为一党一人的私家武装和打倒政敌维护政权的武器，毛主席把他手中不受约束的权力运用得推陈出新、随心所欲。

令人颇感意外的是，军宣队队长斯琴夫（蒙古族）看到机校"斗、批、改"的残酷和乱象，对革委会主任刘志亮的工作极其不满。在成为军宣队政委来机校之前，他在军队的职务并不高，只是一名连级指导员。他很认真地投入调研，对我之前代表教师造反派提出的两条声明十分赞同，并让我代表教师造反派第六中队参加革委会扩大会议，重申我的观点。

"伟大领袖毛主席教导我们，斗、批、改阶段要认真注意政策"，我的发言开始了。

"机校的斗批改绝对有问题，我们不能听之任之。"

"有什么问题？"刘志亮有点坐不住了，愤怒地盯着我。

我直视着他白皙俊朗的脸，不明白这样一副让人赏心悦目的面容下，怎么会藏着一副黑心肠。我鄙夷地冷笑一下，故作惊讶地问："你不知道啊？那我告诉你。机校的斗、批、改搞得上纲上线，变成活生生的政治迫害，到处都是人身陷害和人身攻击。"我还留着一些理性的节制，没有直接指出正是他在暗地里指使人干这些害人的勾当，但我想每个人对此都心明眼亮。

斯琴夫对刘志亮示意，让他安静下来听我发言。

我再次强调，我要说的声明有两点，是对当前机校革命形势的看法，我代表的是机校教师造反派第六中队共六、七十人。

1. 伟大领袖毛主席说要解放没有问题的领导干部。李云波和张素健已经被打倒了，他们已经在文化大革命中触及了灵魂，经审查他们没有任何历史问题。现在应该响应毛主席的号召解放领导干部，让他们重新回到领导岗位；

2. 斗、批、改是当前的政治任务，不应该再搞派系斗争，应该联合受蒙蔽的群众，即保皇派，跟我们一起搞斗、批、改。

我的发言，真可谓"一箭双雕"，既得罪了革委会，又得罪了造反派。我知道刘志亮在想什么，他屁股底下这把交椅刚刚坐上去，凭什么要拱手相让？至于造反派，他们气势汹汹地指责我，刚刚夺取了红色政权，刚刚把保皇派的气焰压下去，我的声明就是赤裸裸的背叛。革委会和造反派从此都对我怀恨在心。

在军宣队的督导下，学校的管理体系也朝军事化靠拢，各个专科改名为连队，原专科主任重新任命为连长，各连队的日常活动就是军训，扔手榴弹、操练刺刀等等；军训之外学习毛选，特别是老三篇，这是崭新的社会主义教育，要把修正主义占领的阵地统统夺回来，使学校变成毛泽东思想大学校。

斯琴夫的到来对刘志亮是一个极大的干预和控制。他和我因为志同道合成为相见恨晚的好朋友。他很喜欢去家里找我聊天，一进门，就把腰间挂着的神气十足的手枪从套子里拿出来，递给小丽丽玩儿。我们留他在家里吃饭，他不客气地说："吃就吃"，跟老朋友到访一样自然。后来没过多久，他因被人告发不支持新生的革委会而遭调离，机校再次陷入刘志亮和吴良之流的魔掌中。

（四）山河一片红

在"斗、批、改"中成长起来的造反派小将，把机校变成了全包头市各个学校造反派的总根据地和司令部。包头没有大学，只有医专、师专两所大专院校，而且它们学校规模小，造反派的势力也没有那么猖獗。机校的造反派在以刘志亮为领导的革委会的鼎力支持下，攻击银行、抢仓库、抢武器，声势浩荡如雷贯耳。他们抢占了机校最核心的建筑教学大楼，集结全市各路造反派进驻，正门侧门全部武装守卫，进出必须出示造反派签发的通行证，俨然壁垒森严的革命根据地。一楼至四楼是他们进行革命活动及集会的场所，五楼专门辟为羁押斗争对象的囚笼和监狱，对他们施以非人的虐待和折磨，名曰"无产阶级专政"。

革命形势又发生了新的变化。既然全国范围的资产阶级司令部已经被红卫兵打倒，中国的赫鲁晓夫刘少奇被正式永远开除出党，并且被认定为"一个埋藏在党内的叛徒、内奸、工贼，是罪恶累累的帝国主义、现代修正主义和国民党反动派的走狗"，现在是全国山河一片红。造反派的历史使命已经完成，是时候退出历史舞台了，全国范围的武斗、内乱也该制止了。

毛主席老人家运筹帷幄，坐镇人民大会堂，部署如何从大乱达到大治的方略。他召见了五大红卫兵领袖蒯大富、聂元梓、谭厚兰、韩爱晶和王大宾，谈话长达五个小时之久。毛主席直接了当地指出了他们的错误："斗、批、改，一是斗，二是批，三是改。你们是搞武斗，也不斗，也不批，也不改"；"现在人民不高兴，工人不高兴，农民不高兴，居民不高兴，部队不高兴，多数学校学生也不高兴，就连拥护你的那一派也有人不高兴，就这样一统天下？"毛主席给各个学校派来了工人军宣队，全称是"工人解放军毛泽东思想宣传队"。工人军宣队的任务是制止武斗和内乱，同时也带来了造反派组织的解散和红卫兵的末日。

对于在文化大革命的战斗中成长壮大的造反派来说，他们一时懵了，不明白到底发生了什么，毕竟这个刹车踩得太猛了，让他们在感情上难以接受这样残酷的现实。于是，与1968年7月27日工宣队进入清华，蒯大富率领造反派以武力抵抗一模一样的事情在机校重演了一遍。

工宣队和军宣队要扳倒势力强大的刘志亮和造反派，必须依靠像我这样反对他们的力量。为此，造反派恨透了我们这群人。

十月初的一天早上，我和妻子俊荣一起推着自行车出门，她已身怀六甲行动不便。当我们走到校门口附近时，突然遇到几个造反派。"站住！"其中一个喝令我们。我还没有来得及问他们想干什么，一伙人已朝我们冲了过来。俊荣被他们推了个趔趄险些摔倒，我则快速被几个人架起胳膊失去平衡，连拖带拽被他们绑架进了教学楼。他们把我带上四楼所谓革命阵营，站稳之后我才看到其他被他们绑架逮捕的人，都是平日与我在同一个阵营并肩作战的战友，都是造反派恨之入骨的敌人，有许德章，初福运，程国安等七八个人，还有被他们从五楼"提审"下来的娄礼群、周贤章和王守广。不用问，我已经明白自己为什么被带到这里了。

我和几个难友根本没有交流的机会，恶毒的暴打就劈头盖脸地落下来，落在头上、脸上和全身每一个部位上，每一下都很重，很疼。他们嘴里不停地咒骂："打死你这个可恶的老右派！"好像所有的仇恨都可以藉此宣泄出来。我的手臂被反绑着一点招架能力都没有，只能无助地闭上眼睛，连下意识的躲闪都免了。打吧，下手越狠，越暴露出你们内心的虚弱和道义的匮乏。就凭你们的凶残无理，"无产阶级专政"就是一个践踏文明的笑话，就该被扔进历史的垃圾堆。

他们打累了，拿出事先准备好的大牌子给我们一一挂上，拉出去游街示众。我的牌子上写着"老右派温相桓"，黑字上面画着大大的红叉，就像要拉出去枪毙一样。其他人也挂着各种各样量身定制的牌子："大流氓王守广"，"地主阶级的孝子贤孙娄礼群"，"现行反革命周贤章"，"黑帮分子许德章"……

总算来到光天化日之下，我稍稍松了一口气，不相信在众目睽睽之下，他们会做出比刚才在他们的根据地还恶毒的事情。可我哪里领教过，原来他们是一群魔鬼附体丧失人性的邪恶之灵，不光凶残，而且歹毒。挨了打浑身疼痛走得慢了一点，就会有一只脚踹上来，喝道"快走"；头被按得快要贴地，胳膊却被反绑着高高耸起，五个手指被生硬地扳向不同的方向，几乎快要折断；头皮被打得发麻失去了知觉，晕头转向不知所以。批斗会就这样在大食堂前开始了。

就在此时，我的妻子，瘦得可怜的俊荣，挺着大肚子跑上跑下找工宣队队长，要求他们出面制止这场暴力。工宣队初来乍到，还没有站稳脚跟，尚无控制局面的能力，他们推诿着说："要文斗不要武斗。"不关疼痒的话谁都会说。俊荣豁出了两条命，又跑到造反派跟前，大声斥责他们迫害烈士子弟，是反革命的帮凶。我远远地看着她，文革以来她一直是逍遥派从不介入，在我最危急的关头却勇敢地为我挺身而出，是个值得我敬和爱的好女人。

批斗会到了午饭时间不得不宣告暂停，暂停的意思是下午或者晚上还要继续。我和许德章、初福运在我家简单合计了一下，决定我们还是逃吧。如果不逃离，天知道接下来还会发生什么。

我们三人打开窗户跳窗而逃。幸好是一楼，幸好窗户临街，我们不敢从前门出去，害怕碰到他们又被抓住。跳窗以后，我们策略性地南辕北辙，向北再向东绕过五二所、公安局，才敢折向南面的公交车站，乘公交车去往火车站。我的目标是忻县，母亲和二弟在那里；许德章要回河南开封；初福运在外面躲了几天，不敢再去学校露面。

在我们东藏西躲的日子里，时局发生了根本性扭转。毛主席的指示"工人阶级必须领导一切"彻底占了上风，工宣队和军宣队的坚强领导成为教育革命的方向和道路。毛主席指出：工人宣传队要在学校中长期留下去，参加学校中全部斗批改任务，并且永远领导学校。工人阶级群众同无产阶级的主要支柱——解放军相结合，能够最有力地制止一切违反毛主席革命路线的错误。在这个大环境下，机校的造反派组织解散了，支持造反派的刘志亮被工人解放军宣传队踢出了革委会，成为下一轮"无产阶级专政"对象，被造反派占据数月的教学大楼重新回到革委会手中。

躲在母亲身边的我收到工人解放军宣传队的一封信，宣告他们的胜利，也告知他们会保障我的安全，并让我尽快回去参加斗批改。从今往后，机校的天下就是他们说了算，在把刘志亮赶下台这件事上，我和他们是一致的。也许，他们的领导会比刘志亮和造反派更加理性吧！我是这样期待的。两年前文革开始时的理想已被现实一一击碎，差不多再也想不起来了。看了太多的悲欢离合，太戏剧性的"昨怜破袄寒，今嫌紫蟒长"，人也变得越来越迷惘，越来越愚钝麻木。也许，"不爱也不恨"是世俗教会我的一半人生智慧，不要说话也不要相信，是我从今往后需要修炼的另外一半人生智慧，再也不要让自己的大脑成为别人思想的跑马场。

逃难归来多么令人开心，我又见到了日夜牵挂的俊荣和两个女儿。三个月以后，我将再次迎来自己的另一个孩子，成为三个孩子的父亲。母亲一再劝我，不要参加太多运动，该收收心照顾一下自己的小家了。好吧，我一定努力。有时候，我们连对自己真诚都做不到，但是我要努力对俊荣和孩子们付出我的全部真诚。

虽然我只离开了短短不到一个月时间，学校的变化几乎可以用"天上一日，地上一年"来形容。自从两年半以前文革开始，学校再无招生，也无毕业分配，1966、1967、1968三届学生一直留在学校闹革命。现在造反派团体解散了，他们陆陆续续分配工作离开学校。都是20出头的年轻孩子，真不知道他们未来将怎样评价自己的赤胆忠心，怎样面对自己的良知，怎样抚平这段疯狂岁月烙在心底的累累创伤。有人说创伤是生命赠予的最有价值的礼物，因为每个创伤面上都标刻着觉醒和进步。我倒宁愿他们少有创伤，喧哗过后平凡如昨，再次从心底闪耀出温暖的人性之光。

我的脚步不由自主地把我带向关押着刘志亮的八字楼。这个人从1959年跟随林劼活跃在机校的政治舞台上，历经10年，从一个宣传干事开始走红，直至在文革中飞黄腾达成为学校第一把手，如今又栽倒变成阶下囚和专政对象。他的经历不可谓不精彩，只可惜革命的后浪打碎了他的一枕黄粱梦。

看到我进来，他惊愕地睁大眼睛，防范似的缩紧身体向后躲了一下。在他的意识里，这个时候来找他的人都是来清算他的罪孽的，动手打他也是天经地义的。我冷笑了一声对他说："你放心，我不打你。我没有打过任何人。"他诺诺地点着头，说："对，我知道，你是正派的好人，你从来不打人。"看来他虽然油滑、狠毒，算计陷害了无数无辜的人，但他的头脑一直是清醒的，他知道他在做什么。也正因如此，才更突显出他人格的卑劣。

"还用我多说吗？你做的坏事，你自己比谁都清楚。你跟着林劼学会了害人，到后来青出于蓝而胜于蓝，林劼都应该拜你为师了。你落到今天这个地步，都是因为你害人太多而最终害了自己。"他呜呜地哭了，白净俊俏的脸上鼻涕眼泪流成一片，连前胸都被打湿了。我从来没有见过一个成年人会痛哭流涕至此，真希望眼泪可以好好帮他洗刷自己的罪恶。

（五）阶级清理

后来的"斗、批、改"都是在工人军宣队主导下进行的，刘志亮是全校大会上批斗和专政的对象。各个小会，也叫毛泽东思想学习班，批斗的是为数众多的普通知识分子，特别是有历史问题的人。家庭出身不好就是一个人的原罪。"政治贱民"的范围从黑五类，即地、富、反、坏、右逐渐扩大成黑七类、黑九类，叛徒、特务、走资派和知识分子位列其中。

很显然，"叛徒"与被定性为"叛徒、内奸、工贼"的刘少奇及一批所谓叛国投敌的老干部有关，如彭德怀；而"特务"，除了历史潜伏的外，主要指当时"里通外国"与"现代修正主义"和"社会帝国主义"的苏联有关的干部和专家，如刘少奇的妻子王光美为美国特务，长子刘允斌为苏联特务；走资派就不用说了，他们是无产阶级专政下继续革命的主要运动目标；知识分子被划分为第九类，被称作"臭老九"。毛主席历来不喜欢知识分子是有目共睹的，在历次文化运动中社会上形成了一种贬低知识分子的主流意识，所谓"知识越多越反动"。

彭学敬是从旧社会过来的人，是一名药剂师，住在我隔壁。我们两家与其他两家共用一个厨房，每天抬头不见低头见。他的四个子女个个懂事孝顺，妻子贤惠能干。在家里老彭就像一个封建国王不苟言笑，充满特权和权威；但是一走出这个为他遮风挡雨的家，老彭就成了在风雨中飘摇的一片黄叶，透着无助和凄凉。

早上，我和他几乎同时迈出家门，在门口相遇，一同结伴走进我们的毛泽东思想学习班。我是班长，组织全班的学习和批斗；而他，则是那个被工人军宣队指定的斗争对象，他从旧社会带来的旧思想、旧意识要如实坦白交代，他必须用毛泽东思想重新武装自己的头脑。

武斗是毛泽东思想学习班上盛行的斗争方式，跟红卫兵小将的疯狂一脉相承。可怜的老彭在人前瑟瑟发抖，因为施暴者已经不可避免地冲过来了。他站在我面前，用凄楚的目光向我求救，他的恐惧弥漫开来，深深刺痛着我的心。

老彭啊，我们不幸相逢在这个被毁坏的世界里，不幸以这样的目光沟通。我懂你内心的骄傲，但是此时，即将到来的暴力会无情地撕碎你的骄傲，更会践踏你自尊的心。当你站在我面前时，你知道我心里的悲伤吗？你知道你自己心里的悲伤吗？

我挡在他前面，故意拖长了声调，说："大家先等一下，我先念一段毛主席语录。"

关键时刻，只有毛主席能化解危机，帮助老彭化险为夷。

"政策和策略是党的生命，各级领导同志务必要注意。"

我熟练地挑出一条语录大声背诵出来。

毛主席语录果然化腐朽为神奇，骚动的人潮退却下去，理性又回归了。

老彭感恩戴德，庆幸自己被分在我的学习班，得到我的保护。

不久，工人军宣队交给我和陆炳发一项任务，让我们俩分工合作《包头机校两条路线斗争史》，他写1956年至文革部分，我写文革期间。所谓两条路线斗争，是指无产阶级革命路线和资产阶级反动路线之间的斗争。毛主席说，建国17年以来，教育战线上都是资产阶级专了无产阶级的政，执行的都是资产阶级反动路线，应予彻底否定。他们规定限期交卷，给我们限定的时间并不宽裕。

这是几个通宵达旦的夜晚，在十八平米单身宿舍变身的日渐拥挤的家里，妻子拥着两个女儿安静地睡在旁边，我把桌子上堆放的油盐酱醋往里推了推，反复确认好这是一张没有领袖相片的报纸，才放心地把它铺在桌上，盖住清理不掉的油渍，趴在上面开始写作业。文革期间两条路线的斗争，按毛主席的指示，就是走资产阶级路线的当权派和革命的造反派之间的斗争。打击与被打击，镇压与反抗，以及后来造反派夺权，刘志亮支持造反派胡作非为，打击我和大多数老师的正确主张……每个斗争过程中的主要任务是什么，代表人物是谁等等。我狠狠地鞭挞刘志亮的恶行。刚刚发生不久的事情，闭上眼睛都历历在目。

我交卷了，我的作业得到了工人军宣队的认可，他们评价说我紧扣毛主席的指导方针，把机校在文革中的人和事梳理得清清楚楚，让他们了解了学校曾经发生过什么，对他们下一步的工作很有裨益。

陆炳发没有得到我这么好的评价。他们跟我说，还是你写得好，你把陆炳发写的材料推翻，重新写一份吧。我暗自高兴，因为在我心里，林劼一直是打不开的心结。不只是我，那么多受到极左路线迫害的人都不能饶恕他。这个机会正好可以让我放开，尽情抒发憋在心里将近十年的恶气，古道热肠，替天行道。

于是在我笔下，林劼从一个11岁就入了党的红小鬼，蜕变成错误地执行资产阶级反动教育路线的代表人物，他的清理阶级队伍，打击排挤于峰和童昊天，套用毛主席的指示，就变成了打击迫害革命干部和无辜群众；于峰、童昊天的平反更证明了林劼的错误和罪行。他重用有问题的人，任人唯亲，招降纳叛，导致了后来文革时刘志亮和吴良的嚣张和错误，始作俑者就是林劼。林劼虽然调离了机校，但他的问题是人所共知的。文革前的"四清"运动，五机部派来的工作队主要就是调查林劼的错误。林劼是埋在机校干部群众心里的一颗地雷，迟早会引爆。

搁笔之后，我心里生出隐隐的不安。诗以言志，文以载道，我却分明成了按照领袖既定结论去堆砌素材的御用文人。林劼拼尽全力紧跟政策，他的取舍永远是由上级的好恶来决定的，他的下级也在同样忠实地做着他手脚的延伸。但是，"天意难测"，跟得再紧也有掉进坑里的时候，好比尽心尽力的奴才遭了主子的戏谑，甚至唾弃。我不过是在墙倒之时又帮着推了一把，借此之机伸张一下我心里的正义，为于峰、周贤章。

以整人著称的林劼躲开了医专的斗倒当权派，却没有躲过机校对它的阶级清算。在这个阶级清理的严峻时刻，他又被扣上了一顶"内人党"的帽子，顿时罪加数等。

控肃"内人党"是内蒙古革委会向中共九大献上的一份大礼。"内人党"被指是乌兰夫反党叛国民族分裂主义的特务集团，是一个与苏修、蒙修特务，美、蒋、日本特务有密切勾结的特务组织。这个反革命组织是乌兰夫投修叛国的暗班子，是北部边疆的一大隐患，必须深挖肃清"内人党"，不惜挖到蒙古包里去，挖到羊群里去。

挖肃"内人党"运动是内蒙古历史上最恐怖、最黑暗的民族劫难，几乎所有的蒙古族干部都被卷入其中，刑讯逼供残忍到超越人类想象。连我这样不着边的小人物都有人陷害指控为"内人党"成员，林劼被陷害也就不足为奇了，根本不需要证据。

工宣队指定我和李守义做林劼的"内人党"专案组成员，负责搜集资料。林劼再不好，再罪大恶极，他也绝对不会是"内人党"，这真是闻所未闻的奇案和冤案。但是我不可能以我的立场来否定专案，我不得不硬着头皮做下去。

林劼的批斗会是我见过的最群情激奋的场面，控诉他的资产阶级反动路线，逼他承认是内人党等过场已经不能压倒要武斗他的声浪，每个人都眼含仇恨跃跃欲试，局面彻底失控。一阵一阵武斗的狂风暴雨席卷过后，林劼缓慢地擦抹着脸上被吐上的痰和口水，试图保持最后一点尊严。他的眼睛感激地看向我，我正忙着制止人群朝他再次进攻。他不无悽惶地长叹道："你们都来打我！我提拔的人也都来打我！"他提拔过的人，李守义就是其中之一，他打得最欢，让我没有想到。

批斗会进入尾声，林劼突然表示想说几句话。他能说什么呢？无非就是一些忏悔的官话套话吧。他11岁就开始闹革命，没念过什么书，绝说不出什么高水平的肺腑之言。没想到，他一开口却是一首七言绝句：

> 千锤万凿出深山，
> 烈火焚烧若等闲。
> 粉身碎骨全不怕，
> 要留清白在人间。

"我不是内人党！"他在被带走时还声嘶力竭地大喊着，仿佛电影中去英勇就义的共产党员。

我被他惊得错愕无语。这首诗的作者于谦是明朝的民族英雄，在蒙古大军进攻北京时数次誓死保卫京城，最终却以"谋逆罪"被杀，结局令人心痛。他的诗让人强烈地感受到他人格的力量和伟大。而林劼呢，他用这首诗表白他对党和毛主席的赤胆忠心，唯其如此，再加上他狼狈的样子，套用鲁迅先生的一句话描述再合适不过了：丧家的资本家的乏走狗。当然，"资本家"这三个字必须换掉。

"内人党"冤案中，被迫害的人不计其数，致死的人数以万计，包括三位内蒙古自治区副主席哈丰阿、吉亚太和达理扎雅，内蒙古高等法院院长特木尔巴根等等。所幸林劼不是蒙古族，更不是上层，这个冤案斗着斗着就随着大方向被风吹走不了了之了。这是我最希望看到的结局。

（六）幻灭

胡传海是一个腼腆羞涩的男孩，来自河北省邯郸地区，1965年入学。如果没有赶上文革，他会在1968年毕业，他的人生会很平静地徐徐展开，读书、毕业、工作、恋爱、生子。他喜欢一头扎进图书馆，在浩如烟海的未知领域上下求索，也喜欢一个人奔跑在操场体验大汗淋漓的酣畅。他是家中唯一的儿子，家境普通，父母是小手工业者，社会地位低微。他们唯一的人生希望就是把儿子培养出来成为国家的人。儿子考入军工学校，他们无比骄傲地盼望着三年之后儿子中专毕业，走进大工厂，成为工人阶级的一部分，他还会慢慢成长为技术员、工程师，他的前途是光明的。

他在这条看得见的光明之路上刚刚走了一年，1966年夏季，文革来了，路突然断了，他的人生一下子陷入了混乱。他热爱的教室里再也没有意气风发的年轻老师带领他们在科技领域探索，学习背诵《毛主席语录》代替了所有的功课，武斗校领导和老师成为教室里活学活用毛泽东思想的课堂。他是一个性格懦弱的孩子，下不了手，因此成为同学们的笑柄。他也随大流去街上游行，但却怎么也不能像其他人那样忘我投入，以天下为先。他觉得自己很没用，是个另类。同学们一天到晚忙碌着，一年一年就这样过去了，他越来越孤独，也越来越焦虑。

原本三年的学制，到了1968年夏天，比他高两届的学长还在学校参加革命运动，哪里还有毕业分配一说？再说，这几年，除了会背诵《老三篇》和多如牛毛的语录，什么也没有学到。没有公园，没有图书馆，没有各种形式的社团活动，不能看书，不能听音乐，不能看电影，不能看戏曲，不能谈恋爱，对于一个不热衷政治运动和斗争的年轻人来说，除了去操场一圈一圈地跑步，简直没办法打发时间。

军宣队来了，他们的日常活动中，除了政治运动又多了一项内容：军训。军训的好处是可以痛痛快快地流汗，他把手榴弹甩得很远很远，没人能比得上他。他心里暗自高兴，哪个年轻人不希望自己充满力量？抚摸着手榴弹那沉甸甸的铸铁头，军训带来的成就感成为他心里的一丝安慰。

第一个军宣队离开后，第二次进驻学校领导一切的是工宣队和军宣队组合，他们代表的是领导一切的工人阶级和指挥一切的枪杆子。令他欣喜不已的是教学大楼被他们夺回来了，造反派霸占了教学楼好几个月，戒备森严使他不能进入。现在，他可以光明正大地走进教学楼，找个不为人知的机会偷偷潜入图书馆。在书海中徜徉是他心里最隐秘的巨大幸福，让他沉醉，让他忘却一切烦忧，让他焦躁痛苦的灵魂得以片刻安宁和舒展，他无比满足。

就在他废寝忘食的阅读中，时间悄悄流走，夜幕渐渐降临。他捧着书凑到窗前，读着读着字迹越来越模糊，直至无法辨认。他遗憾地想，下次不一定还有没有机会再来偷偷读书了。他把书放下，把两只手伸进口袋里暖一暖，已是深秋，暖气尚未供应，刚才忙着读书，手都快冻僵了。

他的手在口袋里碰到什么东西。再摸一下，是火柴。

他突然有点小兴奋，火柴是他这个时候最需要的东西。他掏出火柴，哆嗦着取出一根，试图划着，但没有成功；他又取出两根并排拿在手上用力划了几下，太好了，火着起来了。

小小的火苗跳跃、闪亮，他小心翼翼地举着两根越燃越短的火柴，在黑暗中费力地辨识着出口。就在火苗即将燃尽的时候，脚下一堆胡乱堆放的书刊绊了他一下，他猝不及防地重重跌了出去，手里的火苗跟着他一起飞了起来。

没有比在黑暗中跌倒更惨了，他根本无从招架，稀里哗啦东碰西撞，最后才缓慢而结实地落在地上。他下意识地揉揉磕痛的头，还没来得及坐起来，突然意识到，怎么会有亮光？天呐，是着火了！火从不远处一堆散乱的书刊那里着了起来。

他顾不得疼痛，急忙爬起来向火的方向扑去。可是瞬间，火势已经大到超出了他能够扑灭的范围。他脱下外衣徒劳地扑打着越烧越旺的火，但一切都不可挽回了。

赶快逃命吧，这是本能告诉他唯一能做的事。

他跌跌撞撞地往宿舍八字楼跑去，脑子像短路一样什么都不知道了。在他身后是熊熊燃起的大火，借着风势呼啸着吞噬了整个图书馆，殃及半个教学大楼。

"着火了！""着火了！"有人发现得早，在焦急中大声呼救。夜深人静的学校瞬间陷入嘈杂和混乱，大家从四面八方冲到图书馆外围，只见巨大的火舌从窗口探出来舔舐着外墙，玻璃的爆裂声不时噼里啪啦从火中传来。四、五辆消防车鸣着急促的长笛从远处驶来，驱散围观的人群，架上长梯往烈焰中喷射水龙。

救火在持续中，不时从图书馆里传来类似书架轰然倒塌的巨大轰鸣。巨龙喷水虽是在救火，但也同时是在毁灭。扑面而来的热浪似乎可以把人烘成齑粉。是什么东西滑过脸颊落到嘴角？咸咸的，是我的眼泪。如果说文革以来机校一直撑着没有倒下，那是因为她还有灵魂在，灵魂总会有苏醒的一天，会给人以希望。现在，机校的灵魂倒下了，我亲眼见证它经历痛苦的水与火的交互摧残，见证它扭曲着在痛苦中呻吟，慢慢死去。机校的灵魂没有了，我们心灵的家园毁灭了。

妻子俊荣一手抱着周岁的二女儿，一手挽着五岁的大女儿挤到我身边，两个孩子又困倦又害怕，瞪大失神的眼睛望着眼前的混乱。我抱起小丽丽轻声问她："你每天念的儿歌'图图图书馆，馆馆管不着，着着着火了'，图书馆就是让你给念着的吧？"她委屈地扁着嘴，拖着哭腔说："不是我。"对，我当然知道不是她，但我知道这是机校的宿命。童言无忌，它们无非是早早泄露了天机，一语成谶。

"机校死了，"我对俊荣小声说，心中充满忧伤。

胡传海是因为杀人放火罪被起诉的。杀人放火是罪大恶极、罪不容赦的大罪、死罪，他几乎是自己出卖了自己。

在逃回宿舍后，他的故作镇静并没有引起同学的猜忌，他历来有些不合群，即便是独来独往行踪神秘也并不稀奇。偏偏他承受不了巨大的心理压力，向下铺的哥们坦露了惊天秘密。这个哥们竖起了阶级斗争的神经，一心想大义灭亲以证明自己的觉悟和进步。胡传海先下手为强，用军训手榴弹狠击同学头部，想以暴力制止他。不料他平日的功夫在恐惧和仇恨中瞬间放大数倍，让哥们一下变成了"死"敌。哥们并没有真的死去，而是渐渐苏醒复活了，倒是潜逃回老家邯郸的胡传海自此走上一条死路。

案件真相不攻自破。胡传海杀人放火案在第一工人文化宫公审，工人军宣队选我做群众代表在全市公审大会上发言，控诉他的罪状，并表达沉重打击阶级敌人，誓死捍卫毛主席及文化大革命的决心。

他也算是阶级敌人？审判书上就是这样宣判的。没有人想探究他是怎样走上这条路的，没有人真正关心过年轻人的遭遇和迷惘。当他们被需要和利用时，他们被捧上了天，造反第一，公、检、法甚至军队都统统给他们让路，为他们保驾护航；当他们完成了"历史使命"以后，他们变得像废物一样被嫌弃，被随意乱丢，没有学可上，没有工可做。他们的心灵屡遭蒙蔽，他们的精神备受愚弄，他们的青春一去不返。谁替他们说过一句公道话？

当我站在台上代表人民群众发言时，我近距离地看到他被剃了光头的乌青的头皮，脖子上挂着一个巨大的牌子，"杀人放火犯胡传海"几个黑体大字上画着大大的红叉。这个红叉跟我当年被造反派打上的红叉截然不同，它不是儿戏，是真正的死刑。两个法警站在他身后，两人同时一手按住他被五花大绑的手臂，一手按着他的光头。他的眼睛里充满恐惧和哀伤，深深感染着我。他这么年轻，这么渴望多学点知识，他还没有等到走出校门的那一天。在我们每天放眼望去的大青山背后，在万里无云的晴空之下，有一处荒地，将是这个喜欢读书的青年永久的归宿。我为他感到深深的悲哀。

胡传海被枪决之后不久，他同届的同学都分配工作离开了学校。文革至此，机校已经连续三年没有招收新生。所谓学校，在最后一届（65年入学）学生离校之后，已名存实亡。从文革开始到现在，机校的喧嚣没有一天消停过，一直在自我毁灭的道路上高歌猛进一路向前，它的毁灭是没有人可以阻挡的。

五机部下令解散包头机校，就地变成国营5407工厂，一个军工小厂，生产保卫珍宝岛自卫反击战专用的弹壳防滑帽。工人军宣队解散撤离了，刘志亮重新掌权成为5407厂长，所有员工一夜之间成为5407厂的工人，教学大楼改成车间。又过了没多久，5407厂关闭，并入二机厂成为它的一个车间，所有员工也并入二机厂。我去了一分厂103热处理车间当工人，俊荣去了七食堂当出纳。二机厂生产越南战争中抗击美军的高炮，战争的阴云一直笼罩在全厂及全国人民头上。

机校这棵曾经枝繁叶茂的参天大树，在文革的混乱中烂了根基，最终倒下。我的青春岁月也随它而去，消失得无影无踪。教学大楼中传出的不再是朗朗读书声而是机器的轰鸣，让我无奈又倍感凄凉。我还会有一天再回到这里重新站上讲台吗？我对心中那个机校深情告别：

假若他日重逢,
我将何以贺你?
以沉默,
以泪流。

第十五章 走向何方

当华美的叶片落尽，生命的脉络才历历可见。
——题记

（一）林彪，丧钟为谁而鸣

1971年9月12日深夜，林彪一家从北戴河山海关机场匆匆登上一架三叉戟飞机，仓促起飞。飞机在北方的夜空中画了一个大大的问号，向北飞出国境，进入蒙古，在临近苏蒙边境时又折返回来，最终坠落在蒙古境内温都尔汗。飞机起火爆炸，机上九人，包括林彪及夫人叶群、儿子林立果全部烧焦遇难，葬身异国荒原，酿成石破天惊、震惊中外的"9·13事件"。

林彪是继刘少奇之后由毛主席亲自选拔和指定的接班人，是毛主席唯一的学生和最忠诚的亲密战友。他们之间的矛盾和"路线之争"，从未有过正面交锋，却以林彪之死和满门灭绝为结局，草草地鸣金收兵。林彪和叶群的头颅被苏联克格勃用刀切下，撬开头骨放在开水里煮，以剥离肉和头发，然后把头颅骨架带回苏联确认身份。林彪就这样一言不发地以最凄惨的方式结束了曾经辉煌的一生，留给全中国乃至全世界无数的震撼和疑问。

遥想当年，林彪曾是解放初新中国最年轻的元帅，是一个功勋盖世的军事奇才。解放战争时期，在他的指挥下，四野从东北一路打到海南岛，把蒋介石及国民党政府赶下海、赶到台湾；新中国成立以后，别看他似闲云野鹤不问政事，但在关键时刻，只要毛主席召唤，他就能即刻洞悉圣意，快速出击，又狠又准，一如他的作战风格。在1959年庐山会议上，在1962年七千人大会上，他不就是毛主席在最需要的时候搬来的救兵吗？他充当了毛主席的秘密武器，誓死效忠和捍卫毛主席的发言，让毛主席在当时极其不利的困境中出奇制胜。他们俩之间的理解和默契是那种难以言说的另一个层面的心有灵犀。

发动文革林彪也是立下汗马功劳的。若没有全国人民对毛主席宗教般的个人崇拜，文革如何能发动起来？林彪是掀动狂热崇拜的第一吹鼓手，他提出"高举毛泽东思想伟大红旗，学习毛主席著作"，在军队出版《毛主席语录》小红书，并提出"活学活用"、"学用结合，立竿见影"、"四好连队，五好战士，三八作风"等等，把个人崇拜搞得花样翻新、层出不穷。与此同时，在毛主席的"全国人民学习解放军"的伟大号召下，形成了林彪领导全中国背诵毛主席语录的社会风气，把毛主席老人家捧成闪烁着耀眼光芒的神。而从前那个从不与人交往的、不能见光、不能见风、不能出汗、如隐形人一样的林彪，重新走上前台，即让人刮目相看。当他陪同毛主席登上天安门城楼检阅红卫兵，在盛夏的骄阳下挥动着小红书，声嘶力竭高呼"伟大领袖，伟大统帅，伟大导师，伟大舵手毛主席万岁！万岁！万万岁！"时，既不怕光，也不怕风，更不怕出汗了。

军队的支持是文革成功的强大保障。从大乱达到大治，中国已全面实现了军事化，军队担任着恢复秩序的重任。放眼全国各地的政府机构，在庞大的官僚体系中，清一色都是军人，国家政权90%以上都是军人在掌控。作为国防部长的林彪越来越接近权力的巅峰。

九大之后成为接班人的林彪更加沉默寡言、深居简出、谨小慎微、讳莫如深，但他的野心却瞒不过毛主席的法眼。毛主席深知林彪是一个能够精确把握时机快速出击的像猎鹰一样的运动高手；并且，在他表面上大张旗鼓吹捧毛主席的时候，吹得越肉麻，毛主席越警觉。林彪不爱权利吗？那是假的，更说明他为了保储君之位而忍辱负重。他处处迎合上意，却昧了良心，缺乏一个正直的军人和有社会责任感的政治家应有的担当。

早在林彪被提拔为接班人的1966年8月八届十一中全会后，毛主席就推荐给他阅读《二十四史》中的《宋书·范晔传》。范晔年少成名，风流倜傥，洒脱不羁，林彪的个性与他相去甚远。两人唯一可以相提并论的是，范晔曾任职尚书外兵郎，即相当于林彪当今的职务国防部长。毛主席通晓二十四史，他想表达的任何复杂情结，都能在其中信手拈出适宜的例证。范晔后来卷入党争，参与谋反，被满门抄斩。不得不说，这是毛主席早期对林彪的直接提醒；与此相反，《三国志》中的《郭嘉传》则是毛主席要林彪学习的榜样。郭嘉是曹操重要的谋臣，跟随曹操10多年，参与军务，积劳成疾，为曹操破袁绍立下汗马功劳，最后死于军帐之中。

林彪错就错在他接班人的位置和不可或缺的存在；林彪的问题，如果还是像以前斗倒高岗、彭德怀、刘少奇那样易如反掌，毛主席是不会如此伤感的。他们不管有多大功劳，占据多么重要的位置，只要毛主席定了调，他们就会应声倒下，只剩下不停地写检查、不停挨斗的份，毫无反抗之力，他也因此确立了自己打遍天下无敌手的神圣地位。但林彪却是个另类。他自尊、骄傲，在他的地位出现危机的庐山会议（九届二中全会）后，他从来不肯写检查，更从来不肯认错。他对受到处分的手下大将"四大金刚"黄吴李邱明确说过："不做亏心事，不怕鬼叫门。照常吃饭，照常睡觉，照常工作，最多是个彭德怀第二。"林彪聪明一世，却无论如何也绕不过骄傲的个人英雄主义情结，死也不肯低头认错。

毛主席离开北京，开始了为期一个多月的不同寻常的南巡。他撇开党内政治斗争的一贯做法，乘专列离开北京。他的专列警备森严，前有开道车，后有押尾车，警卫队伍多达100余人，全部双枪，手枪加自动步枪，还配有轻机枪，而且荷枪实弹。每到一地，他都频繁约见当地军政要人谈话，发动多次煽动性的反林言论："有人看到我年纪老了，快要上天了，他们急于想当国家主席，要分裂党，急于夺权"，"要抓出背后的黑手"等等。他的措辞用语超过了当年整倒刘少奇的分量，把本该在中央常委解决的问题直接捅到了地方和军队。

得知毛主席谈话内容的林彪一家陷入恐慌，毛主席的步步紧逼让林彪心灰意懒，生不如死，他已经做好了最坏的打算，等着挨整。他的年方26岁的儿子林立果却决定拼个鱼死网破，动用小舰队来执行"五七一工程纪要"中的刺杀方案，包括用手枪当面射杀，用火焰喷射器或火箭筒焚烧列车，用高射炮攻击专列，炸毁专列必经的一座桥梁，制造车毁人亡的灾难现场，等等。无疑，他的计划胎死腹中。

"9·13事件"就这样发生了。林彪一家仓惶出逃，毛主席心痛又无奈地说出了这样一句话："天要下雨，娘要嫁人，随他去吧"。

（二）出事了

机校解散后的日子，放眼中国，处处是关于战争的消息。在1969年春天珍宝岛保卫战以后，苏联扬言要对中国进行手术刀式的打击。1969年10月，因为担心苏联在国庆期间发动突然袭击，中央主要领导人全部分开疏散到南方各城市。生命垂危、奄奄一息的刘少奇被运到开封，无比凄惨地度过了他人生最后的25天。一机厂生产的坦克和二机厂生产的高炮也在紧急疏散的行列。军用车辆拖着大炮、坦克在道路上疾驰着，车队望不到头。轰隆隆行进的车辆重重地碾压着路面，也碾压着每个人的心。

包头是我国兵器工业重镇，地处靠近蒙古国的北方边境。坐拥兵工大厂一机、二机的特殊性，决定了它必然既是战争最前沿，又是被敌方重点打击的目标。这两大厂是"一五"期间苏联专家援建的，他们手里掌握着两个工厂最详尽的情报，加之拥有世界上最先进的武器装备，足以让一机、二机这两个庞然大物遭遇毁灭性打击。

机校解散后的我成为二机厂一分厂103热处理车间的一名工人。"工人阶级领导一切"的口号让我的身份瞬间从臭老九变得无比光荣，可惜我早已不在乎了。"备战备荒"是每个人心中那颗螺丝钉，越拧越紧。解放军郑州炮兵工程学院的副军级干部实施着对二机厂的军管，工厂气氛紧张严肃，全厂秩序井然，生产忙碌有序。在工厂大门口，自行车车流和行人人流着清一色工装、工帽，在上下班的时间乌泱乌泱地涌入涌出，汇聚成蓝色的海洋。

我融入了三班倒的作息中，一身油污的蓝色工作服配工作帽，一双棕色翻毛皮鞋常年在身，既是工装又是便装，还是居家服。生活的窘困、物质的极端匮乏让我除了工作服，连一身像样的衣服都没有。那辆早年购买的天马牌28自行车终于派上了大用场，每天载着我上下班。我的车把上还挂着一个扁圆形军用水壶，我把工厂的福利汽水省下来灌进水壶带回家，三个孩子每天都眼巴巴地等着喝汽水。这是我们穷困的生活中唯一一点甜蜜，是他们幼小的心中每天的盼望。三个孩子也如我一样没有一身体面的衣服，都是小的拣上面的姐姐穿不下的旧衣服，不分男女，也看不出颜色。洗得发白的蓝裤子被一节一节接长，接出来的部分与原先的部分新旧不等，颜色不一。双职工家庭的孩子无人照料，像野孩子一样在外面疯跑，脏脏破破像一群小叫花子，看着让人心酸。从五十年代到七十年代，我的小家庭从一个人变成五个人，工资却从来没有涨过，穷困和贫乏是我们每日都要面对的现实。

1971年10月，包头的深秋已然悄悄降临。这个季节家家户户都开始购买储存冬菜，几分钱一斤的大白菜、土豆和萝卜要买几百斤，才能让一家老小吃到明年春季五一以后的菠菜上市、青黄相接。"十一"这个假期如此难得，我们居然没有被要求去参加国庆节庆祝活动，反而被告知以后国庆不再举行大规模的庆祝活动，要实行节约闹革命。当天的报纸广播中没有国庆社论，没有庆祝游行和国宴，报纸上也没有刊载毛主席和林副主席合影的图片。在高度颂扬毛主席的无产阶级革命路线和狠批叛徒、内奸、工贼刘少奇的报道中，竟然罕见地没有出现"林副主席"和"亲密战友"等词句。

在这个庆祝中华人民共和国成立22周年的大喜日子里，我们得知伟大的祖国在各条战线，特别是钢铁和粮食两条战线取得了伟大的成就，并全面带动了国民经济发展，使市场繁荣，物价稳定。与此同时，一个不同寻常的现象再次发生，一分厂领导突然成群结队地到各个车间检查卫生，要求取下林彪画像，给出的解释是"为了突出毛主席"。直觉告诉我：林彪出事了，而且是大事。

多年政治运动培养出来的政治触角一点一滴地刺激着我的敏感神经。有一天，广播里意外地飞出了久违的"洪湖水浪打浪"的优美旋律。在塞满语录歌的耳朵里，这首歌显得那么悠扬动听，余音绕梁久久不去。在微微陶醉的同时，另一根神经却紧张地竖了起来。我们的感观系统已经被塑造成了政治斗争风向的探测仪，一点点风吹草动、蛛丝马迹都能让人嗅出背后的玄机。

"洪湖水浪打浪"是电影《洪湖赤卫队》的主打歌，它最初是由湖北歌剧院创作演出的大型歌剧，后被拍成电影，文革前在全国风靡一时，剧中的音乐令人难以忘怀。在文革期间，因为所谓反革命兵变问题，剧中歌颂的贺龙元帅被批为保皇派、大土匪、大军阀，此剧被作为毒草受到严厉禁止和批判。贺龙是被林彪的党羽采取非人道手段蓄意迫害致死的，死得非常凄惨。斯人已逝，中央释放出这个信号，是不是颇耐人寻味呢？

我带着疑惑找到了过去的老同事戴永清，他现在是二机厂日报社的责任编辑。我们俩小声议论着时局，交换彼此的看法。他跟我一样，都认为种种迹象表明，林彪可能出事了。我给他出主意，让他故意写一篇赞颂林副主席的稿子提交上去，看看上面的反应。此时各种小道消息时有传来，牵动着每个人的心，却又真假难辨。曾任北大革委会委员的王海澄在文革中是北大国际政治系的调干生，现在和我一样在103车间当工人，未被受到任何重用。当他听到人们私下对林彪的议论时，急不可待地去党委打小报告，说有人恶意攻击林副主席。我不由得从心里嘲笑他的愚钝。

10月24日，中央经毛主席同意，向全国广大工农兵群众传达了林彪叛党叛国事件的通知，即中央于9月18日向党的省部级以上高级干部发布的57号文件。其间一个多月的时间内，林彪出逃事件的公布，本着"内外有别，有步骤传达"的方法，分四次逐级公布。地、富、反、坏、右、资本家、有严重政治历史问题和正在进行审查的人都不能听传达，外国人也不能听传达。中央文件说："一个单位经过十天左右的时间，经过几次宣读、讨论、讲解，大部分问题都可以得到解决。"文件中还有明确要求，在工农兵和劳动人民中讨论这个问题是允许的，但是，仍然不登报，不广播，不写大字报，不写标语口号；同时教育听传达的群众提高警惕，不要向阶级敌人泄露国家机密。当前，全党全国必须提高革命警惕，防止敌人破坏，必须加强战备。

作为普通公民，更确切地说，是一群无关国体的升斗小民，第一次有幸聆听标识为"绝密"的中央文件，我才瞬间意识到芸芸众生竟然有对历史真相的知情权。中央的绝密文件是经103车间军管小组组长在车间大会上一字一句传达下来的，我真切清晰地听到他在我头顶上投掷的这颗炸雷：

"中共中央正式通知：林彪于1971年9月13日仓皇出逃，狼狈投敌，叛党叛国，自取灭亡"；

"林彪出逃的罪恶目的，是投降苏修社会帝国主义。根据确实消息，出境的三叉戟飞机已于蒙古境内温都尔汗附近坠毁，林彪、叶群、林立果等全部烧死，成为死有余辜的叛徒卖国贼"；

"林彪口是心非，耍两面派，终于自绝于党，自绝于人民解放军，自绝于中国人民"；

……

会场下面是长时间的可怕的沉寂，每个人的表情都是错愕、惊诧、难以置信，有人竟然吓得小便失禁，还有人快吓得神经错乱了。天呐，竟然出了这样的惊天大事！毛主席的亲密战友，他亲手选定的接班人，挥舞着红宝书带领全国人民高呼"毛主席万岁"的林副主席，说"毛主席的话是真理，一句顶一万句"的林副总统帅，叛国投敌了？摔死了？到底发生了什么？究竟是为什么？

人群中开始有窸窸窣窣的私语，场面一点点嘈杂起来。而错愕惊呆的表情则像是在我脸上凝固了一样，让我回不过神。短促的轰鸣和长久的空虚过后，我仿佛看到了黑沉沉的天幕在一点点揭开，一束来自天国的光普照下来，抚慰着人心，启迪着智慧。

原来这位将毛泽东思想红旗举得最高、用得最活的好学生，堂堂的副统帅居然要谋害毛主席，叛国投敌，这场山崩地裂的政治地震意外突发，让人们心中关于文革的信念顿时崩溃殆尽，让文化大革命再也继续不下去了。

我们怀着极其复杂的心情投入到批林整风运动中。我脑子里反复掂量文件中的那段话，"林彪叛党叛国，是阶级斗争和两条路线斗争的继续，是这个资产阶级个人野心家、阴谋家的总暴露和总破产。"是这样吗？他这个左得出奇的人一夜之间变成了极右的资产阶级，让我忽然生出哭笑不得的感觉。天下还有这样颠倒黑白、指鹿为马的事，让我们一下子看到了高层政治的阴暗面，彻底揭开了文革的遮羞布，把毛主席一贯正确的神话打得稀碎。

在我看来，林彪叛逃是自己揭下了面具，这是他个人英雄主义的胜利；而毛主席老人家则是被动地被林彪揭下了面具，这是一个让他无力承受的最残酷的失败。

对于那些曾经对毛主席满怀一腔热情和信念的国人来说，他们同样感到深深的悲哀：不仅是因为你欺骗了我，而且是因为我再也不能相信你了。所谓的信仰，就是你不知道真相是什么；信仰崩塌，则是你突然知道了无法接受的真相，这个过程无疑是异常痛苦的。

（三）另类变相的思想启蒙

随着中共中央林彪专案组一系列关于林彪集团反革命政变阴谋的披露，《五七一工程纪要》以一种奇怪的形式走进了中国人民的视野。毛主席力排众议一锤定音，一定要下发这个文件原文，让全国人民看看林彪集团的罪恶。老人家有相当的自信，认为林彪一伙咒骂革命的话和他们的反革命阴谋，一定会激起全党、全军和全国人民极大的愤慨，以便彻底肃清林彪的流毒。

但是事与愿违，本来是反革命罪证的《五七一工程纪要》，却成了刺激中国人民思想觉醒的一份特殊材料，一份令人五味杂陈的变相的思想启蒙。

"五七一"是武装起义的谐音，《五七一工程纪要》起草人是林彪的儿子林立果和他的小舰队，起草时间是1971年3月。

他们称毛主席为代号B-52，并历数了他的种种罪行：

——用假革命的词藻代替马列主义，用来欺骗和蒙蔽中国人民的思想；

——他们的社会主义实质是社会法西斯主义；

——他们把中国的国家机器变成相互残杀，互相倾轧的绞肉机，把党内和国家政治生活变成封建专制独裁式家长制生活；

——实际上他已成了当代的秦始皇。他不是一个真正的马列主义者，而是一个行孔孟之道，借马列主义之皮，执秦始皇之法的中国历史上最大的封建暴君；

关于国内危机四伏的现状，他们进行了分门别类的总结：

——独裁者越来越不得人心；

——统治集团内部很不稳定，争权夺利，勾心斗角；

——军队受压军心不稳；

—— 一小撮秀才仗势横行霸道，四面树敌；

——党内长期斗争和文化大革命中被排挤和打击的高级干部敢怒不敢言，甚至不敢怒；

——农民生活缺吃少穿；

——青年知识分子上山下乡，等于变相劳改；

——红卫兵期初受骗被利用，已经发现充当炮灰，后期被压制变成了替罪羊；

——机关干部被精简，上五七干校等于变相失业；

——工人工资冻结，等于变相受剥削；

——国内外矛盾激化，中苏对立，整苏联；

毛主席老人家身上最后一块遮羞布被林立果无情地扯了下来，他的一贯伟大正确的光辉形象，原来竟是如此不堪、如此阴暗龌龊、体无完肤。

关于B-52的政治斗争权术，他们说：

——他们所谓打击一小撮保护一大批，不过是集中火力打击一派，各个击破。他们今天利用这个打击那个，明天利用那个打击这个，今天一小撮，明天一小撮，加起来就是一大批；

——他利用封建帝王的统治权术，不仅挑动干部斗干部，群众斗群众，而且挑动军队斗军队，党员斗党员，是中国武斗的最大倡导者；

——他们制造矛盾，制造分裂，以达到他们分而治之、各个击破、巩固维持他们的统治地位的目的；

——他知道同时向所有人进攻，那就等于自取灭亡，所以他今天拉那个打这个，明天拉这个打那个，每个时期都拉一股力量打另一股力量。今天甜言蜜语拉的那些人，明天就以莫须有的罪名置于死地；今天是他的座上宾，明天就成了他的阶下囚；从几十年的历史看，究竟有哪一个人开始被他捧起来，到后来不曾被判处政治死刑？有哪一股政治力量能与他共始终？他过去的秘书，自杀的自杀，关押的关押，他为数不多的亲密战友和身边亲信，也被他送进大牢，甚至连他的亲生儿子也被逼疯。

——他是一个怀疑狂、虐待狂，他的整人哲学是一不做、二不休。他每整一个人都要把这个人置于死地而方休，一旦得罪就得罪到底，而且把全部坏事嫁祸于别人。戳穿了说，在他手下一个个像走马灯式垮台的人物，其实都是他的替罪羊。

……

林立果拥有着常人难以想象的特权和殊荣，26岁即被提拔为空军司令部作战部副部长，是无产阶级组织路线"举贤不避亲"的典范。他特殊的家庭背景让他一方面有条件大量接触国内外书刊、资料、电影录像，大口大口贪婪呼吸外部世界的新鲜自由空气，另一方面却过早地接触了高层残酷的政治斗争内幕。民主与法治、自由与禁锢的矛盾在他的思想中剧烈碰撞冲突。他对现实不满，对林彪的处世哲学不满，他怀疑和挑战一切权威，成为一个敢想、敢说、更加敢于实干的桀骜不驯的叛逆者。《五七一工程纪要》即是他的讨毛檄文。

《五七一工程纪要》中那些对毛主席淋漓尽致的剖析，是中国人想都不敢想的禁忌。林立果对毛主席的评价，应该是受了林彪的影响，才这样入木三分，针针见血。林彪并未见得有多么睿智，只是因为他与毛主席曾密切合作，亲自体会到了毛主席的内心世界，所以才会有这种透彻的深入骨髓的见解。

林彪父子虽然不都是光明正大的好人，但他们却在文革的历史上书写了重重一笔，上演了现代版的荆轲刺秦王。他们的下场比荆轲还要悲惨，但他们却掷地有声地说出了亿万中国人心底的不满和不敢启齿的呐喊，使人们开始觉醒，开始思考，也使文革彻底丧失了民心。

他们在做不可能成功的事情时义无反顾，失败得太过精彩。

（四）复校

在文革中，知识分子被蔑称为"臭老九"，排在"地、富、反、坏、右、叛徒、特务、走资派"之后，成为政治上被打压的贱民。"老九"这两个字，源于蒙古元朝时期的等级制社会，元制为一官、二吏、三僧、四道、五医、六工、七匠、八娼、九儒、十丐，老九就是第九等次。到了文革，这个早已消弭的概念死灰复燃，并为人们所津津乐道。"老九"前再加上一个"臭"字，才足以表达对知识分子的蔑视和厌恶。一向在中国传统社会最受尊敬的儒家知识分子，就这样被划分到了社会最底层。

毛主席对知识分子极端鄙视、甚至敌视，在1968年八届十二中全会公报称，"我们必须完成无产阶级教育革命的伟大历史任务。对于知识分子，要由工农兵给他们以再教育……"1971年8月，毛主席指示下发《全国教育工作会议纪要》，提出对教育界的"两个估计"，即"

文革前17年教育战线推行了一条反革命修正主义路线，资产阶级专了无产阶级的政；教师中的大多数人世界观基本上是资产阶级的，是资产阶级知识分子。"

包头机校在经历了触及灵魂的教育革命后，在轰轰烈烈地停课闹革命三年之后，虽然是由工人阶级领导学校，仍然没有幸免地走上一条自我毁灭的道路。学校解散以后，我们这些臭老九们散居在二机厂各个分厂，大部分在车间当工人，接受了几年的工人阶级再教育。比起那些同样完全停止招生的著名高校，相较他们迁到农村、教师下放农田劳动、衣食不饱的悲惨遭遇，我们虽苦虽累，但家仍在身边，没有被拆散，还算是幸运的。

林彪事件之后的1972年，由于大量人才断层的出现，像机校这类的理工科院校又一点点恢复起来。毛主席厌恶人文科学和社会科学，一心想把他们赶出大洋楼，赶到下面去，但他对理工科还是相对看重的。他曾经说："大学还是要办的，我这里主要说的是理工科大学还要办。但学制要缩短，教育要革命，要无产阶级政治挂帅，要从有实践经验的工人、农民中选拔学生，到学校学几年后，再回到生产实践中去。"

包头机校就是在这种指导思想下复校的。被二机厂占据的教学楼等设施退还给了机校，原校教师如果自愿，可以无条件地返回学校工作。大部分同事都回来了，只有少数像吴良、刘志亮这样的文革干将没有回来，他们大概是无颜面对被他们残酷迫害过的故人吧。我和俊荣想都不用想就用脚投了票，重新踏进学校大门。

经过文革触及灵魂的洗礼，我们这些臭气熏天的人又重新聚合在一起。校长是文革前的副校长吴治展，书记是文革前的副书记张素健，老书记李云波和老校长薛正清早已被解放出来，另外安置了新的高位。林彪事件之后，越来越多的老干部被解放出来，这些既伤了身又伤了心的人再次走上更高职务的领导岗位，他们会怎样面

七十年代的包头机校

对失而复得的权利？这是后文革的一个新问题。

新学校要按照毛主席制定的教育路线走下去，具体说是什么呢？它产生于毛主席著名的"721指示"，有三大特色：

一、教育要革命，要无产阶级政治挂帅；

二、教育要与生产、劳动相结合；

三、要从有实践经验的工人、农民中选拔学生。

为了把毛主席的教育路线贯彻到实处，我们组团到毛主席批示"721指示"的上海机床厂参观学习。在那篇著名的社论里，"工人出身的技术人员，在长期的劳动中积累了丰富的实践经验，他们经过几年业余学校的学习，或者读了几年业余技术专科学校，理论和实践紧密结合起来，出现了一个飞跃，很快就能胜任科学研究和独立设计的任务。"所以，从工人中选拔技术人员，是一条培养无产阶级工程技术人员的道路。

为什么工人出身的技术人员成长快、贡献大呢？最重要的一条是，他们对毛主席、对党有着深厚的无产阶级感情，他们牢记毛主席的教导，时刻想到与帝、修、反争速度、争质量，并处处考虑为国家节约，为工人操作方便；相比之下，那些走资派和反动权威却长期脱离劳动、脱离工人，奉行"劳心者治人，劳力者治于人"的那一套，追求资产阶级名利，结果一事无成。

这些论调谎话连篇，逻辑混乱，在文革之初骗骗人还是说得过去的，现在的我们已经刀枪不入了。虽然办学的方针我们无力扭转，但我们手里唯一可以灵活掌握的，就是招生时对生源的甄别，我们会千方百计好好利用它。按照毛主席的指示，新生"要具有相当于初中毕业以上的实际文化程度，具有三年以上实践经验的优秀工农兵"。除去这些硬性指标，每个下到旗县去招生的"老九"们，都是想尽办法千方百计考核考生的文化程度，遇到个别学习成绩优秀的学生，便会高兴得像拾了宝一样。

在我们心里，这些"优秀的工农兵"才是文革中最大的牺牲品，让人怜惜。当初毛主席教导他们说"知识青年到农村去，接受贫下中农的再教育"，几百万知识青年便高唱着"革命知识青年之歌"去广阔天地中让自己百炼成钢大有作为，殊不知这是国家一举两得的大好事，既平息了文革中导致天下大乱的红卫兵运动，又同时解决了城市人口和就业压力。而后，毛主席再也没有对知青问题发表过任何具体指示，上千万知青已然退到历史舞台的后面，他们的前途和命运不再引起老人家的关注。他们中的多数耽误了学业，蹉跎了最佳年华，以致贻误了一生，只有少数能持之以恒地顶着各种压力坚持学习，最终被幸运之神眷顾，走到人生的转折点。

机校从1972年开始招收工农兵学员，到1976年，每年都招两个班。他们中不乏极优秀的人才，虽然历经艰辛和磨难，仍然以蓬勃不息的力量，滴着血和泪向世界证明他们的存在和价值，同时告诉世界什么叫自珍自爱和自强不息。

（五）哀民生之多艰

文革对包头机校的破坏是物理性兼毁灭性的。1966年文革初起时，芳龄十岁的学校就像一个十岁的小姑娘，刚刚开启明艳动人的娇俏，款款步入风华绝代的青春。图书馆、实验室、运动场、篮球场、大礼堂、实习工厂等等辅助设施日臻完备，展示着教学、实习和校园生活的勃勃生机。是文革的暴力打碎了这一切，造反派无休止的破坏和武装冲突让岁月静好的秩序化为乌有，更无情地摧残着青春校园，让她如沦落风尘一般在短短五六年时间内透出与年龄极不相符的沧桑，到处都是残破和肮脏，刺痛着我的心。

我在和平楼居住已超过15年。当初苏联援建的崭新的单身宿舍楼，一间一间演变成两口之家，十几年间随着人口裂变翻番，每一间都住满了拖家带口的教职工及家属，少则三四口，多则五六口。长长的筒子楼走廊被居家的烟火熏成黑色；走廊尽头几十户人家共用一个大水房，常常要踮着脚踩着砖头，才能躲过漫流的污水；旁边的公共厕所男女各三个蹲坑，还经常有小门坏掉不能使用的一两个。于是乎，家家都必备一个小尿盆摆在走廊的屋门口，父母在房间做饭时，孩子在门外大小便。我的一双小儿女刚刚会说话时就学会了拖长声调打小报告："妈-呀-我-拉-完-了"，反复多次以引起屋内父母的关注和照料。

包头的冬天寒冷又漫长，沿着黑漆漆的走廊走到湿漉漉的水房并不是大多数人喜欢做的事。晚上简单的洗漱过后，人们往往是端起水盆走到楼门外，哗的一声把脏水泼出去。日久天长，楼门外就形成了几尺厚的大冰溜子，一直漫延满院。一出楼门就是大溜冰场，大人孩子都必备在冰面上维持身体平衡不摔跤的绝技，各种冰上游戏成为孩子们的最爱。到了春天冰雪消融的时候，楼外就是一片臭气扑鼻的泽国，楼门口又有几行砖头铺开，行人才不至踩到泥水中。

我人生的黄金时代，从新婚燕尔、生儿育女，到与母亲及岳母团聚，都是在这样简陋、恶劣、肮脏的环境中徐徐展开的。十几年来情况越来越糟糕，从无任何改善。

推门进屋，那个被称作"家"的地方，更确切地说只是栖身之地，仅供一家人睡觉吃饭，别无其他功能。屋内一大半空间摆满了床，两个单人床并在一起是夫妻大床，大床脚下隔开可以侧身走过的窄道，放着一个上下床铺。大孩子爬到上铺睡，小的睡在下面。起先，我们珍爱的樟木箱放在下铺床上，后来孩子长大腿伸不开，我们就用几块砖头把樟木箱垫高，孩子的脚可以伸到箱子下面。这个办法在可以预见的几年内都是有效的。

双人大床上铺着一大张硬塑料床单，所有做饭的准备工作都是在床上完成的。面板、面盆、菜板、菜盆、箅子……通通放在床上，用完后拿湿抹布擦擦，床还是床；若是客人来了还要当仁不让地坐在床上，因为除了床以外，屋内没有其他地方可以坐。

我屋子的斜对面那间是我们四户邻居共用的厨房。靠窗的地方是各家用砖和泥砌的炉子，配以手动风箱，剩下的空间堆放着四家的煤，所以这间公共厨房除了黑灰没有另外一种颜色。各家做饭时必须有两个人同时在场，一般是大人炒菜操作，小孩拉风箱。孩子们小小年纪就学会了一手拉风箱，一手用火钩子钩掉烧废的炉渣，再用小铲续上新煤。拉风箱的活是最枯燥的，尤其是在蒸窝头的时候，一个小人要机械地摆臂拉伸20多分钟，时间异常难熬，实在是难为孩子们了。

一家人围坐在一起吃饭本应是一件快乐的事情，但是我们很难快乐起来，因为饭菜实在太难吃了。粗糙难咽的窝头是桌上常年不变的主食，一盘简单的大白菜或土豆丝是整整一个冬季的副食，没有任何花样翻新。孩子们一人抱着一个窝头啃，啃到后来，鼻涕眼泪都蹭到窝头上，便推说是饱了。我和俊荣只能强迫他们多吃几口，结果自然是大的哭小的叫，乱成一团，最后不欢而散。

经济条件好一点的家庭一般都有一对漂亮的箱子和箱座，箱座放在箱子下面，两扇小门对开，可以放不少衣物用品；箱子放在箱座上面，边角饰有漂亮的金属锁扣，从上面半翻盖。上盖固定不动的部分摆放一两件高档用品，如三五牌座钟和晶体管收音机。每每看到别人家有那些物件，我们都羡慕不已，但我们穷得什么也买不起。家里没有一件像样的家俱和摆设，所有的用具，如床、桌子、小书架，甚至脸盆架，都是公家发的。纸箱子是我们解决一切储藏问题的万能法宝，在床下堆塞得满满的。

小老鼠是我们家的常住居民，我们白天活动，它们夜间出动，通常都与我们相安无事。但是有一天，我和俊荣都在二机厂上班，孩子们在床下的一个黑皮包里竟然拎出整整一窝小老鼠，刚刚出生，白白嫩嫩的，没有长毛。他们吓得不敢待在屋子里，跑去俊荣上班的七食堂求援。俊荣回到家里，见到的却是另一番景象，小老鼠被挪了窝，集体搬迁到床下一口不经常使用的炒菜锅里，坡形的铁锅让小老鼠们团团转，滑滑的边缘让它们难以轻易溜掉。俊荣手疾眼快，用一个锅盖把它们全部闷在里边，任它们天翻地覆地闹，一锅端了出来。

孩子们一个个面黄肌瘦看着让人心疼，我和俊荣就学别人的样子养起了鸡。养一窝鸡十只八只，每天给它们剁点菜帮子，和上玉米面粉，有时候把烤干的蛋壳弄碎添加在里面给它们补钙。这并不是一件投入巨大的营生，但我们却可以每天收获几只鸡蛋用以改善生活。每只鸡都有各自的名字或代码，我每天早上都会把手指探进它们的肛门附近，摸摸今天会不会下蛋，并在日历上清楚地标注谁今天下蛋；鸡蛋上则是用钢笔标明下蛋日期，有点类似会计的复式记账。每家都有一个一米左右见方的鸡笼子，冬天的晚上，天黑前要做的事情，就是把散养在各家小院的鸡捉回来放入笼子，再把笼子搬到厨房各家的煤垛上。厨房多了臭气熏天的鸡粪，煤也被污染过，做出的饭好像味道都不对了。尽管如此，养鸡却是我们常年坚持的一项副业。孩子们在家的时间多，剁鸡食这件事几乎被他们包了。

那时候家家都在大院里用自制土坯搭一个封闭的小院，小院内一半盖一间小凉房储存杂物，并在不冷的季节把鸡关在里面，以防黄鼠狼偷袭；另一半挖一个两米多深的菜窖。漫长而严寒的冬季没有任何蔬菜供应，家家户户都必须在入冬前储存足够量的土豆、萝卜、白菜、大葱等几样看家菜。菜窖是我一锹一锹挖出来的，一米多宽，两米多长，两米多深，底部还挖了好几个坑道，把各样蔬菜分门别类保存。土豆直接堆放就可以了，萝卜则需要用沙土覆盖，定期喷水，以防糠心；白菜置放在半空中悬置的架子上，一颗一颗分散竖立摆放，保证通风良好，不致腐烂。菜窖口用一个大木头箱盖子盖住，上面铺一层旧棉被防冻。通往菜窖下面的梯子是自己用一块一块捡来的木板钉制的，很结实。去菜窖取菜是一件需要两个人配合的工作，一个在下面取，一个在上面接。孩子们小巧灵活，这件事又包给了他们。

都说穷人的孩子早当家，这话一点都不假。因为武斗的原因，时常有人家的玻璃在半夜被投掷的石块砸碎。小丽丽常常跑去别人家的窗下观察，她端着一个破旧的脸盆，看见碎玻璃就拾起来，想去卖点钱。她年龄小，人又内向，大的好的碎玻璃轮不到她，她就去捡没人要的被泥土掩埋的小碎玻璃块，一块一块从泥土里抠出来。拿到收破烂的地方，人家嫌她的玻璃脏，她就蹲在路边，一块一块磨掉泥土再拿进去卖，卖来的一毛两毛钱一分不少地交给妈妈。

娟儿是个有担当的孩子，她只比弟弟大不到两岁。看到幼儿园老师训斥弟弟不会自己去厕所大小便，她就忧心忡忡睡不着觉，半夜跟俊荣说："妈妈，别送我和弟弟去幼儿园了，我能看弟弟。你把我们俩锁在家里就行了。"那时她只有三岁多，小丽丽去上学，娟儿被锁在家里照看着两岁的弟弟。再大了些，她就在脖子上挂着家门钥匙，带着弟弟在外面玩儿。弟弟受了欺负，她就去替他找公道，去和别人吵架。表面上看她那么凌厉，连欺负人的男孩子都不怕，其实她经常在吵完架后自己吓得偷偷哭。但下次还是会义无反顾地去帮弟弟。

彤儿老实乖巧，像女孩子一样安静，从来不去惹祸。他是家里唯一的宝贝男孩，却不得不穿上面姐姐们剩下的衣服。罩衣里面套着女孩穿的花棉袄，风吹起衣角的时候被同伴看到取笑，他只是红着脸，却从来不跟俊荣提不切实际的要求。我要求孩子们把自己吃剩的窝头用筷子扎洞做标记，丽丽的扎一个，娟儿的扎两个，彤儿的扎三个，下顿饭接着吃。彤儿一天到晚吃那些如狗啃过一样的剩

人生的黄金时代

窝头，终于有一天，他一脸茫然地问自己："我怎么剩了这么多？"哈哈哈，原来是古灵精怪的娟儿偷偷把自己的窝头上补了一个洞。不知这件事她干了多久，老实的彤儿就这样安静本分地吃着他们两人的剩饭。

孩子们的童年没有玩具，没有好吃的零食，没有漂亮的衣服，没有图书启迪智慧，甚至连容身之处都没有。他们穿得破破烂烂，吃着勉强糊口的粗粮，手上冻了深深的裂口，成群结队在外面疯玩儿，陶醉在他们的小社会里，直到父母扯着嗓子喊他们回家吃饭，或是回家睡觉。女孩子喜欢跳橡皮筋，跳绳，跳房子，男孩子或者趴在工地上弹玻璃珠，或者猫着腰拍烟盒三角，或者腰间系着宽皮带，手里拿着土制的弹弓、火枪，模仿解放军的样子冲啊杀啊。

一年到头，最让孩子们盼望的是春节。家家户户炒瓜子，炸馓子，再买上几斤水果硬糖，孩子们穿上新衣服，口袋里装着平日吃不到的美食，脸上乐开了花。几百响的一挂鞭炮早早被孩子们放在暖气片上烘烤，去除湿气才能放出响亮的炮仗声。烤干的鞭炮被他们细心地一个一个从缠绕的编挂中拆下来，数好个数，用报纸包成小包，规划好每天放炮的数量，直到正月十五元宵节全部放完。彤儿是男孩，得的数量多些，且是威力大的小钢炮；娟儿和丽丽数量少些，多是威力小的小炮，有时候还会遇到空心的哑炮，但她们也喜欢玩儿。此起彼伏的声声爆竹总归是孩子们一年中少有的奢侈的欢乐。孩子们手里举着一根长长的燃着的香，从口袋里取一个鞭炮出来，用香头点燃炮捻，火开始快速蔓延，燃到接近炮身时，迅速果断地把它扔向空中，砰的一声，炮在空中爆破。这是一个有相当危险性的技术活，掌握不好时机就会让炮炸到手里或是脸上，但他们玩儿得乐此不疲。相比之下，把一枚鞭炮放在地上，跑过去点燃，再跑到远处捂着耳朵躲开，那是小屁孩的玩儿法，别人会嘲笑你。

到了晚上，一向黑洞洞的走廊被孩子们的灯笼队伍点亮，那既是孩子们期盼了一整年的春节狂欢大戏，又是一场展示家家户户父母手工技艺的大赛，是所有人目光聚集的焦点。孩子们贫瘠的内心从来未曾有过传统文化的滋养，连正月十五闹花灯都是四旧，没人敢提。但对美好事物的向往和追求却是人与生俱来的天性，映着小小烛火在色彩缤纷、造型千奇百怪的纸灯笼里闪耀，孩子们的眼睛里也闪烁着丰盈美满的幸福光彩，嘴边挂着微笑，直到灯笼不小心着火，提着一个空荡荡的框架回家。

俊荣常常跟孩子们提起她父亲说过的一句话：什么时候能吃饱黄黄的玉米面窝头，就不要嫌生活赖。这个饿死在大跃进年代的老人，对生活的理解和要求如此卑微，也深深影响了俊荣。她总是竭尽全力护佑着孩子们，舍不得他们沐风栉雨。但是我们自打结婚，人口数目不断上升，还有两个孤寡老人需要赡养，我们的工资却如冻结了一般一分钱也没有涨过，日子过得一天比一天艰难。限制购买量的布票在我们手里都花不出去，俊荣总是坐在床上为孩子们缝缝补补，"新三年，旧三年，缝缝补补又三年"是党的号召，我们绝对是模范。我们俩再拼命努力，自己舍不得吃穿，孩子们也时时同饥饿的小狼一样，有一口好吃的就一起扑上去，目光中露出从未满足的哀求，让为人父母的我们无比心痛。

幸运的是，孩子们的快乐天性是物质匮乏所不能阻挡的。他们从小就懂得感恩和知足，在幼儿园吃饭前要齐声说："感谢毛主席。"每当窝头难以下咽时，丽丽会带头对弟妹说："旧社会吃糠咽菜，我们现在能吃饱穿暖够幸福了。"我知道这是学校里忆苦思甜教育的结果。她无比向往地告诉弟妹，"等我们解放了台湾，就可以吃到芒果和香蕉了"。宝岛台湾的是如此充满甜蜜的诱惑，我和俊荣也好奇芒果和香蕉的滋味，因为毛主席曾经送给过全国人民一颗芒果。我们只远远地看过，并没有闻到是什么香味，更别提品尝它的滋味了。于是，芒果和香蕉就成了我们全家人心中神仙一样的憧憬。丽丽带着弟弟妹妹去背诵儿歌了，他们快乐地一边拍手，一边唱着："小皮球，香蕉梨，好吃不给刘少奇。刘少奇，啃瓜皮，拿起小刀刮肚皮。"听着他们这样戏谑曾经的国家主席，我很无语。

也许是受我的熏陶吧，小丽丽经常会问我一些与年龄不相符的问题。林彪事件发生时，她在上小学一年级，放学回来对我说："爸爸，林副主席的语录以后不能说了。可是我背了很多，忘不了怎么办？"说来奇怪，她的老师在让他们撕掉课本中的林彪语录之前，让他们先背了一遍，好像是故意让他们加深印象似的。说实话，那些肉麻的"毛主席的话，句句是真理，一句超过我们一万句"，以及"他的话都是我们行动的准则，谁反对他，全党共诛之，全国共讨之"，还有唱出来的"大海航行靠舵手，万物生长靠太阳，雨露滋润禾苗壮，干革命靠的是毛泽东思想"，也深深印在我的脑海里了，我也不知道怎么样才能忘记。

光阴荏苒，孩子们渐渐长大，我和俊荣步入中年。我们不再年轻，但我们依旧困惑彷徨，甚至感到越来越无望。1975年，小丽丽十二岁了，她问我："爸爸，邓小平不是坏人吗？"她指的是邓小平恢复了工作，被任命为国务院副总理和中央军委副主席及总参谋长。我只好胡乱地应付道："哦，他现在变好了。"过了没多久，邓小平被打倒了，她又跑来问我："爸爸，邓小平不是变好了吗？"面对孩子的困惑，我也只能困惑地回答："哦，他可能又变坏了。"判断人性好坏的标准只有一个：阶级。别说孩子不懂，我也不懂。

谁能告诉我，阶级斗争要搞到何时才是尽头？

民生如此凋敝，何日才能出现转机？

1976年元旦，毛主席老人家亲自出马，用依旧豪迈的革命主义精神谱写了两首诗词。他在《水调歌头·重上井冈山》里说："到处莺歌燕舞，更有潺潺流水"，这两句瞬间成为全国形势一片大好的形象表述。至于《念奴娇·鸟儿问答》，更是直截了当地告诉了我们生活的美好："土豆烧熟了，再加牛肉，不须放屁。"

自古以来，作诗填词是风雅无比的事情，屎尿屁一类的肮脏之物，出于人类生理上的反感，是绝不能入诗填词的。毛主席老人家是老糊涂了吗？他的诗词是要刊登在各大报刊头版头条，并要求全国人民颂读歌唱的。他真是给全国人民出了一个天大的难题，"不须放屁"怎样在大雅之堂歌咏出来？这究竟是他的难堪还是全国人民的难堪？

不管怎样，"土豆烧熟了，再加牛肉"还是让人非常向往的大菜，我的舌苔一整天都在幻想中品味这道美食。晚饭时，妻子俊荣不失时机地拿出一个实验用磨砂广口玻璃瓶，冲我露出神秘笑容："馋酒吗？"这还用问，当然馋了，已经记不清多久没有喝过酒了，特别是今天精神会餐毛主席的土豆烧牛肉，再来二两酒，岂不是绝配？她大概是看穿了我的一脸魔幻，不无得意地笑着说："我拿实验室的酒精给你勾兑的，让你解解馋。"实验用工业酒精，勾兑一半的实验用蒸馏水，就能让我一品酒的味道，俊荣真是太聪明了。我深深地嗅了一口，露出满意的笑容。

新的一年来到了，我们一家在无比的欢欣中，在"土豆烧牛肉"的滋味中迎接它的到来。孩子们一遍一遍地问："为什么是土豆烧熟了再加牛肉"？我和俊荣也认真地参与了这个讨论，依据我们的生活常识，应该是先把牛肉烧熟了，再加土豆。伴着酒的香气，伴着想像中的土豆烧牛肉，我们的新年就这样开始了。

历史注定这将是极不平凡的一年。此时的我们，以及整个中国，都在最最黑暗的深渊中徘徊。一个又一个惊天巨变正在悄悄地酝酿中，我们将经历一个又一个阵痛，告别整整十年的文革，走进一个翻天覆地的新时代……

尾声

2021年国庆节期间，我在同川赵村度假，适逢山西遭遇我有生80多年来的最强暴雨。天像被打破的漏斗，如注的天河之水往山川、河流、田间灌了整整一个星期。在几百米宽的滹沱河大桥上，我又见到了儿时才见过的大水奔流，浩浩荡荡如万马奔腾。站在大雨倾盆的桥头，天地灰蒙蒙一片。滹沱河咆哮的声浪如此贴近，振聋发聩。恍惚间，我穿越过时间的激流，回到童年和青少年时期的河边。那个在我心底暴怒的滹沱河，如我年轻英俊的父亲杀身成仁时那般刚烈。我从来没敢奢望过在我的有生之年还能再次目睹滹沱河的暴涨和暴怒，这才是我心里那条充满力量的河，我的母亲河。多年来，我看惯了她的孱弱，细若游丝般流过，无能、无力又无助，让耄耋之年的我感伤不已。

世界上有多少人就有多少条生活之路。在我人生的黄金年代，每一步都走得那么艰难。为了得到那份吃不饱的口粮，为了能够可怜地生存下去，我们活得那么扭曲，那么胆怯，那么卑微。有人说，总盯着过去，你会瞎掉一只眼睛，而我却想让天下人看到我的拳拳之心。我的每一句真话可能都已姗姗来迟，但它们仍然是有分量的，它们的分量等同于我所认知的世界的分量。生命之所以有意义是因为它会停止，我们都会渐渐离开这个世界。如果哪天我不在了，我所有的记忆也都终将不在。而文字不会，我希望它是不朽的。我不希望这个世界连我来过的痕迹都没有留下。

历史像一条无尽的长河，时而清澈，时而混浊；时而平静，时而呼啸；历史是一首诉说不尽的长歌，在每个人心中日夜流淌、回荡。成千上万的人，普通平凡如我，只是历史洪涛巨浪中的一滴水，一粒尘，既被无情地掀动过，也被灼热地炙烤过，或被冷漠地践踏过。我的故事只如那一滴水反射出的太阳的光辉，它是我送给这个世界比我的生命更珍贵的礼物。

  黑夜无论怎样悠长，白昼总会到来。恩格斯曾说："没有哪一次巨大的历史灾难不是以历史的进步为补偿的。"中国终于将强大的专制极权人物拉下了神坛，将无比辉煌的意识形态抛于次要位置，将"以阶级斗争为纲"这把杀人屠刀扔进了历史垃圾堆，让更多民众打破精神桎梏，迎接思想的觉醒和解放。改革开放，走向现代化，走向世界，是历史赐予亿万中国人的机遇，也是对文革这场灾难的巨大的历史性补偿。我们又何其幸运赶上这样的时代！

  回首往昔，我们曾为反右、大跃进和文革等无休止的政治运动付出了惨烈沉重的代价。有谁能面无愧色地说这个世界的黑白混淆与我无关？正是无数个"我"的胆小怯懦，让谎言的利爪一次次架在我们的肩头，逼迫我们表示忠诚和服从，进而使我们也变成谎言的一部分。我为受尽磨难的国家和人民感到深深的哀伤，更为以"文化"之名肆虐在拥有古老文明的国度长达十年的文革感到无尽的耻辱，这是中国永远不能治愈的病痛。我们的子孙后代就是要带着病痛活下去，带着永不泯灭的记忆往前走。站在历史的角度看，一个民族就是一个放大的人。在他的生命中遭遇了什么固然重要，但在遭遇之后他记住了什么，又是如何铭记的，似乎更为重要。一个没有记忆的民族是会衰亡的，一个选择遗忘历史的民族是没有未来的。

  士不可以不弘毅，任重而道远。

2021年10月22日

跋

温象桓

一部以我为主人公的纪实作品即将付梓，一个普通人真实曲折的故事将展现在读者面前。作品所涉及的事件没有虚构、没有夸张，涉及的人物都是真名实姓，完全经得起历史检验。此时此刻我的心情五味杂陈，既有欣慰和喜悦，又有不断来袭的难以忘怀的伤痛。不堪回首的往事把我带回当年，不止一次让我心潮翻滚、泪眼模糊。

当初，由于我的天真幼稚和任性，丧失了养家糊口的责任和孝敬寡母的初心，为此深感内疚和亏欠，甚至负罪；被逼无奈与相恋五年的女友痛苦分手，辜负了她对我的爱恋和真情；在落难时于峰书记对我伸出援手，他的爱护、理解、同情和鼓励令我终生铭记；对不在乎引火烧身、敢于同我不离不弃的一众好友陈烈、许德章、朱汉育、蔚天元充满刻骨铭心的感恩之情；当人生处于绝望的边缘时，遇到能深刻理解和同情我的俊荣，重新点燃了我生活的勇气和信心……没有她，我绝不会有一个同甘共苦的幸福家庭。遗憾的是她先我而去，让我对她充满了深切的怀念。

我的胞弟和子女都希望我写写家史和我坎坷的人生经历，以便给后代留点"遗产"和纪念。由于我的写作功底太差，说说容易写起来太难，总感觉力不从心。2018年二女儿回国度假，主动提出帮我完成心愿，我们一拍即合达成共识：她访谈，我口述；她写作，我审核，最终达成一致，落笔成章。我有一般人比之不及的记忆力，几十年的过往云烟历历在目，如数家珍。但出乎我意料的是，学经济专业的她竟有这么好的文字功底和文学素养，把一个平凡人不平凡的经历真实而生动地展现出来，并达到了与我高度的精神共鸣。她帮助我了却了此生最大的一桩心愿。她的成功让我深感骄傲，这是她的处女作，更是我们父女两代人心灵契合和精神传承的结晶。

我出生于一个由兴转衰的耕读世家，祖孙五代从事教师职业，从小接受的是诚实、忠厚、仁爱的言传身教，违心的话不说，凭良心做人，凭本事吃饭。这些朴素的信条伴随我一生，也影响了我一生。我是一个革命烈士的儿子，对党有一种如对父亲一般天然的感情和热爱，从少儿时期就跟党干革命，对新中国的建立做出过贡献。在家乡宏道镇，我是乡亲们眼里根红苗正的红小鬼，也是敌人眼中令人头疼的小共匪。任谁都不会料到，我在17岁时即被党抛弃、除名，24岁被打成右派，成为阶级敌人。我之所以遭遇如此大的苦难和不幸，原因非常简单：我只讲真话，仅此而已。说真话本是为人的美德，可是在我们这个号称"共和"的国度里，却成了犯罪的原由。数以千百万计的说真话者被打成人民的敌人，劳教的、坐牢的、杀头的，受尽非人的磨难，以致家破人亡，妻离子散，身败名裂。普通人如此，党的高级干部也未能幸免，甚至连毛的接班人都一个个倒下。这不仅是我个人的不幸，更是国家的灾难。由此可见，宪法赋予公民的言论自由是多么虚伪、多么苍白无力。

问题的严重性不仅如此。既然不许说真话，那就只能噤若寒蝉，让人自觉或不自觉地说假话以图生存。自从1957年反右开始，毛伟人开创了一个造假的时代，时至今日前赴后继愈演愈烈，蔓延整个社会。这是中国当前所有政治和社会问题的核心所在。

我已经快90岁了，悲观地估计在我有生之年不一定能看到以假乱真的结束，但我仍相信一个民主、自由、宪政、法治的中国一定会到来。

2021年10月26号写于山西太原

附录1

爱妻仙逝三周年祭文

温象桓

今天是我的爱妻俊荣逝世三周年的祭日，我们以极其沉痛的心情悼念你、缅怀你。三年前的今日，你经受多日病魔肆虐之后，痛苦地撒手人寰，告别了你的亲人，离开了你一生经营、非常爱恋不舍的家，从此，我失去了相伴50年的妻子，孩子们失去了可亲可敬的母亲。

回首往事，历历在目。我常常想起你在太原瓷厂的艰苦岁月，过着如同劳改犯一样的生活。直到1965年调到包头，我们才有一个虽清贫但属于自己的温暖的家。我们虽然因鸡毛蒜皮的小事争吵不休，但我们从来不存在原则矛盾和分歧。我们的舌战像雷阵雨一样，雨过天晴阳光明媚，从不记恨。导致我们舌战不休的责任主要在我，我不懂得谦让和妥协，我悔恨自己缺乏大丈夫男子汉的气度和胸怀，不懂得家庭不是个讲理的地方。使你跟着我不仅受苦受累，而且时不时受气，很对不起你。

我一直没有忘记，在我们每月不借10元钱就活不下去的日子里，你始终无怨无悔，勤俭持家，与我同甘共苦不离不弃。特别令我感动的是，你根本不在乎我曾经当过"右派"的身份，在你的心目中，"右派"都是心直口快、有能力、有独立人格的好人，你根本不在乎丈夫的地位和金钱，甚至以调侃的口气对我说：只要我看不上，就是国家主席我也不嫁。这就是你的高尚人品，你心甘情愿地跟着我受苦受累，毫无怨言。

你是一个极普通的女性，但有几件事让我刻骨铭心不能忘怀。

最贤的妻

文化大革命中，我被造反派绑架后，你奋不顾身、挺着几近临产的大肚子，不顾安危地楼上楼下找工宣队放人，并大骂造反派是迫害烈士遗孤的暴徒。你的壮举突显一个弱女子无所畏惧的胆略和气概，令所有人刮目相看。

90年代我的二弟筹建一个诊所，缺乏启动资金，面临能否开业的关键时刻，向我和三弟提出筹资的请求，希望能助一臂之力，让他度过难关。你毫不犹像地把我们仅有的五千元存款提前取出，解了弟弟的燃眉之急。这本是一件不足挂齿的小事，但是你说了一句出乎我预料的话：将来他赚不了钱或亏了本，这钱我们就不要了。我当时感动得热泪盈眶。

2007年与我交往30余年的老同学、老朋友蔚天元患胃癌晚期，我提出给他寄500元钱表示慰问。你爽快地说寄1000元吧，以后恐怕再没有机会了，免得遗憾。这又是一件出乎我预科的善举。还有很多不一一列举了。你确实是一个深明大义、通情达理、善解人意的女人，我为有这么一个糟糠之妻感到由衷的骄傲和自豪。

90年代以后，随着子女的毕业就业成家，我们的生活逐步得到改善，告别了卅年的苦日子。苦尽甘来，我们应该到享受幸福人生的时候了。然而好景不长，你亲手操持装修的宽大而明亮的房子仅仅住了两年就走了，而且永远不会回来，多么遗憾！多么令人心碎！多么令人惋惜！人不能死而复生，我们只能无奈地接受这个悲痛的现实。

临终前你最放心不下的是我以后如何生活；你最渴望的是子女们能和睦相处，相敬相爱、相依相助。我现在可以欣慰地告慰你，经过一年半度日如年痛苦的煎熬之后，我认识到人不能死而复生，我不能因你离去而一蹶不振，再不能无情地继续折磨自己，更不能因我的软弱而倒下去，给子女们造成新的痛苦和不幸。在子女媳婿的理解、同情、支持和鼓励下，我已经从阴影中走了出来，身体还可以，请你放心。

你一直很自豪地说你给我们温家养育了三个优秀的子女，你的确栽根立后功不可没。我们的三个子女虽不属于出类拔萃之辈，但都很优秀，过得都不错，按中国的收入标准，他们都在中产阶层或以上。他们都是受过高等教育知书达理的知识分子，"孝悌也者，为仁之本与。"他们都懂得手足情深、血浓于水的道理，绝不会令你我失望。

你含辛茹苦付出心血的孙辈，很值得你自豪和骄傲。听听北大毕业之后，又到美国名校斯坦福深造；唱唱已从剑桥大学毕业，并开始创业初见成效。昊臻已被山西大学录取，你在天之灵，将会听到他嘹亮的歌声。侨侨将来也一定不负众望。

你时刻牵挂你胞妹多病的身体。我们看到她红光满面，健康状况较前好多了，尽可放心。你们李家远在南京的后代都很有出息，香火不断，后继有人。

你始终生活在我们心中。凡是祭日，子女们从来没有忘记到你的坟头去奠祭，献上你热爱的鲜花和爱吃的食品默默地跪拜，寄托无尽的哀思，祈祷你在另一个清静的世界里过得愉快安怡。亲爱的，安息吧。

2015年8月12日

附录2

不怕杀头，慷慨就义
——追忆父亲可歌可泣短暂的一生

温象桓

今年是世界反法西斯胜利70周年，也是我国抗战胜利70周年。全世界被法西斯和日本军国义侵略的国家将举行盛大的纪念活动，铭记惨痛的历史教训，缅怀在反抗侵略者的战争中牺牲的烈士和被残杀的平民。据调查统计，在抗日战争中，我国有3500万军民为抗战捐躯，给中国人民造成深重的灾难和痛苦。令人十分遗憾的是，日本安倍政府迄今对深受其害的国家和人民不做深刻的反省和真诚的道歉，激起国人极大的愤慨。同时引发我对在抗战中牺牲的父亲的追忆和怀念。

我的父亲名温先立，山西省崞县宏道镇（今属定襄）人。抗战前曾先后在同蒲铁路的风陵渡和宁武等车站工作。抗战开始后，由于阎锡山的晋绥军节节溃败，望风逃窜，在无法应对兵荒马乱的局势下，毅然回到家乡参加抗日救亡运动，并于1938年秘密加入中国共产党。不久被晋察冀边区东崞县抗日政府任命为宏道镇小学校长，并兼任二区联合校长。

宏道镇小学的规模很大，教师就有20多个，但师资水平参差不齐，大多数是师范或初中毕业，也有少数高小毕业的，父亲是唯一受过高等教育的老师。他知识渊博，治学严谨，对教师和学生要求很严格，甚至威严到令人害怕的程度。曾任过宏道小学教师的张春风老师，是我一年级的老师。上世纪80年代我去看她时，她曾感慨地对我说，我是38年高小毕业后当老师的，文化程度不高，有许多问题只知其然不知其所以然，在教学中遇到不少自己不懂或拿不准的问题，就去请教你父亲，他总是耐心地给我讲解。他不仅是学生的老师，同时也是我们年轻教师的老师。他曾诙谐地说，你从我这里贩上一些知识就足够你用了。

1939-1941年期间，为结合严峻的抗战形势，鼓舞全民族的抗日士气，他依据中共在抗战中的方针、政策和任务编写了一套通俗易懂朗朗上口的教材，对学生进行抗日宣传教育。此教材得到上级党组织的肯定和推荐。在晋察冀边区冀晋二地委所属区域使用。1941年日寇占领宏道并安营扎寨后，他和几名党员教师奉命离开家乡，隐居在定襄县大营村，继续领导整个同川几十个村庄的联校工作。他经常到同川各小学督导教育工作，也不时有党的同志来看望他，向他通风报信，议论分析时政，还有的赶着毛驴来给他送小米（当时边区的上作人员的薪水是小米），这时候我已九岁有些情景记得很清楚。1942年农历8月，他在中原岗村督学时，遭遇从宏道返原平的日寇，不幸被抓捕后带到原平板村敌营盘内。与他同时被捕的一个同志，经受不住严刑拷打和利诱，叛变了革命出卖了同志。他把所有的"罪责"都加在父亲头上，变成一个可耻的汉奸，回到宏道在伪政权任职。当时我们家是敌占区，听到这个不幸的消息后，我祖母救子心切，低价卖了十亩良田，派我二叔等三人带上白洋去原平营救。由于叛徒的出卖，再加父亲生性刚强、宁死不屈以及誓死不做亡国奴的坚强意志，最终营救无果，被惨无人道的日军杀害。从此，祸从天降，钱也花了，人也死了，一个完整的家庭被彻底击碎。我的祖母失去了她疼爱的年仅31岁的儿子，我的母亲失去了她心爱的丈夫，我和两个年幼的弟弟失去了敬爱的父亲。我们一家不得不承受老年丧子、中年丧夫、幼年丧父的三重不幸的痛苦。尤其令我们极度痛苦和遗憾的是父亲不是在刑场上就义，而是不明不自地被杀害在敌营盘内，我们连收尸的权利也被剥夺。几十年来我们一直找不到父亲的遗骸，直到寡居40年的母亲去世，她仍不能与自己心爱的丈夫同穴而终，至今我们连个祭奠父亲的坟头也没有。这是令我欲哭无泪、欲罢不休、遗憾终身的大事，是我永远抹不去的一块心病。

父亲究竟是怎么被杀害的？乡间普遍传说的是被敌人活体解剖，我对这种传说坚信不疑。我曾在报上看到，在日寇侵华期间，建了一支专门进行细菌战研究和人体实验的"731"部队。其分支机构遍布中国20个省份，其中在山西崞县就有一个"731"部队分部。我猜想，这个"731"分部就在原平板村，人们把这里叫"红部"。解放后这个地方改造成崞县中学的校址（后演变为农校），在建初期（1955年）我的爱人曾在该校就读，参加过建校劳动。她说在建校劳动中挖出了无数的尸骨，一筐一筐地往外运送。女同学吓得毛骨悚然晚上不敢睡觉。这就佐证了此地实为一个杀人的魔窟，不知有多少仁人志士被残忍地杀害，究竟原平板村是否是"731"的分部，有待官方和权威部门考证。

父亲的牺牲导致我们家破人亡，几近处于绝境。由于我们家在敌占区，得不到抗日政府的抚恤和救助，我母亲带着我们年幼的兄弟三人，过着忍饥挨饿度日如年的艰难生活。这都是日本帝国主义给我们造成的灾难，我永远不会忘记，可怜的母亲曾不止一次地对我说，她这辈子流了的泪水比尿都多。为了养大三个儿子她一直艰难地苦撑着这个家。直到解放以后，我们的生活才有了基本保障。

父亲生于1911年，在他短暂的一生中，他一直在追求民主、自由和社会进步。他有自己的远大理想和抱负，坚持真理，主持正义，敢于向权威挑战。上世纪30年代初在山西省立太原第一师范读书时，为体现一个真实的自我，特把自己的名字改称"反真"（返璞归真之意）。他积极参加爱国民主运动，对蒋介石和阎锡山的独裁专制极为不满。在他眼里，蒋、阎等统治者根本不是什么了不起的领袖

母亲养育的一条藤上的三颗苦瓜

和伟人，而是一些无赖之辈。他在遗籍上写到：吾视蒋大哥、阎老大、马二先生也和宋四、郭存喜、温福存差不了多少（注：宋、郭等人是当时宏道镇臭名远扬的地痞流氓，是横行乡里不务正业的恶棍）。一个正在师范读书的青年学生，竟敢评价大权在握的蒋、阎的人品，表明自己的政治观点，是需要一定的勇气和胆略的，十分难能可贵。

1934年父亲因家庭经济拮据，不得不中断北平师范大学的学业而辍学归家。在家赋闲期间，他不甘寂寞，在我们宅院内办了个不收费的私塾，对七八名上不起高小的温室子弟义务交授高小课程，为提高族人的素质和修养尽一份责任。解放后成为宏道管理区西街大队支部书记的温存万同志，是当时受益匪浅的学子之一。他曾感慨地对我说，先立兄是他成长进步的良师益友……除此之外，他也格外关注镇里的民生、民怨问题。当他听到乡亲们对贪腐的村长议论纷纷，强烈不满时，他再也坐不住了，义无反顾地担当起为民请愿的责任，联络了返乡度假的朱補元等四个师范生，带头到村公所向权贵挑战，要求村长向村民公布收支账目。村长一口否认有貪污问题，并答应父亲晚上到村公所查账。实际上这是一个缓兵之计，是设下的一个圈套。父亲当然不知其险恶用心，当晚应约来到村公所，一进大门就被埋伏在门侧的村警用钉铁钉子的鞋拍头盖脑的一阵乱打，打得父亲头破血流昏倒在地，几个同去的同学急忙把他送回家里，用土办法止血后卧床养伤。当时这场血案轰动四乡，激起很大民愤。我爷爷气得浑身发抖，拖着虚弱的病体，亲自到崞县城状告村长的劣行恶迹。县长看在我爷爷曾任过区长，而不是一般平民百姓，给足了面子亲临宏道我家验伤，并表示秉公处理。其实仅仅是走走过场、平息民愤而已。官官相护，利害相关，他根本不想断案而是以拖待变，致使案子久拖不决。一直到1937年抗战爆发国难当头，民族危亡，一场民告官的官司只好不了了之。

父亲被打伤后，曾买了一本《中华民国刑事诉讼法》，想从中找到强有力的依据打赢这场官司。这既表明他的认真，又暴露出他的天真。试想在"衙门门口朝南开，有理无钱勿进来"的社会，你怎么可能胜诉呢？难得的是他在这遗籍上留下了极其珍贵的笔迹。他写了一付对联：吃喝嫖赌乃翁件件不落后，贪骄诈骗儿孙个个甘居先。这无疑是对村长家的真实写照。

从以上不难看出，父亲的革命活动，早在抗战前就开始了。他短暂的一生是革命的一生，战斗的一生。不愧是一条视死如归的硬汉。他多次对我母亲说他根本不怕死，割了我的脑袋也不过木碟子大的个疤。他这种威武不屈、誓死不做亡国奴的民族气节永远值得国人敬佩。他的死给我们造成无尽的痛苦和灾难。我们是不幸的，心中留下永远抹不掉的伤痛。我痛恨日本军国主义的残暴，我要向日本政府讨还这笔血债，子孙后代决不放弃。同时我为有这么一位深明大义、把生死置之度外、为民族的生存而献出宝贵青春的父亲感到由衷的骄傲和自豪。一个平凡而伟大、普通而高尚的父亲永远活在我的心中。

写于2015年7月

附录3

读后感（之一）

文 远

疫情肆虐，赋闲在家，百无聊赖之际，欣闻大洋彼岸的同学巨著成篇。我有幸受邀担当校对，因此得以在付印之前，先行拜读到这部精彩著作。

犹记中学时代，作者即专志于北京师范大学，寒窗苦读，心无旁骛，终成绩骄人，天遂人愿。今读此书，才知晓故事原来藏在了这里——实为追觅先祖足迹。此心此举上慰先祖在天英灵，下慰父亲年少失父之痛。如今作者又将父亲一世坎坷编撰成书，偿其夙愿，心诚可嘉。

燕赵自古多慷慨悲歌之士。主人公位于滹沱河畔的家乡，素有"三晋锁钥"之称，属历代兵家必争之地，从春秋战国的征战，到近代抵御日寇的侵辱，这片土地上的无数个家庭，一辈又一辈，经历了数不清的战争荼毒，骨肉分散、流离失所，但也养成了这片土地上的人民不畏强暴、追求正义、勇于献身的品格。远有舍生救出赵氏孤儿的程婴，近有为抗日破腹自戕死谏的名将续范亭。正是这样的人们，每逢国家危难时刻，抛弃个人生命乃至家庭，"义"字当头，救民于水火，它是生长在这里的人们代代相传的民族血性。

书中"我"的父亲即是这样的一位英雄。他自幼受到良好的教育，家境优渥。求学归来，成家立业，娶妻生子。既有丰实的祖产，又得父亲的庇佑，前程远大。但他不耽于安乐，心怀天下，忧国忧民，"道之所存，虽千万人吾往矣"；他一袭白袍，风度翩翩，热爱生活，追求真理，努力探求救国救亡之路，最后不幸被叛徒出卖，惨遭日寇毒手，尸身无存，徒留妻儿老母孤苦度日。每读至此，不禁慨然泪下，惜国之精英，年少而殁，何止是家庭之不幸，更是民族之不幸，国家之殇。

此后，失去庇护的姑姑又惨遭日寇侮辱。这些，都是曾在在我们国土、我们家乡、我们身边发生的真实的悲剧，日军罪行，罄竹难书。国家不强大，人民不团结，必遭外族欺凌。这篇浸着血和泪的记载，既是作者家庭真实经历的记载，更是一份宝贵的历史资料。

少年丧父，"我"的日子之艰难可想而知。对百姓来说，走马灯似的城头易帜，都是灾难的一遍遍重演。好不容易盼来解放，作为根红苗正的烈士子女，对党无限热爱，对事业满腔热情的"我"，终于可以一展报负、热血报国了，但不曾想命运多舛，接下来才是磨难的开始……

主人公的经历，用"传奇"来形容一点都不为过。每一次的政治运动，都一次不落地被完全地裹挟其中，没有方向，只能在一个又一个漩涡中随波逐流，祈求不被政治的车轮碾碎，虽然一次次化险为夷，但一腔报国热血，多少青春才华，回首皆已惘然。主人公的命运，正是我们国家命运、民族命运的写照。

作者文笔细腻，娓娓道来，作品情节跌宕起伏，向我们展示了那个荒唐年代，在疯狂的政治鼓动下，失去了法制的约束，人性中的"恶"是如何被一步步释放出来，在毁灭的道路上一路狂奔的。毁灭知识、毁灭经济、毁灭思想，最终也毁灭了自我。同时，作者也用温情的笔触，讲述了"我"身边那些善良正直、有担当的亲人、领导、同事，正是他们在危难时刻一次次施以援手，才使"我"几度摆脱厄运，重获对新生活的希望。

这部书不仅是一部回忆录，也是一部家国史，作为每一个生活在这片天空下的普通人，我们无力改变历史的进程，但最起码的，我们可以保持善良。

此外，作品中对地方习俗、日常起居、生活环境、当地的习俗等均有大量的描述，读着令人耳目一新，同时也是一份难得的地方史料。

书中人物、事件均真实可考，作者博闻强记，遣词用句严谨，校对工作很轻松。但由于水平有限，校对过程中个别失误难免，望读者海涵。

2021年11月于内蒙古包头市

附录4

读后感（之二）

李丽南

    雅娟的母亲是我的四老姑，我祖父的妹妹。70年代末，四老姑和四老姑父来南京看望我们，那时候他们都还是中年人，一口山西口音让我惊奇，既亲切又陌生的感觉。四老姑面容白皙，很像一位江南女子；四老姑父高大清癯，有西北人硬朗的面孔。我的祖父母30年代初从山西原平老家出来，经历了战乱、灾荒、革命、丧子之痛，最后定居在南京。直到去世，他们再也没有回到过那片土地，但是他们的语言和生活习惯，他们心心念念的，还是老家。滹沱河水在月光下闪闪发光，梨花芬芳，我跟随着他们的目光向远处张望，心中不知不觉中也有了老家，一个精神家园。时光荏苒，2019年年末，我和雅娟在南京见面。计划中短暂的相聚，被说不完的话一再延长，差点误了雅娟回程的火车。关于祖辈和故乡，关于我们从长辈那里听来的故事，我们聊了又聊，在泪湿衣襟的时候，心里涌起的是幸福也是忧伤。那时雅娟正开始替父亲写回忆录，四老姑父惊人的记忆力和历经磨难仍旧赤诚的性情，让80多年一段个人的历史徐徐地展开，在依稀显现的背景中，我也看见了祖辈的世界，正是那条滹沱河，水流激荡奔涌，裹挟着快乐与悲伤、喜悦与愤怒、沉沦与平静、生与死、苦与乐，每一个人似乎都被命运定义，但是最终又不可思议地，成为他自己。

    这部积攒了80多年生活记录的文字我是一章章地读，雅娟每写完一章会发给我，我看着这部书从种子发芽到长成。沉重的岁月在这里变成了一粒玻璃球，被雅娟轻轻地拿起，又轻轻地放回去。书里有着上个世纪初幽暗的光，四老姑父作为一个乡绅家族的长子，幼年过着优裕的生活，那是那个时代典型的中国人的生活，仁义道德，耕读传家。可是岁月静好被日本入侵打破，接着就是国破家亡的开始。四老姑父目睹了"被历史车轮碾压过的尘土，那些战乱岁月枪炮声中的流血和抗争，那些默默承受的贫困、饥饿和挣扎"。战乱之后还有动乱，新中国带给他全新的人生际遇，四老姑父"走上通往自由民主蓬勃发展的路"，这条路同样充满坎坷，但是伴着新生，阳光总会从地平线升起。在艰难的生活中，四老姑父学会了男子汉的责任和担当，对于知识的渴望和对更加广阔的新生活的向往，给了他强大的力量。世界在改变，如巨轮在碾压，每一个处在剧变中的人，注定动荡，如果不是紧紧地握着自己内心的缰绳，如果不是心怀初心和希望，如果，在路上丢失掉良心和善意，又怎么能站立在今天坦然地回首往事。

我祖父是水利工程师，半生都在黄河边修建水库，每年过年的时候回到南京休假。冬天，他穿着笨重的翻毛皮靴和厚重的皮袄，和南方的冬天显得格格不入，他身上散发出的皮硝、风尘和路途的味道，和江南丝竹是奇特的搭配。常常听到祖父母提到"四女"和"象桓"，这是四老姑和四老姑父的名字，隔了半个世纪和千山万水，他们互相惦念着。很遗憾我没有更深地了解祖父母的经历，他们一生的故事已经隐退在岁月的长河中，我甚至没有向他们表达过爱。我羡慕并钦佩雅娟，她完成了父亲的心愿，记录了一段珍贵的口述历史。个人的一生在历史长河里是小小的水滴，因为是水滴，才更珍贵更值得珍惜。我很荣幸，我也是来自滹沱河的水滴。

2021年12月于南京

www.ingramcontent.com/pod-product-compliance
Lightning Source LLC
Chambersburg PA
CBHW030146100526
44592CB00009B/145